心理学概論

ヒューマン・サイエンスへの招待

松田幸弘 編著 Yukihiro Matsuda

ナカニシヤ出版

はじめに

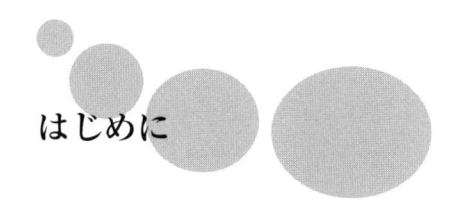

本書は初めて心理学を学ぶ人のために，大学の一般教養や基礎科目の教科書，また一般の読者の方々のための心理学の入門書として企画された。

本書の編集方針は，入門書として必要な基本的な知識をコンパクトに整理し，解説するとともに，日々，急速に発展しているサイエンスとして心理学の最新の動向にも触れることを基本理念としている。「心理学概論」は大学に入学して初めて学ぶ心理学のメルクマールとしての基幹的な導入科目であり，認定心理士や心理学検定，また公認心理師のカリキュラムでも重要な基礎科目として位置づけられている。

本書は現代の心理学の全体像をより良く理解できるように，各領域で知っておくべき基本的事項や考え方を系統立てながら，わかりやすく説明することに主眼をおいている。そのため，特別な予備知識は必要ではなく，どこから読み進めても内容を把握できるように構成している。大学生が初めて心理学を勉強するのに役立つだけでなく，専門課程の学生にも参考になることが多いと思う。大学院の入試や公務員試験の勉強，また認定心理士や心理学検定，公認心理師などの資格の取得を目指す人にも役立つ参考書やガイドブックとしても活用できるように意図している。

基本的な考え方や基礎的な事項を中心に解説し，それぞれの領域で最大公約数として知っておくべきことや，新しい研究動向を取り入れることで，現代の心理学が何を目指し，どのような方向に進展しているのか，概観できるように心がけた。

このような方針に基づき，各章の執筆者は，各々領域における重要なテーマを精選し，わかりやすく説明することを共通の執筆目標としてきた。心理学を学ぶ人が興味を持って通読できる本にするために，執筆者には幾度か煩瑣な加筆修正をお願いしたが，いつも快く対応していただいた。執筆を快諾し，出版まで待っていただいた執筆者に深謝したい。

本書の構成は，第 1 章「現代の心理学」ではまず心理学の原理や歴史，研究方法を紹介し，第 2 章「感覚と知覚の心理学」や第 3 章「認知と思考の心理学」，第 4 章「学習と記憶の心理学」は学習・認知・知覚領域を扱っている。第 5 章「動機づけの心理学」，第 6 章「発達の心理学」，第 7 章「パーソナリティの心理学」，第 8 章「感情の心理学」，第 9 章「社会心理学」，第 10 章「法律の心理学」は発達・教育と社会・感情・性格領域を扱っており，第 11 章「臨床心理学」，第 12 章「カウンセリングの心理学」は臨床・障害領域を取り上げる。また近年，学際的な研究が急速に発展している「文化の心理学」（第 13 章）や人間の行動の起源と進化のプロセスを探求する「進化心理学」（第 14 章），人間の行動と脳科学の対応を検討する「脳の生理と障害の心理学」（第 15 章）を含めることで，心理学の最新の研究動向もある程度，取り入れることができたのではないかと思う。

本書の企画から出版まで，ナカニシヤ出版の宍倉由髙氏には辛抱強く親身なご支援と最善を尽くしていただいたことに深甚の謝意を表したい。本書を入り口として，豊かで刺激に満ちた心理学の世界に一層，興味を持たれることを心より願っている。

2018 年 9 月

松田幸弘

目　次

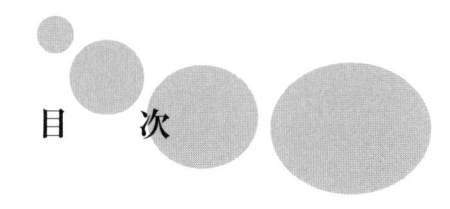

トピックス目次

第 1 章 現代の心理学

松田幸弘

本章のキーワード
構成主義，ゲシュタルト心理学，精神物理学，行動主義，知能検査，進化心理学，文化心理学，脳と生理の心理学，測定の妥当性と信頼性，剰余変数，交絡，実験，調査，観察，事例研究

本章では，まず心理学がどのように誕生し，発展していったのか，また現代の心理学はどのような領域やテーマに拡張・展開しているのかについて簡単に紹介する。そして，これらのテーマを研究するための研究方法についても説明する。

1．現代の心理学

[1] 心理学とは何か

心理学という言葉から何をイメージするだろうか。心理学についてはおそらく他の学問と違って，格別な思いがあるものと思う。テレビや雑誌，インターネット等で「心理学」と名の付くものはいたるところで目にするし，日常生活での会話でもたびたび出現するため，人々の関心が高く，親しみやすい学問という印象をもたれているからであろう。

しかし，一般の人がもっているイメージと実際の心理学という学問の間には，大きなギャップがあることもまた事実である（鈴木，2006）。多くの人が心理学に求めているものは，自分や他人の性格や言動の原因，自分の悩みの解決方法に対する単純でもっともらしい答えであろうが，本書を読み進められれば，科学としての心理学が提供できるものは，実験や調査の結果得られた客観的なデータや調査資料，統計分析に基づいた多くの人々に共通した一般的な傾向でしかありえないことを理解されるであろう。

それでは心理学を学ぶ意義はどこにあるのだろうか。その答えの1つは，人間の心理や行動に関する科学的根拠や客観性のない言説，主張を論理的に批判できる考え方や，多様な視点がもてるようになるところにあるのではないだろうか。

心理学とは英語でpsychologyというが，その語源はギリシャ語のpsyche（心）とlogos（学問）に由来し，文字どおり「心の学問」である。一般に，「心の科学」としての心理学の創始者はヴント（W. M. Wundt）であるとされる。ヴントが世界で最初に心理学の実験室を設け，心に関する科学的な研究を始めたためである。それでは，心理学が誕生する以前には，人間の心はどのように研究されてきたのだろうか。

1）心理学の誕生の背景　古代から近世の長い間，人間の心の問題は哲学者たちによって研究されていた。近世の哲学の主要な研究テーマの1つは，人間がいかにして正しい認識に到達するか，といった「認識論」であり，フランスのデカルト（R. Descartes）に代表される「合理論」とイギリスの「経験論」がそれである。19世紀に入り，自然科学の急速な発展とともに生理学や物理学の実験的手法を使って，心を科学的に研究しようという機運が高まった。ちょうどその頃，ドイツのライプチヒ大学のヴントのもとに，若い科学者や哲学者が集まって，心の科学としての心理学が誕生した。

2）ヴントの心理学　ヴントは，人間を外側から研究するのが生理学で，内側から研究するのが心理学であると考えた。そして心理学の研究対象は人々が直接，経験する「意識」であり，自分で自分の意識を観察する「内観法」によって研究できると主張し，自然科学と同様に実験法を採用した。彼の最大の功績は，実証科学としての心理学を確立したことである。しかしヴントの心理学が世界中に広まるにつれて，さまざまな角度から激しい批判を浴びた（末永，2001）。

［2］心の科学の誕生と発展

1）ゲシュタルト心理学　ヴントは，19世紀の自然科学と同様に，心理学

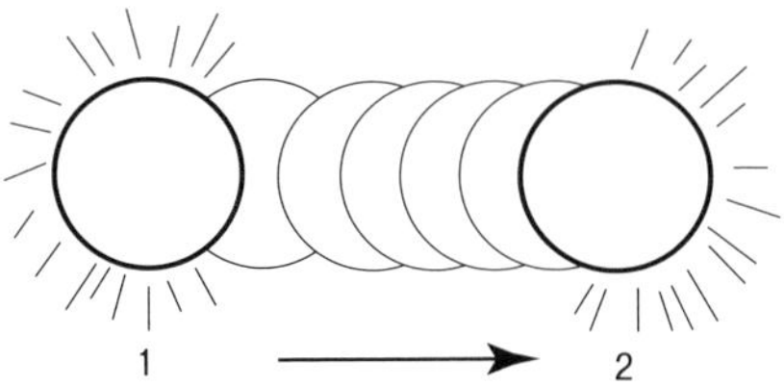

図 1-1　仮現運動（石王，1997／Kagan & Segal（1988）を改変）
実際には2つの電球の間には何もないのに，光が動いて見える。

においても「意識」を心的要素の結合として説明できるとする「構成主義」を唱えた。ゲシュタルト心理学は，この構成主義を批判し，「心理現象は要素に還元すべきではなく，一つのまとまりとしての全体をそのまま研究するべきだ」と主張した（森，2009）。ゲシュタルトとはドイツ語で形態を意味し，要素では還元できない，まとまりをもつ全体の性質を指している（第2章第4節[2]参照）。

2）ゲシュタルト心理学の主張　ヴェルトハイマー（M. Wertheimer）は，構成主義を否定する根拠として，2つの光点を適当な時間間隔で相互に点滅させると，1つの光点が運動しているように感じられる「仮現運動」を取り上げた（図 1-1）。映画やテレビの映像やネオンサインが動いて見える現象はすべて仮現運動である。この現象は2つの光点という要素から構成されているが，1つ1つの光点に対する点滅の感覚を足し合わせても運動しているようには見えないため，各要素の単なる加算では説明できない現象（2つの光点が互いに関連し合って，1つの全体を構成している）であるので，ヴントの構成主義は間違っていると批判した。つまり知覚や記憶，思考といった現象は，要素では分解できない全体を形成しているので，分割すればその本質が失われてしまうと主張したのである。

[3] 感覚と知覚の研究

ヴントの心理学実験室がスタートした頃，同じライプチヒ大学で，ウェーバー（E. H. Weber）やフェヒナー（G. T. Fechner）が実験に基づいた感覚・知覚の生理学的な研究を行っていた。

感覚と知覚は，心理学では早い時期に取り上げられていた問題であるが，心理学が哲学から独立する以前は，自然科学者をはじめとする多様な領域の人々によって研究されてきた。彼らは物理的な刺激の強さと心理的な量である感覚の強さの間に，一定の関係があることを発見した。ウェーバーは刺激の弁別閾に関するウェーバーの法則，フェヒナーはその法則を発展させたフェヒナーの法則と精神物理学を提唱した（第２章第２節参照）。彼らの功績は，主観的な感覚の強さ（心理量）を，物理的，客観的な数値（物理量）等で表現する方法を開発し，両者の関係についての法則を見出した点にある。これらは心理学における科学的方法の確立に大きな貢献をしたといえる。

2．心理学の理論と領域

[1] 行動主義

1）行動主義とは何か　　ワトソン（J. B. Watson）は心理学が科学であるためには，ヴントが対象としていた本人だけしか経験できない「意識」ではなく，誰でも客観的に観察することのできる「行動」を研究対象にするべきだと主張した。彼は，学習の基本は条件づけであるとして，条件づけの原理に基づいた多くの実験を行った。つまりあらゆる高度な精神活動も，すべて単純な刺激と反応の連合で説明できると考えたのである（第４章第１節参照）。

行動主義の理論がS-R理論（stimulus-response: 刺激-反応）と呼ばれるのはこのためである。しかし心理学の研究対象が低次で単純な行動に限定されてしまったために，記憶，知識，理解，思考などの高次な精神活動が心理学の研究対象から除外されてしまい，「心なき心理学」という批判を受けた。

2）行動主義から新行動主義へ　　そこで1930年代以降に，行動をより広義にとらえようとする「新行動主義」が出現した。トールマン（E. C. Tolman），ハル（C. L. Hull），スキナー（B. F. Skinner）に代表される新行動主義は，刺激と反応の間を媒介する生体（organism）の能動的で主体的な期待や動因などの仲介変数を仮定するものである。行動主義の S-R（刺激-反応）に対して，新行動主義は S-(O)-R（刺激-(有機体)-反応）の図式で示されるとらえ方である。

新行動主義によって，心理学の研究領域は記憶，学習，思考など人間の高次な認知過程に広がっていった。1950 年代半ばから認知心理学という新しいパラダイムの発展によって，行動主義の研究は衰退したが，臨床心理学の分野では行動療法や認知行動療法として，現在も研究されている（第 12，13 章参照）。

［2］心の個人差と知能

心理学の目標の 1 つは，誰にも当てはまる心的活動の一般法則を明らかにすることである。しかし十人十色という言葉があるように，人間は個人差が大きい。そのため心理学のもう 1 つの目標は，多様な個人差を科学的な方法で適切に調べることである。

以前から心理的機能は知・情・意の 3 側面に分けられてきたが，近年は知的な機能の個人差を扱うときには「知能」という用語が，そして，知・情・意のすべてを含めた個人差を扱うときには「パーソナリティ」という用語が使われる。パーソナリティとは個人を特徴づける一貫性のある安定した基本的な行動傾向のことである。パーソナリティは第 7 章で詳しく取り上げるので，本項では，知能検査と知能の構造について紹介したい。

1）知能検査とは　知能とは，知的行動の基礎にある認知機能のことであり，認知機能とは，2，3，4 章で扱われている知覚・認知・学習・記憶を意味しており，これらの機能を統合的に働かせながら，人間は環境に適応し，その環境を適応しやすく改善しているのである。

そしてこの知能には明らかに個人差が認められ，20 世紀に入ってからそれを測定しようとする試みがなされるようになった。

知能検査を最初に作成したのは，フランスの心理学者ビネー（A. Binet）である。1905 年，彼は医者のシモン（T. Simon）の協力を得て，子どもの知能を測る 30 項目からなる知能検査を初めて作成し，その後，56 項目の改訂版を発表した。知能検査の結果は，ビネー式の知能検査では知能指数（IQ），ウエクスラー・ベルビュー法では知能偏差値（ISS）で表される。その後，知能検査はターマン（L. M. Terman）らに引き継がれ，スタンフォード・ビネー式や，ウエクスラー・ベルビュー式などの知能検査が開発された。

$$\mathrm{IQ}=\frac{\text{精神年齢(月)}}{\text{生活年齢(月)}}\times 100$$

$$\text{知能偏差値(ISS)}=\frac{(\text{各個人の得点}-\text{当該年齢集団の平均点})\times 10}{\text{当該年齢集団の得点の標準偏差}}+50$$

2）知能の構造の理論　知能検査の開発によって，知能の構造に関する理論的な研究も発展した。スピアマン（C. E. Spearman）は「2因子説」を唱え，すべての検査項目に共通する「一般因子（一般的・基本的知能）」とそれぞれの検査項目に固有の「特殊因子（個別的・特殊的知能）」があるとした。これに対して，サーストン（L. L. Thurstone）は知能が数，言語，語の流暢さ，記憶，推理，空間，知覚といった7つの因子からなるという「多因子説」を主張した。

またガードナー（H. Gardner）は個々に独立した言語的知能，論理・数学的知能，音楽的知能，身体運動的知能，空間的知能，対人的知能，内省的知能からなる「多重知能理論」を提唱している（森，2009）。

［3］基礎心理学と応用心理学

心理学の領域やテーマは幅広いため，一般的には「基礎心理学」と「応用心理学」の2つに区分される。「基礎心理学」は個人としての人間の行動を制御する一般的で共通した法則や心理のメカニズムを解明する領域である。また「応用心理学」は基礎心理学で明らかとなった理論や法則，成果を実際の生活や問題解決に役立てようとする領域である（松田，2011）。「基礎心理学」には，知覚や学習と記憶，認知，動機づけ，発達，パーソナリティ，感情，社会がある。また「応用心理学」には，臨床，産業・組織，教育，環境，法律，健康，福祉，災害などが含まれるが，その範囲は非常に幅広い。基礎心理学が一般的な理論の構築を目指すとすれば，応用心理学はその理論を関連する隣接分野と連携しながら，実際の社会的な場面や状況にどのように適用していくかといった実践も志向しているが，一方通行ではなく，相互に行き来する往還関係にあるといえる（子安，2011）。

［4］研究領域のさらなる拡大，発展

21 世紀に入り，社会の急速な変化を反映して，心理学の研究は新しいパラダイムを用いた研究領域が急激に発展している。

詳細は本書の各章で紹介するが，進化心理学（第 14 章），文化の心理学（第 13 章），脳の生理と障害の心理学（第 15 章）などがそれである。

進化心理学は，「進化論」の考え方で人間の心の働きを統一的に理解しようとするメタ理論（個々の理論より上位に位置する理論）であり，社会心理学や発達心理学，認知心理学などの分野と重なり合っている。進化心理学の特徴は，研究結果の意味を「進化論」の視点で統合的に説明しようとする点にある。たとえば，なぜ実験や調査で見出された心の働きがわれわれに備わっているのかという問題について，この現象を説明する諸理論を「適応機能」という視点から統合しようとしている（北村，2012）。

また近年，文化心理学に関する研究が急激に増加している。人間の心的活動は基本的にすべて同じ原理によって成り立つとする，これまでの心理学の過度な「普遍主義」に対する反証として，それぞれの文化が人々のものの見方や考え方，行動に密接に影響し，人間の心的活動が文化と切り離しては理解できないことを示す多くの研究が報告されるようになったためである（竹澤，2016; 池上・遠藤，2008）。

最後に，脳の生理と障害の心理学もまた，近年目覚ましい発展を遂げつつある領域の 1 つである。この理由として，心理学の現象が生物学的神経基盤と密接な関係があることが確認されてきたことに加え，これまでの研究は参加者の反応から心の働き（刺激）を推測する結果依存的アプローチであったが，脳機能計測技術の進歩により刺激から反応までの人の情報処理の様相を脳活動として記録することが可能となり，本来，心理学のモデルや理論で想定している時系列に沿った仮説の検証が実現したためである（柳澤・阿部，2016）。

3．心理学の研究方法

本節では，各章で取り上げている研究で使用されている研究方法について紹介したい。心理学では心理現象をどのように測定するのか，実験や調査の特徴について取り上げる。

[1] 心の測定

心理学の研究目的は，心的活動の「理解」，「予測」，「制御」を目指すことである。「理解」とはある行動や現象が記述され，その理由を説明すること，「予測」とはまだ起こっていないことをあらかじめ知ること，また「制御」はある行動をコントロールすることである。たとえば，ある人について，その言動を通じて解釈するのは「理解」であり，その人がどう行動するかをあらかじめ知るのが「予測」であり，どうすればその人と親密な関係になれるかは「制御」に関わっている（Eysenck, 2000）。

つまり心理学の研究は，われわれが経験している心理現象に対して，その結果に影響する原因を推論して，予測や制御に導くことを目指している。

またアイゼンク（Eysenck, 2000）は科学としての心理学は，次の４つの要件を満たすべきであるという。①客観的であること，②反証可能であること（理論や仮説が証拠によって覆される可能性がある），③パラダイムをもつこと（研究者の多くが認める認知の枠組みとしての一般理論がある），④再現できること（研究結果を繰り返せる）である（金敷，2016）。

1）測定の妥当性　実証科学としての心理学の研究では，実験，調査，観察などの方法を用いてデータを収集する。データとは測定値の集まりなので，それを得るためには「測定」という操作が不可欠である。

心理学の研究では，研究対象である心的活動（心理量）は目に見えないため，直接，測定するための物差し（尺度）がなく，測ることができない。これを構成概念と呼ぶ。そのため心的活動を反映していると考えられる，何らかの物理量，たとえば，計算作業の成績や記憶の再生量などを測定することによって，間接的に心理量を測定することになる。しかし心理量と物理量の尺度は同一ではないので，両者がうまく対応しない場合が起こる。このような場合は測定の「妥当性」がないという。

つまり妥当性とは，調べようとしているものが正しく測定されているかどうかを意味している（森，2009）。

2）測定の信頼性　心理測定では妥当性を高めるだけではなく，信頼性を高める必要もある。測定の信頼性を高めなければ，研究の信頼性が低下するためである。信頼性とはある方法で集めた結果が安定し，一貫しているという意味である。一般に，測定では必ず「誤差」が含まれるので，測定値の集合であるデータにはつねに誤差が混入する。誤差が増えると信頼性が低下してしまうので，信頼性を高めるためには，測定に伴う誤差をできるだけ減らす工夫が必要になる。

［2］心理学の実験

自然科学で最も厳密な方法として広く用いられているのが実験である。心理学においても実験が使える限り，これを用いることが多い。心理学の実験は，実験者が心理現象に影響していると思われる要因を組織的に変化させ，それに伴う実験参加者の反応や行動を観察・測定する。研究者が組織的に変化させる（操作する）要因を「独立変数」と呼び，研究者が観察・測定する変数を「従属変数」と呼ぶ。つまり心理学の実験は独立変数が従属変数にどのような影響を及ぼすのかを調べ，その影響を生じさせている心理現象の仕組みを解明するものである。

1）実験法の長所と短所　実験法の長所は，独立変数と従属変数の間に因果関係があるかどうかについて検討できることである。因果関係とはある要因（X）が原因となり，その影響を別の要因（Y）が結果として受ける一方向の関係である（逆方向の関係は考えられない）。また類似した関係として相関関係があるが，相関関係とは，ある要因（X）が変動すると別の要因（Y）もともに変動する関係ではあるが，因果関係と異なり，どちらが原因でどちらが結果であるかは特定できない。

たとえば，知能が学業成績にどのような影響を及ぼすかを調べるための実験では，知能の高さが独立変数となり，知能の高さで異なる複数の条件を設定し(独立変数の操作)，それぞれの条件のもとで実験参加者の学業成績（従属変数）を測定するのである。

もし複数の条件間で学業成績に違いがあれば，知能の高さに関する条件の差が原因であると特定することができる。なぜなら複数の条件の違いは知能の高さの違いだけであり，その他の条件はコントロールされているためである。

2）剰余変数のコントロール　なお実験では操作する独立変数以外にも，従属変数に効果を及ぼすものがある。たとえば，照明，室温，課題の難易度，実験参加者の意欲，能力なども影響を及ぼす。これらの変数は実験の邪魔となる変数であり，剰余変数（独立変数以外に影響を及ぼす変数）と呼ばれる。つまり剰余変数はうまくコントロールすれば，データの中に混入してくる誤差を減らすことが可能になる。

3）独立変数と剰余変数の交絡とは何か　剰余変数をコントロールするうえで注意しなければならないのは，独立変数と従属変数が交絡しないようにすることである。独立変数とともに変化する変数（これを交絡変数と呼ぶ）が従属変数に影響を及ぼすことを交絡するという。

たとえば，精神の興奮を抑制するために抗不安薬の錠剤を与えたところ，効果があったとしても，この結果だけから薬の効果があったと判断することはできない。なぜなら，この結果は薬そのものの効果（独立変数の効果）と，薬を飲んだか飲まないかの効果（剰余変数の効果）のどちらの効果としても説明できるためである。このように，２つの変数の効果を区別できないことを独立変数が交絡しているという。交絡を解消するためには，この薬を含んでいない錠剤を与えて調べる（これを統制群と呼ぶ）ことが必要である。もし統制群で効果が生じなければ，薬の効果が認められるし，逆に，効果があれば，服用の効果に過ぎなかったということになる（岡市，2006）。

[3] 調査法と相関と因果，統計分析

調査法は仕事に対する価値観や態度など人間の行動のいろいろな側面について質問紙を作成し，言語報告で回答を求める方法である。実験のように条件統制を行わないため，ありのままの人間の多様な行動をとらえることができる。また実験では検討できない問題が扱えるし，集団でも実施できるだけでなく，時間的にも経済的にも大変効率的である利点がある。しかし条件統制を行わないために，検討しようとしている要因以外の多様な変数の効果がデータに混入する可能性が高くなるし，参加者が自分にとって有利になるように回答を歪めてしまう（社会的望ましさという）といった欠点もある。

さらに調査法では実験と異なり，厳密な因果関係は検討できず，変数間の相関関係だけしか明らかにできない。

4．心理学の資格

[1] 心理学の資格：心理学を学ぶことで取れる資格

大学で心理学を学ぶだけでなく，せっかく身につけた知識やスキルを活かすために，心理学関連の学会や公的な学術団体が認定する心理学の資格を取得したいと考える人もいるであろう。そこで本節では，そのような希望をもつ人に，心理学を学ぶことで取得できる資格（公認心理師，臨床心理士，認定心理士）について，簡単に紹介しておきたい。もちろん他にも産業カウンセラーや心理学検定などの資格もあるが，紙幅の制約のため，関心のある人はHP等を調べてほしい。

[2] 認定心理士

1）資格の概要　心理学専攻者の専門性の向上に資するために，日本心理学会認定心理士資格制度が設けられた。認定心理士は，「大学における心理学関係の学科名が学際性を帯びてきて，必ずしも『心理学』という，直接的名称が使われていない場合が多いことから，心理学の専門家として仕事をするために必要な，最小限の標準的基礎学力と技能を修得している」と日本心理学会が認定した人である。

2）認定の要件

⑴ 16 歳以降通算２年以上日本国に滞在した経験を有する者。

⑵学校教育法により定められた大学，または大学院における心理学専攻または心理学関連専攻の学科において，所定の領域の科目を履修し，必要単位を修得し，卒業または修了した者，及びそれと同等以上の学力を有すると認められた者。

上記の条件を卒業見込みの学年度において満たしている者は，申請することができる。

3）問い合わせ先

公益社団法人日本心理学会事務局
〒 113-0033　東京都文京区本郷 5-23-13　田村ビル内
TEL：03-3814-3953　FAX：03-3814-3954
E-mail：jpakaiin@psych.or.jp

［3］臨床心理士

1）資格の概要　　臨床心理士は，臨床心理学の知識や技術を用いて，クライエントの心の問題を改善するための援助を行う専門家である。内閣府が認可する「公益財団法人日本臨床心理士資格認定協会」が資格認定している。臨床心理士に求められる専門的技術は，⑴心理アセスメント，⑵心理面接，⑶臨床心理的地域援助，⑷臨床心理的研究・調査の４つに分類されている。臨床心理士の活動領域は，教育，医療・保健，福祉，司法・矯正，労働・産業分野と多岐にわたる。

2）認定の要件　　臨床心理士の資格は，心理学を専攻する指定された大学院修士課程，または専門職大学院を修了後，資格審査（年１回の筆記・口述試験）に合格した場合に，財団法人日本臨床心理士資格認定協会が認定する。受験区分としては，第１種指定大学院を修了した者と第２種指定大学院を修了し，修了後１年以上の心理臨床実務経験を有する者の２つがある。なお専門職大学院修了者は，筆記試験のうち，小論文試験が免除される。また資格取得後も５

年ごとに資格更新審査が行われ，研修や研究が義務づけられている。

3）問い合わせ先

財団法人日本臨床心理士資格認定協会
〒113-0033　東京都文京区本郷2-40-14　山崎ビル702
TEL：03-3817-0020　FAX：03-3817-5858

［4］公認心理師

1）資格の概要　公認心理師とは，2015年9月9日に成立した「公認心理師法」に書かれている心理職の国家資格の名称である。公認心理師となる資格を有する者が，所定の事項について登録を受けることにより（法第28条），公認心理師となることができる。公認心理師は，公認心理師の名称を用いて，保健医療，福祉，教育その他の分野において，心理学に関する専門的知識及び技術をもって，以下の業務を遂行できる者（法第2条）とされている。

⑴心理に関する支援を要する者の心理状態を観察し，その結果を分析すること。

⑵心理に関する支援を要する者に対し，その心理に関する相談に応じ，助言，指導その他の援助を行うこと。

⑶心理に関する支援を要する者の関係者に対し，その相談に応じ，助言，指導その他の援助を行うこと。

⑷心の健康に関する知識の普及を図るための教育及び情報の提供を行うこと。

一般財団法人日本心理研修センター（以下「センター」という）は，文部科学大臣及び厚生労働大臣の指定を受けた指定試験機関・指定登録機関として，文部科学大臣及び厚生労働大臣に代わって公認心理師試験の実施及び登録の事務を行う。

2）公認心理師に必要な大学の科目

公認心理師試験の受験資格では，大学の学部で次の科目を履修する必要がある。これらは本書の各章で取り上げている領域でおおむね対応が可能である（表1-1）。

表 1-1　公認心理師に必要な大学の科目

カテゴリー	科目名	カテゴリー	科目名
基礎科目	①公認心理師の職責	基礎心理学	⑭心理的アセスメント
	②心理学概論		⑮心理学的支援法
	③臨床心理学概論	実践心理学	⑯健康・医療心理学
	④心理学研究法		⑰福祉心理学
	⑤心理学統計法		⑱教育・学校心理学
	⑥心理学実験		⑲司法・犯罪心理学
基礎心理学	⑦知覚・認知心理学		⑳産業・組織心理学
	⑧学習・言語心理学	心理学関連科目	㉑人体の構造と機能及び疾病
	⑨感情・人格心理学		㉒精神疾患とその治療
	⑩神経・生理心理学		㉓関係行政論
	⑪社会・集団・家族心理学	演習	㉔心理演習
	⑫発達心理学	実習	㉕心理実習（80 時間以上）
	⑬障害者（児）心理学		

3）問い合わせ先

一般財団法人　日本心理研修センター

〒 112-0006　東京都文京区小日向 4-5-16 ツインヒルズ茗荷谷 10 階

TEL：03-6902-1880

参考図書

無藤 隆・森 敏昭・池上 知子・福丸 由佳（編）（2009）．よくわかる心理学　ミネルヴァ書房
山内 弘嗣・橋本 宰（監修）岡市 廣成（編）青山 謙二郎（編集補佐）（2006）．心理学概論　ナカニシヤ出版

第2章
感覚と知覚の心理学

松下戦具

本章のキーワード
モダリティ，適刺激，刺激閾，弁別閾，ウェーバーの法則，フェヒナーの法則，図地分化，プレグナンツの法則，知覚的恒常性，順応，錯視，奥行手がかり

感覚器を通して現前の事物を知ることを「知覚」という。たとえば昼の窓の外を見て（目という感覚器を使って），明るく感じたり雲の形が見える（事物を知る）のは知覚である（しかし思考や意思の働きが介在する過程は心理学では「認知」と呼ばれ，知覚と区別されることが多い）。

知覚は心の入り口であり，基礎である。たとえば映画を見て感動するのは，視覚や聴覚が働いた結果である。怪我が痛くて泣くのも，暗闇が怖いのも，スイーツを食べて幸せな気持ちになるのも，すべて知覚の結果である。外界の知覚なくしていわゆる「心」の働きはないといってもよい。記憶や想像ですら，過去に知覚した経験のうえに成り立っている。

ともすると知覚は単純な情報入力機能のように思われるかもしれないが，人間は外界の客観的な特性をそのまま知覚しているわけではない。われわれは外界の情報を受け入れるとき，自身にとって都合の良い状態になるようある程度加工している。本章で扱う知覚メカニズムは，この「ある程度の加工」のメカニズムともいえる。これらのメカニズムは種々であるが，①弱い刺激を無視して安定した知覚を実現しようとする仕組みか，②弱い刺激を強調して知覚しようとする仕組みのいずれかに当てはまることが多い。これらの，ある意味相反する仕組みがバランスを取りながら働き，われわれの知覚を実現している。

本章の第1節から第4節では，主に感覚や知覚とそれをもたらす刺激との関係性・法則性について学ぶ。次いで第5節では恒常性や錯視を，第6節では奥行の知覚について理解していくことになる。

1．モダリティと適刺激

視覚，聴覚，味覚，嗅覚，触覚のような，感覚の種類のことをモダリティと呼ぶ。これら５つの主要なモダリティはまとめて五感と呼ばれる。その他のモダリティとして，前庭感覚（重力方向の感覚）や内臓感覚（内臓の運動や空腹感などの感覚）もある。

各モダリティにはそれぞれ適した刺激（適刺激）がある。視覚の適刺激は光である。光は電磁波の一種であり，その周波数がある一定範囲内のときに視感覚を生じさせる。さらにその光の中の周波数の違いが，色として知覚される。なお，客観的な世界には明るさも色も存在していないといえる。そこには電磁波の振幅や波長があるだけである。明るいとか赤いというのは人間の感覚・知覚の結果であり，主観的な経験である。

聴覚の適刺激は空気の振動である（水に潜っているときは水の振動である)。振動が耳の中の受容器に伝わり，信号が脳に送られることで得られた主観的経験が音である。振動の周波数（振動の速さ）は音の高さとして，振幅（振動の大きさ）は音の大きさとして知覚される。

嗅覚と味覚の適刺激は分子の化学的成分である。空気中に浮遊している物質の化学的組成によって生じる感覚が嗅覚である。味覚は嗅覚とよく似たメカニズムに基づいており，舌の上で物質を受容することから生じる感覚である。物質の化学的成分によって甘味，酸味，塩味，苦み，うま味といった味が知覚される（辛みは痛覚であり，味覚とは区別される)。味覚と嗅覚は密接に連動しており，より複雑な風味の知覚を実現している。

触覚の適刺激は，外部からの機械的な刺激である。たとえば，物に触れたときの圧力や，物をさすったときに表面の凹凸によって生じる振動などである。なお，これらの機械的な刺激に対する感覚と，温度に対する感覚（温覚・冷覚）を合わせて皮膚感覚と呼ぶこともある。

感覚と知覚は類似の言葉であり，実際のところ完全に区別することは難しい。しかし知覚は，どのように見えるか，どのように聞こえるかといった点までを問題にしているのに対し，感覚は単に，見えたり聞こえたりすることそのものを指すことが多い。

2．知覚・感覚の閾

［1］刺激閾

適刺激であっても，弱すぎる刺激は感知されない。感知できる中で最も弱い刺激強度を刺激閾という（後述の弁別閾に対比させて絶対閾ともいう）。「閾」は敷居のことであり，感知されるためにはその敷居を超えなければならない，という意味合いである。閾の高低は感度の高低とは言い方が逆になる。一般に老年になると耳が遠くなるが，それは音圧に対する刺激閾が高くなることであり，感度が低くなることである。

刺激が強すぎてそれ以上強くなると正常に知覚できないという刺激強度を刺激頂という。たとえば，大きすぎる音は痛覚を生じさせるがもはや音としてまともに知覚されなくなる。つまり，われわれは刺激閾から刺激頂の間にある強度の刺激を知覚している。

［2］ウェーバーの法則・フェヒナーの法則

知覚できる刺激強度の「差」のうち最も小さな差を弁別閾という（丁度可知差異ともいう）。例として2つの重りをそれぞれ持ち上げ，重さを比べる場合を考える。われわれは普通，100 g の重りと 100.001 g の重りを比べても，両者の差が小さすぎるため，どちらが重いかを正確に弁別することができない。そこで徐々に差を大きくしていき 100 g と 102 g になったとき，ようやく重い方を言い当てられるようになったとする。この場合，弁別閾は 2 g である。

弁別閾は，基準になっている数値（上の例では 100 g）に比例することが知られている。たとえば 100 g に対する弁別閾が 2 g の場合，300 g に対する弁別閾は 2 g ではなく 6 g になる。この法則性は，式で表すと弁別閾÷基準＝定数であり，発見者の名ウェーバー（E. H. Weber）にちなみウェーバーの法則と呼ばれる。またその定数はウェーバー比と呼ばれる。上記例のウェーバー比は 0.02 である（2÷100 あるいは 6÷300）。

ウェーバーの法則に基づいて考えれば，刺激の強さ（刺激強度）が2倍，3

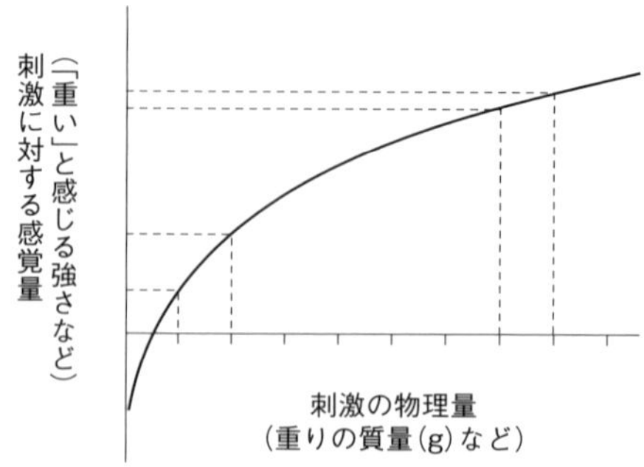

図 2-1　フェヒナーの法則（筆者による）
感覚量を E，刺激の物理量を I としたとき，$E=K\log I$ で表される。K は定数。

倍と増加していっても感覚の強さ（感覚強度）はそれに比例して 2 倍，3 倍とはならないことになる。基準の刺激が大きくなるに従って小さな違いを感じにくくなるからである。概して，刺激強度と感覚強度の関係は正比例でなく，対数関係になることが知られている（図 2-1）。この対数関係は，発見者の名フェヒナー（G. T. Fechner）にちなんでフェヒナーの法則と呼ばれる。図 2-1 においても，刺激が大きくなるに従って，それに対して生じる感覚量の増加は徐々に少なくなっていることがわかる。刺激強度と感覚強度の関係について，局所的な変化率に着目しているのがウェーバーの法則であり，全体的な関数関係を表しているのがフェヒナーの法則である。実際に，フェヒナーは感覚強度の変化率である分数（ウェーバーの法則）を積分し，連続的な関数として対数を導出したという背景がある。

フェヒナーの法則は広く受け入れられており，一般にも応用されている。たとえば，テレビの音量レベルを上げていくと，その物理的な音圧は直線的ではなく指数関数的に大きくなるように設定されている。音圧を等間隔に強くしていくと，しだいに「大きくなった」と感じにくくなってくるためである。そこで，指数関数的に音圧を上げることで，聞いた人にとってはちょうど直線的に音が大きくなっているように知覚させているのである。また，単純な感覚以外の多くの心理現象においてもこの非直線的関係は観察することができる。たとえば，宝くじで当たった金額（物理量）を横軸に，それに対するうれしさ（心理量）を縦軸に取ったときも，およそフェヒナーの法則に沿うと予想される。

3．順　応

夜に部屋の電気を消すと，直後は暗くて何も見えないが，しばらく時間がたつと目が慣れて部屋の中が見えてくる。このような知覚の一時的な慣れのことを順応という。暗さに慣れることを特に暗順応と呼ぶ。暗順応した状態で部屋の電気を再びつけると，はじめはまぶしくて目があけられないが，次第に普通に見えるようになってくる。これは明るい状態に順応したので明順応と呼ばれるが，元の状態に戻ったという意味では回復とも呼ばれる。

トピック１：マグニチュード推定法

心理量（感覚や知覚の強さ）を測る方法はさまざまであるが，マグニチュード推定法は比較的簡便でかつ利用可能な範囲の広い方法である。マグニチュード推定法は，主観的な感覚の度合い（つまりマグニチュード）を任意の数字で表すというものである。たとえば，ある大きさの音を聞かせて，「この音の大きさを数字で表してください。分数でも小数でもかまいません」というように行う。実は日常で，たとえば料理のおいしさを「あの店のおいしさを 10 としたら，この店はどれくらい？」と聞いたりするのも，マグニチュード推定法といえる。

この方法はスティーヴンスの研究（Stevens, 1957）をきっかけに心理学で頻繁に利用されるようになった。彼はさまざまな感覚において，物理量に対する心理量の対応関係を調べた。そしてその結果には，フェヒナーの法則の対数関数よりも，べき関数がよく当てはまると結論した（スティーヴンスの法則：$E=KI^a$，ここでEは感覚量，Kは刺激の種類と単位によって決まる定数，aは刺激によって異なる指数）。その一連の測定のために彼が使った方法がマグニチュード推定法であった。

その後スティーヴンスの法則に関してはいくつかの点が批判され，感覚量の法則性としてはフェヒナーの法則に対する優位性はないとみなされるようになった。批判というのはたとえば，測ろうとしている感覚以外の要因が混入していた可能性や，分析の過程で個人差を無視していた点である。

しかし，その測定方法であるマグニチュード推定法は今日の心理学研究でも頻繁に用いられているし，確立された手法でもある。特に，さまざまな感覚が複合した心理量（たとえば疲労度や，どれくらい好きかなど）を測定するときには利用しやすい方法である。

順応は明るさだけに起こるわけではない。たとえばレストランに入店した時は料理の匂いが強く知覚されるがしばらくたつと気にならなくなる（嗅覚の順応）。眼鏡をかけた直後は肌に触れている感覚が意識されるがしばらくたつと気にならなくなる（触覚の順応）。高速道路から降りた時に，一般道の自動車が異様に遅く感じられる（運動知覚の順応）。他にもそれぞれのモダリティでさまざまな順応が観察できる。

存在し続ける刺激は生体にとってもはや新しい情報をもたらさなくなる。順応には，そういった刺激を「当たり前」とみなすことで，相対的に他の刺激を目立たせる働きがある。

４．図と地の分化とものまとまり

［1］図と地

視覚は視野の中の興味の対象になりうる物（「図」と呼ぶ）を抽出して知覚し，その周辺は背景（「地」と呼ぶ）とみなしている。本を読んでいるときには，文字の形を知覚しているのであり，紙の形状を知覚しているのではない。

図と地を切り分ける過程を図地分化という。図として知覚されやすい領域の

図 2-2　ルビンの盃（筆者による）

特徴として，①面積が小さい領域，②周囲との明るさの差が大きい領域，③左右非対称より対称の領域，④斜めに広がりをもつ領域よりも垂直・水平方向の領域，さらに⑤青や緑よりも赤や黄の領域が挙げられている（Palmer, 2004）。一般にもよく知られている「ルビンの盃」（図 2-2）は，白い領域も黒い領域も，同じ程度に図として知覚されやすい特性をもっている。それゆえ，白い盃が図で黒い領域が地に知覚されたり，向き合った顔の黒い影が図で白い領域が地に知覚されたりするのである（このような図形は図地反転図形と呼ばれる）。

トピック 2 ：知覚研究の重要性

あなたには見えない物を他の人はありありと見ている場合がある。たとえば図 2-3 は一見すると無意味な模様に見える。しかし，ここには人の顔が描かれている。そしていったん顔が見えてしまうと，もはや元のように無意味な模様に見ることはできなくなり，どうしても顔に見えてしまう。顔が見える前と後とで，眼前にある物体は同じであるにもかかわらず，知覚はまったく別なのである。

実はこの顔の知覚には無意図的な記憶も関与している。はじめに知覚系は図中の要素を図地分化し，群化を試みる。このとき，その形状は自動的に過去の記憶と照合され，当てはまるものがあればその物として強く知覚されるのである。

ある人が，何もない部屋の片隅を見て「誰かが居る」と言ったり，「自分は霊を見たことがある」と言うかもしれない。そのような場合，彼らが何を知覚したのかを正しく理解するためには，まずは知覚の仕組みを理解しておく必要がある。

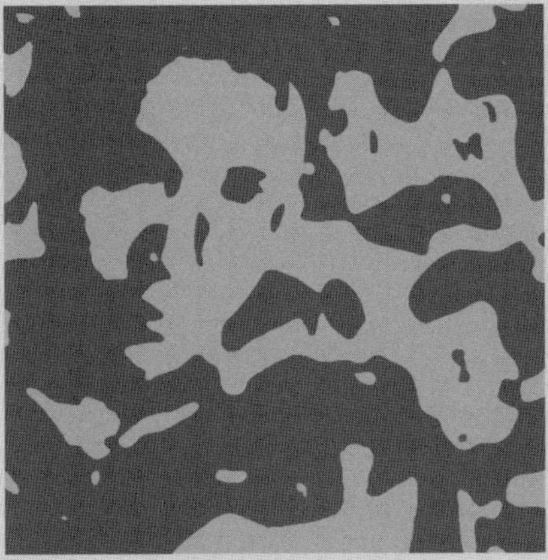

図 2-3　ムーニーフェイス（筆者による）

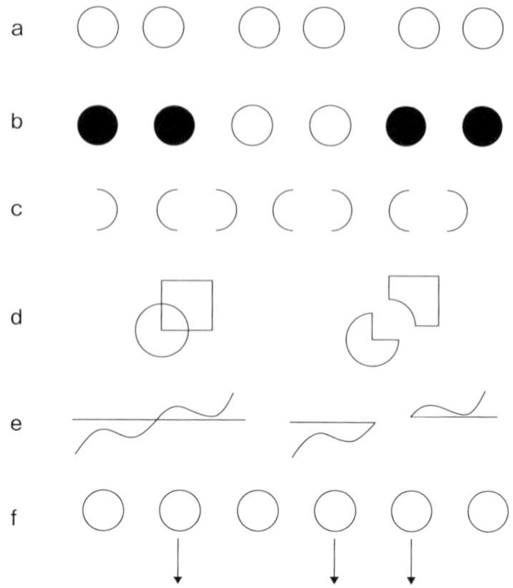

図 2-4　群化の要因（筆者による）

(a) **近接の要因**：近くにある物どうしがまとまりとして知覚される。英単語がまとまって見えるのは近接の要因のためである。(b) **類同の要因**：同質な物どうしがまとまって知覚される。漢字の熟語がひらがなと区別されやすいのはこのためである。(c) **閉合の要因**：閉じた領域を形成するものどうしはまとまって知覚される。括弧記号「( )」はこの要因を利用した記号である。)（よりも（　）のようにまとまって知覚されやすい。(d) **良い形の要因**：要素は「良い形」（簡潔な形）を形成するようにまとまって知覚されやすい。図 2-3d 左は円と正方形に知覚されるのが普通で，右のような欠けた円と欠けた正方形には知覚されない。(e) **良い連続の要因**：なだらかな連続をもつ要素はまとまって知覚されやすい。図 2-3e 左は直線と波線に知覚されるのが普通であって，右のようなまとまりには知覚されない。(f) **共通運命の要因**：同期して動くものどうしは，まとまって知覚されやすい。雑踏の中であっても同じ速度で同じ方向に移動する人たちはグループとして知覚されやすいのはこのためである。

［2］群化の要因

人の知覚は複雑な世界を整理して単純にとらえようとしている。視野の中で複数の図が存在する場合，それらは群化の要因（プレグナンツの法則とも呼ばれる）に従ってまとまりを形成して知覚される。群化の要因はかつてゲシュタルト心理学者たちによって精力的に研究され，近接の要因，類同の要因，閉合の要因，良い形の要因，良い連続の要因，共通運命の要因などが知られている（図 2-4）。

さらに，経験の要因もある。たとえばアルファベットの筆記体やアラビア文字などは，見慣れない者にとっては文字の区切りが判別しにくいが，熟達すれば一目でわかるようになる。

これらの要因は人工物のデザインにも利用可能である。たとえばテレビのリモコンにはさまざまな機能のボタンが配置されているが，関連するボタンどうしを近くに配置したり，色や形を同じにしたり，枠で囲ったりすることで1つのグループとして知覚されやすくなる。

5．恒常性と錯視

[1] 恒常性

人の知覚は，刺激の変化をある程度無視し，一定した状態に知覚しようとする場合がある。この現象は知覚的恒常性と呼ばれる。幾何学的には，目から30 cmの距離にペンを持って見た時に比べ，60 cm離して見た時では，網膜に映る像の大きさは半分になっている（図2-5）。しかし感覚としては，たしかに離して見た時の方が小さく見えはするが，像の大きさが半分になったようには感じない。これは大きさの恒常性の例である。2つの距離における網膜像の大きさの変化を厳密に検出することよりも，知覚経験を安定させることを優先する機能であると考えられる。

恒常性は大きさ知覚だけのものではない。白い紙を屋外で見ても屋内で見ても同様に白く知覚されるのは明るさの恒常性である。屋外で紙が反射する光の量を100とし，屋内で見たときの反射量が半分の50だとする。当然，光の反射量が0なら黒に見えるはずなので，50の時は中程度の灰色に知覚されてもよさそうである。しかし実際は，多少は暗くは見えるが，屋内でも白い紙はやはり白く知覚されるのである。

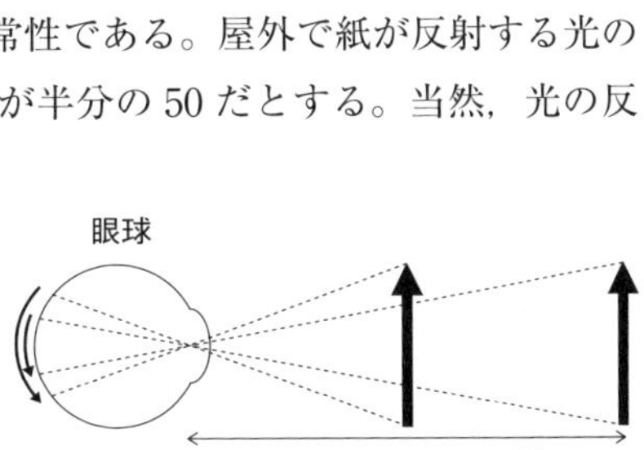

図2-5　視距離と網膜像の関係（筆者による）
距離がx倍になれば網膜像の大きさは$1/x$になる。

日常生活を注意深く観察すると，知覚的恒常性の働きに気づくときがある。たとえば，教室の後方の座席からでも黒板やスクリーンが大きく見えているつもりになるが（大きさの恒常性），実は網膜像が非常に小さいために，思ったよりも文字の判別が困難な場合がある。また，屋内も屋外も同じような明るさであると感じているために（明るさの恒常性），外で本を読もうと考えることもあるが，実は屋外の光量は屋内とは桁違いで，まぶしすぎて本を直視できないことがある。他には，丸い皿を傾けて写真に撮ると多少楕円に写ってはいるがやはり丸く感じる（形の恒常性）。しかし写真の皿を切り取ってみると，初めに感じていたよりもだいぶ細い楕円として写っていることに気づく。

[2] 錯　視

錯視は，客観的な刺激特性と主観的な見えとが異なっていることである（その意味では，恒常性も錯視である）。錯視は弱い刺激を強調したり，無視したりする仕組みによって起こる。これは是正されるべき欠点というより，むしろ，周囲の情報をより効率よく得るための機能である。錯視は日常生活にも起こっているが意識されることはない。錯視現象をことさらに強調した図が錯視図形である。

多くの錯視現象は，「同化」か「対比」のいずれかに当てはまる。同化とは，ある刺激が周囲の刺激となじんで知覚される現象である。たとえば図 2-6a は長辺と屈曲した辺との同化，図 2-6b は（さまざまな要因が効いてはいるが）長い直線（主線）と短い直線（矢羽）との同化，図 2-6c は内円と外円との同化で説明がつきやすい。対比とは，ある刺激と周囲の刺激との差が強調されて知覚される現象である。たとえば図 2-6d は線分と余白との対比，図 2-6e は中心の円と周辺の円との対比と考えられる。

さらに，「鋭角の過大視」と呼ばれる錯視の傾向も知られている。鋭角に交わる線の角度は実際よりも広く知覚されるのである。たとえば，図 2-6f, g, h は鋭角の過大視で説明できる。鋭角の過大視は，２本の線が同化せず，逆に交わりが強調されて（より直角に近づいて知覚されて）いるという意味で，対比に類似した機能であるといえる。

錯視は形状に係るものだけではない。たとえば図 2-7 左は静止画であるが丸いパッチが横方向に動いて知覚される。これは図中の連続的あるいは段階的な

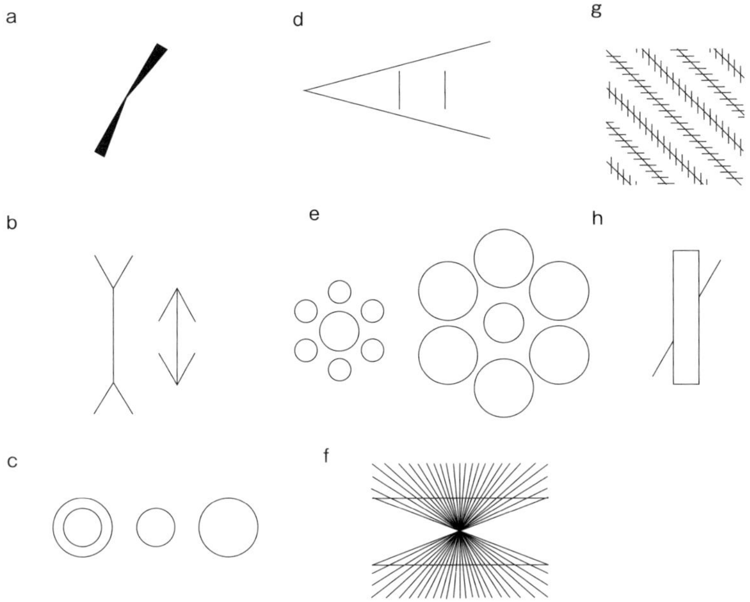

図 2-6　幾何学的錯視の例（筆者による）
(a) **ブルドン錯視**：左上側の長い辺は直線であるが右側の線と同じ方向にやや屈曲して見える。(b) **ミュラー・リヤー錯視**：長い２つの直線（図中では垂直な線）は互いに同じ長さであるが開いた羽に隣接する左図の主線は長く，閉じた羽に隣接する右図の主線は短く見える。(c) **デルブーフ錯視**：同心円の内円はより大きく，外円はより小さく知覚される。図の中央の円は内円と，右の円は外円と同じ大きさである。(d) **ポンゾ錯視**：挟まれた２つの線分は互いに同じ長さであるが狭い領域の線分は長く，広い領域の線分は短く見える。(e) **エビングハウス錯視**：左右の図形の中心の円どうしは同じ大きさであるが小さな円で囲まれた円は大きく，大きな円で囲まれた円は小さく見える。(f) **ヘリング錯視**：すべて直線で構成されているが水平線が湾曲して見える。(g) **ツェルナー錯視**：すべての斜線は平行であるが，いびつな角度に見える。(h) **ポゲンドルフ錯視**：２つの斜線は互いに延長線上に位置しているがずれて見える。

明るさの変化が運動知覚を生じさせているのだが，その原理は定かではない。図 2-7 右は，白い通路の交差点に灰色のスポットが見えることがある。これはコントラストを増強するための側抑制と呼ばれる視覚システムの生理学的仕組みによって起こると考えられている。

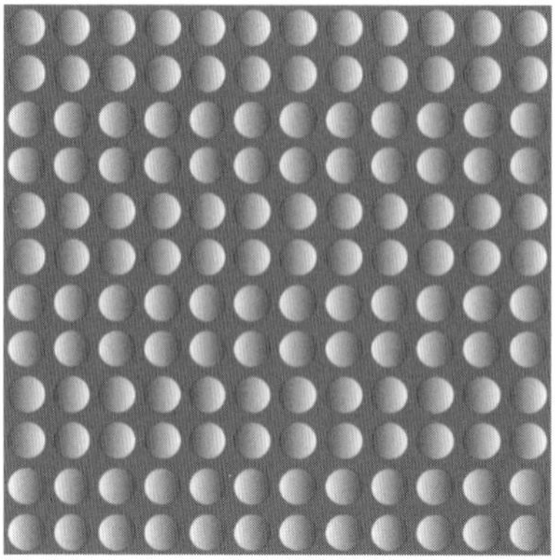

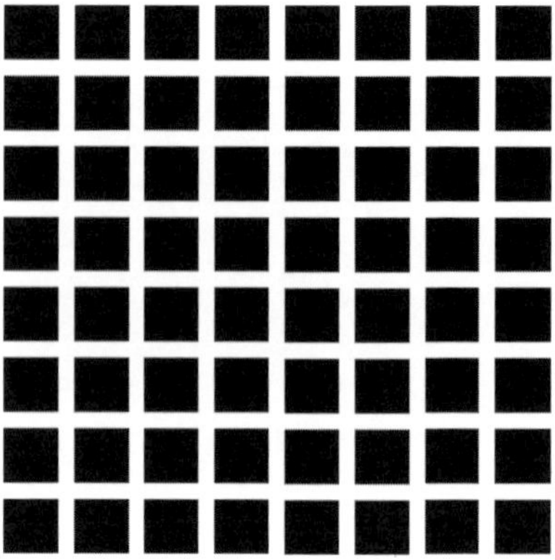

図 2-7　形状以外の錯視の例（筆者による）
左：フレーザー・ウィルコックス型錯視。右：ヘルマングリッド。

6．奥行知覚

われわれは周囲を見回したとき，そこにありありとした三次元空間を知覚しているが，これは平面の二次元情報から再構築された世界である。外界から目に入った光はレンズを通り，網膜に投影される。網膜は（湾曲はしているが）スクリーンと同じく平面なので，ここですでに二次元像になってしまっている。その後，脳は目から送られてきた二次元情報に含まれる奥行手がかりをもとに三次元性の復元を試みている。奥行手がかりには次のようなものがある。

両眼視差：異なる視点から物を見れば当然見え方に差ができる。右目と左目はついている場所が違うので，それぞれの目に投影されている像も異なっている。そのとき，見ている対象物からの奥行距離が大きいほどこの差も大きくなる（図 2-8）。この，左右眼での像の差が両眼視差で，最も強力な奥行手がかりである。

運動視差：片目であっても，見ている人が動けば視点が変わり，見え方に差が出る。それは両眼視差と同様に奥行手がかりになる。この運動によって時系列的に生じる像の差が運動視差である（図 2-8）。車窓の風景が「流れ」るのも運動視差の一例である。

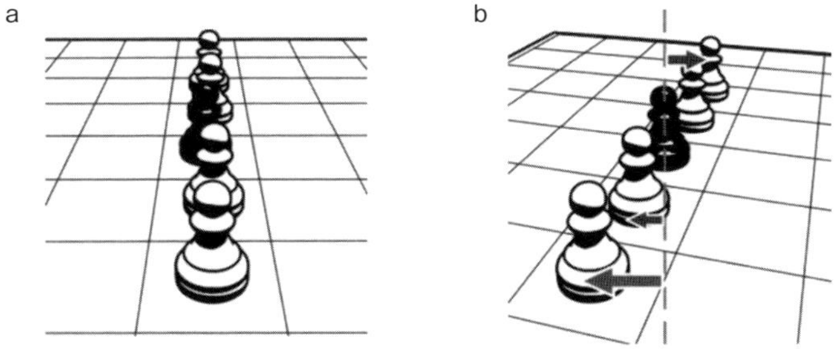

図 2-8　視差といくつかの奥行手がかりを説明する図（筆者による）
（a）の場面で黒い駒を凝視して，やや右の角度から見ると，（b）のように手前や奥の駒の網膜像は左右にずれる。ずれの方向は凝視点より手前か奥かを反映し，ずれの度合いは奥行の量を反映する。このずれ（視差）を左目と右目で同時的に経験するのが両眼視差であり，運動によって継時的に経験するのが運動視差である。なお，（a）の格子の縦線が奥に収束しているのは線遠近，水平線の間隔が奥に行くほど密になってるのはきめの勾配である。この図にはそのほか，像の大きさ，重なり合い，陰影も含まれている。

輻輳角：両目で近くを見ると眼球は内転し（寄り目になり），遠くを見ると並行に向く。この眼球の角度が輻輳角であり，それを知覚することで奥行手がかりになる。

調節：近くの物に焦点を合わせると眼球のレンズ（水晶体）は厚くなり，遠くを見ると薄くなる。このレンズの厚みを調節する筋肉の緊張具合が知覚され奥行手がかりとなる。

網膜像の大きさ：概して，観察距離の近さに比例して網膜像は大きくなる（図 2-8）。したがって大きく見えるものは近いという手がかりになる。

重なり合い：物が重なって見えるとき，ある領域を隠されている物が奥，隠している物が手前なので奥行手がかりになる。

線遠近法：長い道路の先を見た場合など，風景中の線は最も遠い点に収束するように見え，奥行手がかりになる（図 2-8）。

きめの勾配：点のような要素が面上で一様に存在している風景（地面の砂利や花畑の花）では，近くの物はまばらに見えるが遠くのものは密集して見える。この密集具合（きめ）の勾配が奥行手がかりになる（図 2-8）。

大気遠近：大気中には水蒸気やほこりが浮遊しており，遠くのものはかすんで見える。このかすみ具合も奥行手がかりになる。

陰影：自然界では光は上からさしているので，影のできている個所は奥，影の上の明るい個所は手前に知覚される（図2-7左を90度回転させて観察すると円が2列ごとの凹凸に知覚されるのはこのためである。図2-8も参照）。

図2-9　図2-4の種あかし

参考図書

Geschieder, G. A. (1997). *Psychophysics: The fundamentals* (3rd ed.). Mahwah, NJ: Lawrence Erlbaum Associates.（ゲシャイダー, G. A.　宮岡 徹（監訳）(2002). 心理物理学――方法・理論・応用（上・下）　北大路書房）

後藤 倬男・田中 平八（編著）(2005). 錯視の科学ハンドブック　東京大学出版会

大山 正・今井 省吾・和気 典二（編著）(1994). 新編 感覚・知覚心理学ハンドブック　誠信書房

Palmer, S. E. (2004). Perceptual organization in vision. In H. Pashler, & S. Yantis (Ed.), *Stevens' handbook of experimental psychology*, Vol. 1 *Sensation and perception* (3rd ed., pp. 177-234). New York, NY: John Wiley & Sons.

第3章
認知と思考の心理学

猪股健太郎

本章のキーワード
選択的注意，特徴探索，結合探索，特徴統合理論，変化の見落とし，身体化認知，心的メタファー，創造的問題解決，推論

本章では，人間の情報処理のうち認知および思考と呼ばれている過程について取り上げる。認知については，特に情報の取捨選択に関わる注意や，身体と心的過程の関わりを重視する身体化認知という考え方を紹介する。思考については，クリエイティヴに問題を解決する過程や，既有の情報から新規な情報を推測する過程を紹介する。

1．注　意

［1］選択的注意

われわれは同時に無限の情報を処理できるわけではなく，処理容量には限界がある。そのため，環境から絶えず入力される情報の中から必要なものに選択的に注意を向ける，選択的注意（selective attention）と呼ばれる働きがある。たとえば，大勢の人がいて多くの会話が行われている中でも，特定の発話を容易に聞き取ることができる。このことは1950年代にカクテル・パーティ問題（cocktail party problem: Cherry, 1953）と呼ばれて注目を集めた。注意研究の初期では，聴覚を対象としたものが多く行われ，両耳分離聴（dichotic listening）という方法では，左右の耳に異なる内容を同時に提示し，一方の耳から聞こえてくる内容のみを復唱することが求められた。すると実験参加者は，注意を向けている方から聞こえてくる内容を復唱でき，さらに注意を向けていない方から聞こえてくる内容は，ほとんど報告することができなかった。このこ

とから注意が向けられなかった情報は，処理の早い段階でフィルターがかけられ，意味処理を行う対象が選択されているという初期選択（early selection）説と呼ばれる考え方が提案された。しかしその後，注意を向けていない耳に自分の氏名などが提示された場合には，参加者はそれに気がつくことが明らかになった（Moray, 1959）。このことから，注意を向けなかった情報がすべて排除されているわけではない可能性が考えられ，後期選択（late selection）説と呼ばれる考え方が提案された（Deutsch & Deutsch, 1963）。その後，初期選択と後期選択の論争が続いたが，近年の神経心理学的な知見は，相対的に初期選択との適合性が高いことが示されている。

［2］視覚探索と注意

われわれの日常生活における視覚的な活動の多くには，何かを探すプロセスが含まれている。このような，何らかの標的（target）を視覚的に探すことを視覚探索（visual search）と呼び，標的以外の対象を妨害刺激（distractor）と呼ぶ。たとえば，多くの正常なミカンの中から，変色して傷んだミカンを探すといった場合には，前者が妨害刺激であり，後者が標的である。このように，正常なミカンと傷んだミカンの色の違いという単一の特徴を手がかりに標的を探索することを，特徴探索（feature search）と呼ぶ。この場合，妨害刺激が増加しても探索に要する時間は変わらず，個々の刺激を調べなくても，標的はすぐに見つかる。この現象をポップアウト（pop-out）と呼ぶ。一方，標的と妨害刺激との間に複数の特徴の違いがある場合は，結合探索（conjunction search）と呼ばれる。たとえば，洗濯物の山からグレーのＴシャツを探す際には，目標はグレーという色と半袖の形状という２つの特徴で定義される。そのため，色のみを手がかりに探索すると同じ色の長袖のシャツと誤る可能性がある。このように結合探索の場合には，個々の刺激について特徴の組み合わせを調べる必要があり，妨害刺激数の増加によって，探索に要する時間が長くなる。

このような視覚探索の説明理論として，特徴統合理論（feature integration theory: Treisman, 1988; Treisman & Gelade, 1980）がある。特徴統合理論では，注意を必要としない特徴マップの構築と，注意を要する位置マップでの選択という２つの段階によって物体認識が構成されている（図 3-1）。結合探索にお

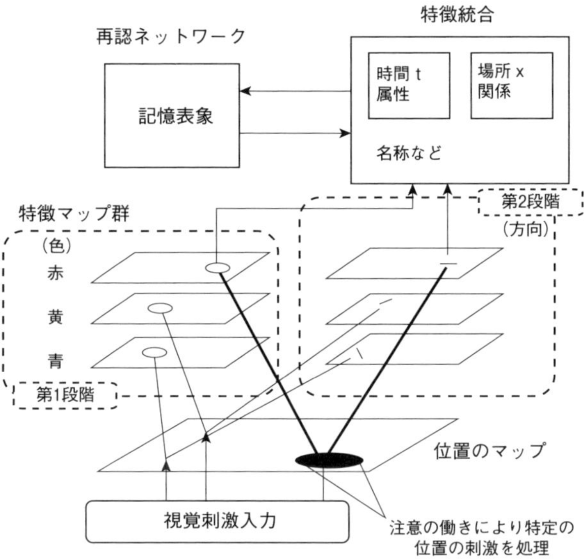

図 3-1　特徴統合理論

まず第1段階では，注意の働きを伴わず，対象物のさまざまな特徴（色，大きさ，線の方位など）が空間的な位置情報を伴って抽出され，それぞれの特徴ごとに特徴マップ群が形成される。次に第2段階として，それぞれの空間的な位置情報の位置マップにおいて特定の位置に注意が向けられることで，その特徴マップの特徴が検索され，それらが統合されるのである。統合された情報は，記憶との照合が行われる（横澤・熊田（1996）を改変）。

ける探索時間の変化は，位置マップにおける注意および各特徴の結合の処理に時間を要することによるものと説明できる。

[3] 見落とし

視覚的注意の特性をよく表す現象として，変化の見落とし（change blindness）が挙げられる。図 3-2 のように，1箇所だけ見えの異なる2枚の画像を交互に提示し，その違いに気がつくかどうか調べる実験が行われた（Rensink et al., 1997）。その結果，2枚の画像の違いが画像の中心的な内容でない場合に，中心的である場合と比較して，なかなか気づかれないことが報告された。このことは風景に，注意が向けられやすく詳細に処理されやすい対象と，そう

図 3-2　変化の見落としの例

１箇所違いのある２枚の画像が，ブランクの画像を挟んで繰り返し提示される。多くの実験では画像は 200 ms から 600 ms 提示され，ブランクは 80 ms から 800 ms 提示される。上記の画像の例では，参加者が違いに気がつくまでの提示回数を平均すると 40 回以上の繰り返しが必要である。ここでの２枚の違いは背後の壁の高さである（Rensink（2001）を改変）。

でない対象があることを示している。

さらに，視覚情報によって行われる選択が，実際には曖昧なものである可能性を示す現象も報告されている。２枚の顔写真を提示し，より好ましい印象の１枚を選択する課題において，選択後に実験参加者に気づかれぬよう画像をすり替え，選択しなかった方の画像を提示し，画像を選択した理由を尋ねる。すると，提示されたのは実際には自分で選択しなかった画像であるにもかかわらず，選択した理由を説明してしまうという現象が起きる（Johansson et al., 2005)。これは，選択の見落とし（choice blindness）と呼ばれ，他にもジャムの味や紅茶の香りでも，同様の現象がみられることが報告されている（Hall et al., 2010)。

トピック３：境界拡張

注意と視覚的な記憶に関連する興味深い現象として，境界拡張（**boundary extension**）が挙げられる。これは，あるシーンの画像を想起する際，実際には見ていない範囲までも想起するという現象である（**Intraub & Richardson, 1989**）。実験では多くの場合，対象物が中心に配置されたシーン画像を記銘することが求められる。その後の，描画によって記銘した画像を再生する課題において，実際には写っていなかった範囲までも描かれ，対象物は相対的に小さく描かれる（図3-3）。この現象は発達段階にかかわらず生起するものの，成人に比べて，幼児や高齢者で顕著に観察されること（**Seamon et al., 2002**）や，言語刺激の記憶のエラー成績と正の相関を示すこと（猪股，**2014**）が報告されている。これらのことから，境界拡張はシーンの意味的な処理と関連した記憶のエラーであることが考えられる。ただしこの現象には，現在の見えから，注意を上下左右に向けた際にどのような見えが得られるか予測する役割を果たしており，注意を導くなどの適応的な意義があると考えられている（**Intraub, 2002**）。

図3-3　境界拡張の例

Aの画像を想起するとC，Bの画像を想起するとDのような絵が描かれる。それぞれ提示された画像と比較して，広い範囲が描画されている（Intraub & Richardson（1989）を改変）。

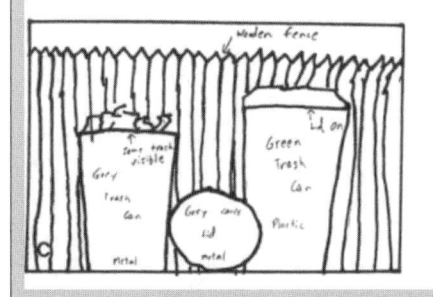

2．身体化認知

[1] 身体化認知とは

認知研究において，身体には感覚器官があり，動く働きを担うだけで，認知過程においては周辺的な役割しか果たしていない，と考えることも可能ではある。しかしながら，1990年代頃から，認知過程はあくまでも身体を通した環境との相互作用に根ざしたものであるとして，身体と認知の関係性を重視する身体化認知（embodied cognition）と呼ばれる考え方が広まってきている（Wilson, 2002）。認知過程における身体や環境の重要性の指摘は以前からなされていたものの（Gibson, 1979; 野村，1989），近年ではさまざまな分野まで研究が拡がっている。それらの研究では知覚や評価と，環境や身体との密接な関係性について検討されている。たとえば，木製の椅子に座る条件と，クッション付きの椅子に座る条件で，意思決定が変化することが報告されている。この実験では，価格交渉の場面で1回目に要求した値引き額が店員に拒否された際に，2回目に提示する値引き額がどのように変化するか検討したところ，木製の“硬い”椅子に座っている方が，クッション付きの“柔らかい”椅子に座るよりも，妥協の程度が小さくなることが示された。すなわち，硬い椅子に座る条件の方が，態度においても“硬くなる”ことが観察されたのである（Ackerman et al., 2010）。他にも，環境や身体における左右とポジティヴ／ネガティヴな概念にも関連性があることが示されている。たとえば，あるキャラクターが動物園に行く予定を立てており，そのキャラクターはシマウマのことが好きで，パンダのことが嫌いだという教示が参加者に与えられた。そして，そのキャラクターが良い物を見るのに最適な場所にシマウマを，悪い物を見るのに最適な場所にパンダを描画するよう求めたところ（図3-4），右利きの参加者は右に，左利きの参加者は左にシマウマを描画する傾向が観察された（Casasanto, 2009）。このことから，われわれは利き手側の空間とポジティヴな概念を関連づけていることが考えられる。実際の言語においても左右とポジティヴ／ネガティヴの関連性はあり，英語では“右”と“正しい”はいずれも“right”であり，フランス語やドイツ語では“左（gauche, links）”を示す単語にネガティヴな意味がある。この結びつきの由来は，一般には右利きの人が多いことによるものと解釈することができる。

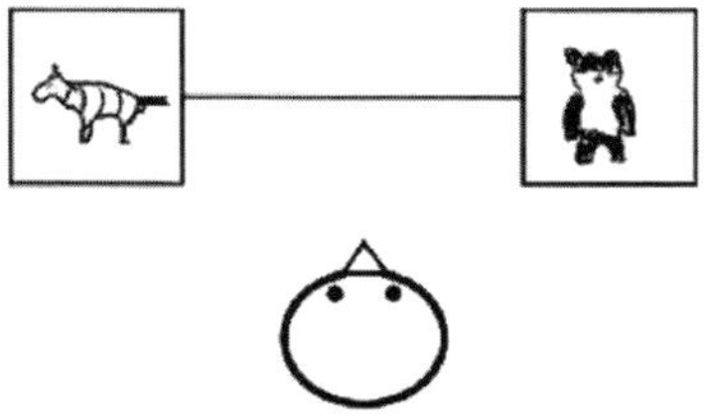

図 3-4　Casasanto の実験の例
中央のキャラクターからみて右と左にそれぞれの動物を描画するよう教示がなされた（Casasanto（2009）を改変）。

高次な認知が，知覚に影響を及ぼすという方向性の例も報告されている。たとえば，実験室内にいる他者との物理的距離が近い場合や，他者に自己との高い類似性を感じた場合には，室内の温度を高く感じることが報告されている（IJzerman & Semin, 2010）。これは他者とのポジティヴな交流を“温かい交流”と表現するように，社会的な認知と温度感覚が概念レベルで結びついている可能性を示すものだといえる。

［2］身体化認知の説明理論

われわれは概念について言語的に説明する際に比喩的な表現を用いることがあり，そこでは上記の例のように“硬い”や“温かい”などの感覚的な言葉がしばしば用いられる。このことは，多様な言語圏で同様であることが報告されている。このような比喩による心的な表象は心的メタファーと呼ばれるが，これが形成される過程について，2つの可能性が指摘されている（Casasanto, 2009）。1つは，心的メタファーが身体経験によって形成されるというものである。左右の他にも，“気分上々”や“落ち込む”など上方向とポジティヴ，下方向とネガティヴな結びつきがあることが指摘されているが，これは誇らしい時には背筋を伸ばす，落ち込んだ時には前屈みになるなどといった身体経験と感情状態の結びつきが，無意識的に学習されているものと考えることができる。この観点に沿う身体化認知の重要な説明理論として，知覚的シンボルシステム（perceptual symbol systems: PSS）が提案されている（Barsalou, 1999）。知覚的シンボルとは，色・動き・痛み・熱などさまざまな知覚の際の神経の活性化の記録であり，長期記憶（第 4 章 4 節［3］参照）において貯蔵される。それぞれの知覚的シンボルは断片的なものだが，複数の関連性の高い知覚的シンボルがシミュレーターと呼ばれるまとまりを形成する。認知活動の際には，感覚や身体の入力に類似した知覚的シンボルが活性化し，シミュレーターを介して他の知覚的シンボルも活性化される。このようにして生起した複数の知覚的シンボルの活性化のパターンによるシミュレーションが，概念的な処理を支える。そのため，抽象的な概念である“頑固さ”なども，感覚とまったく独立したものではなく，感覚として関連性のある“硬さ”の入力によって活性化されることが考えられるのである。また，この結びつきは双方向的であり，イメージや概念からの処理によって，感覚運動表象の活性化も生起するとされている。このことは，上記における他者に対する認知の処理が，より低次な処理である“温かい”などの知覚的な評価に影響を与える例と矛盾しない。

心的メタファーの形成過程についてのもう1つの可能性は，言語メタファーの使用によって形成されるというものである。たとえば“高い”という空間に関する語を，“高い棚”などの字義的な文脈と“理想が高い”などの比喩的な文脈で共通して使用していることによって，“高い”領域の抽象的な表象が形成されることが考えられる。

これら2つの可能性については，いずれも支持すると考えられる知見があるものの，現在議論が継続している段階であり，今後のさらなる検討が期待される。

3．問題の種類と解決のプロセス

[1] 問題の種類と解決

本節では，問題解決における思考のプロセスについて取り上げる。まず問題とは，現在の状態に対して何らかの目標の状態があるものの，そこに至る方法が明示されていないことをいう。たとえば，「ハノイの塔」という問題では，初期状態として棒に穴の空いた円盤3枚が図3-5の上段のように重なっており，目標状態として図3-5の下段がある。問題を解決するためには円盤を初期状態から目標状態にする必要があるが，その際，①一度に動かせる円盤は1枚，②一番上の円盤のみ動かせる，③小さい円盤の上に大きい円盤を重ねることはできない，というルールを守らなければならない。このルールに従いながら取り

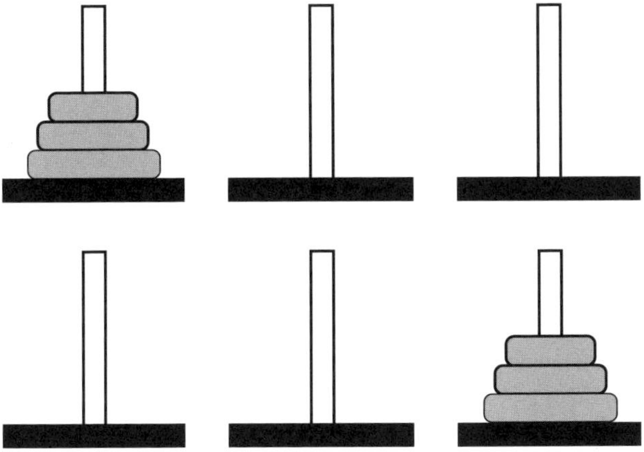

図 3-5　ハノイの塔の例（筆者による）
上段が初期状態，下段が目標状態。

得る一手一手のすべてを，問題空間（problem space）といい，円盤が増えるに従って大きくなる。問題空間が大きく初期状態から目標状態の差が大きい場合には，複数の下位目標（subgoal）を設定することが有効である。このように，初期状態と目標状態の差を小さくするために有効な手段を講じることを手段-目標分析という。

ハノイの塔のように，初期状態や目標状態が明確で正しい解が１つである問題を良定義問題という。良定義問題における問題解決の方法であり，初期状態から目標状態に至るために問題空間をさまざまに検討することを探索という。探索は，１つある解に至るための手順を明確にできることから，人工知能に関する分野でもさかんに扱われてきている。チェスや囲碁における勝利も，膨大ではあるが問題空間が定義可能な問題であり，チェスでは 1997 年に Deep Blue，囲碁では 2016 年に AlphaGo という人工知能が，いずれも既に人間のトッププロに勝っている。

一方で，人間が直面する問題には解が１つとは限らない問題もある。このような問題を不良定義問題という。良定義問題のような解が１つの場合に用いる論理的な思考を収束的思考とよび，不良定義問題のように論理的な思考に加え，発想の飛躍を伴い，多様な解を求める思考を拡散的思考と呼ぶ。新たな発想を得るためには，後者がより重要である。そして新たな発想は，洞察（insight: 第4章2節[2]参照）と呼ばれる，一瞬のひらめきとともに，突然得られることがある。

[2] 創造的問題解決を阻害する要因

創造的問題解決を阻害する要因の1つで，ある対象物の特定の機能に囚われることで，他の機能を有することに気づきにくくなることを機能的固着（functional fixedness）という。たとえば，マッチが入った箱，ロウソク，画鋲といった机の上にある材料を用いて，火のついたロウソクを，ロウを垂らさないように壁に固定する，というロウソク問題（Duncker, 1945）という問題では，箱の入れ物という機能に囚われやすい。問題を解決するためには，この機能的固着から脱して，マッチ箱に台としての機能があり，画鋲で壁に固定するという洞察を得なければならない。

この他にも，気分や感情の影響が指摘されており，たとえば音楽によって気分を誘導する実験において，ネガティヴな気分の状態の場合では，ポジティヴな気分の状態よりも，創造性が低下する（Yamada & Nagai, 2009）。

[3] 創造的問題解決としてのデザイン

新たな道具や制度のデザインは，ある問題を解決するための目的をもった創造活動である。新たなデザインの創出には，さまざまなプロセスが関与するが，その1つとして，概念合成が挙げられる。概念合成とは，名詞と名詞の組み合わせについて，意味を考えることである。たとえば，白鳥イスという単語から，“白鳥のようにソフトなすわり心地のイス”を考えることをいう。この概念合成は，創造的なデザインにおいても重要な役割を果たす。この実例として，Olfa社のカッターナイフは，割れたガラスの切れ味と，板チョコの折りやすさという性質を合成して考案されたことが挙げられる（森田ら，2008）。開発者は，ガラスは折ると切れ味が増すという性質があり，板チョコは筋が入っていて折りやすいという性質に着目し，両者を組み合わせることで，切れ味が鈍れば，あらかじめ筋を入れておいた刃を折って切れ味を回復させるという方法を考案した。

4．推　論

［1］演繹的推論

ある一般的な原理や仮説を踏まえて，個別的な事象について論理的に正しい結論を導き出す推論を演繹的推論という。たとえば，“美味しいラーメン店ならば行列ができる”（p ならば q）という命題が前提としてあるとき，“行列ができるなら美味しいラーメン店”（q ならば p）は逆といい，“美味しくない店なら行列ができない”（not p ならば not q）は裏という。しかし，逆も裏も，必ず成立するとは限らない。なぜなら，美味しいことだけを行列の原因とすることはできないからである。さらに，上記の命題に対して“行列ができないなら美味しいラーメン店ではない（not q ならば not p）”は対偶といい，つねに成立する。もし対偶の成立しない事例を発見すれば，それは前提となる命題が正しくない証拠となる。ただし，p と q が実質的に同一の概念を示している場合は双条件文といい，命題の逆も裏も成立する。われわれはラーメンの美味しい店を探している際，まったく行列ができる気配がない店を見た場合には，他の店を探すというように，論理学などを用いなくとも一般的な原理を用いて個別の事例に対する推論を行っている。しかしながら，問題がより抽象的・形式的な場合には，演繹的推論は誤りやすい（トピック 4 参照）。

［2］帰納的推論

個別的な事象から，その原因や規則性を導き出す推論を帰納的推論という。帰納的推論ではさまざまな個別的事例から新たな法則性を導くため，知識を拡張することにつながる。これは科学的な研究の他にも，たとえばさまざまな機器を試行錯誤しながらその挙動を理解したり，他者の反応から当人の考えを推論することも含まれる。しかし，誤った知識を獲得しないためにも，その推論の確からしさの検証は正しく行われなければならない。

個別的な事象から導いた仮説を検証する際の特性を検証するための課題として，2-4-6 課題がある。この課題では，実験参加者は，“2 4 6”という 3 つの数字を見せられ，この組み合わせがどのような規則に従ってできているのか推

トピック 4 ： 4 枚カード問題

演繹的推論によって事象を適切に推測し，その真偽の検証方法を問う代表的な課題として，ウェイソン選択課題（Wason selection task）が挙げられる。4 枚のカードを用いることが多いことから， 4 枚カード問題（four-card problem）とも呼ばれる（第 14 章トピック 26 参照）。図 3-6 の上段のように，一方にアルファベット，もう一方に数字が印刷されたカードが 4 枚あるとき“もし，あるカードの片面が母音なら（p），その裏には偶数が書かれている（q）”というルールが守られているかどうかを確認するためには，どのカードを裏返す必要があるだろうか。まず，母音（p）である E の裏が偶数（q）であるかどうか確認する必要があり，K（not p）の裏は確認する必要がないことは容易にわかるだろう。次に 4 であるが，片面が偶数（q）であるときのルールは定められていないため，確認する必要はない。しかしながら，多くの人が命題の逆も成立する双条件文と解釈してしまうため， 4 も裏返すと回答してしまう。最後に 7 であるが，これは偶数でない（not q）ため，裏面は母音（not p）でないことがつねに成り立っている必要があり，裏返して確認する必要がある。このように抽象的な問題では，演繹的推論における検証方法について考えることは難しい。

しかしながら，同じ性質でも問題の材料が異なると，正答が容易になる。たとえば，図 3-6 の下段では一方に年齢を示す数字，もう一方に飲料の種類が印刷されている 4 枚のカードがある。このとき“アルコールを飲んでいいのは，20 歳以上である”というルールが守られているかどうか確認する問題になると，正答率は格段に上昇する（Griggs & Cox, 1982）。

図 3-6　4 枚カード問題

上段に比べて下段の課題では飲酒の“許可”という誰しもが日常的に理解している枠組みが利用可能であるため正答率が高い。

論することが求められる。実験参加者は，規則を推論するために，同じ規則で生成されていると推測した組み合わせを実験者に伝え，規則に則っているかどうか確認することを繰り返す。この時，実験参加者の典型的な反応として，“4 6 8”や，“12 14 16”などの組み合わせを提示し，実験者から“合っている”という反応を得て，“2ずつ増加する偶数”といった規則を推測したり，“1 3 5”や，“4 8 12”など“同じ数だけ増加する”などの規則を推測したりする。しかしながら，正解は“上昇する3つの数”であり，実は数字の間の差に規則はない。この一見単純な正解にたどり着くには，素朴に考えられる規則とは逆の規則の組み合わせとして，たとえば“6 4 2”などの正しさを確認することが有効である。しかしながら，人間には仮説を支持する事例ばかり思いつく特性があり，このことを確証バイアスという。

また，帰納的推論の一種であり，未知の事態に対して，よく知っている似た事柄を用いてそれを理解したり，問題解決したりする推論のことを類推という。デザインにおける概念合成も，ある対象の特性を別の対象に反映させて問題解決をするという点で，類推の一種である。

参考図書

河原 純一郎・横澤 一彦（2015）．注意：選択と統合　勁草書房

楠見 孝（編）（2010）．思考と言語　北大路書房

野口 尚孝・井上 勝雄（2014）．モノづくりの創造性：持続可能なコンパクト社会の実現に向けて　海文堂

第4章 学習と記憶の心理学

山本晃輔

本章のキーワード
S-R 理論，古典的条件づけ，オペラント条件づけ，観察学習，洞察学習と試行錯誤学習，技能学習，短期記憶，長期記憶，ワーキングメモリ，記憶方略

日常生活を送るうえで，私たちはさまざまな失敗をすることがある。しかし，次に同じ状況になったときにはその失敗を活かし，成功へとつなげることができる。このように，以前はできなかったことができるようになるとき，私たちは「学習」をしているといえる。心理学では比較的初期の段階から学習に関する多くの研究が行われてきた。また，学習を支える中心的な認知活動の1つが記憶であり，100 年以上にも及ぶ研究から多くのことが明らかになっている。

本章では，学習と記憶に関する心理学の基本的な知見を紹介し，その基礎メカニズムについて考えていく。1節では学習の基礎となる S-R 理論と条件づけ，2節ではさまざまな学習の形態，3節では学習を支える記憶の基礎理論，4節では記憶の種類，5節では記憶の方略について，それぞれの最新の知見をもとに解説していく。

1．学習とは

[1] 学習の定義と基礎理論

心理学では学習を広く「経験による比較的永続的な行動の変容」と定義し，行動，認知，内的状態の変容といったさまざまな観点から実験が行われ，理論が構築されてきた。なかでも，行動主義（behaviorism（あるいは behavior theory））と呼ばれる立場では，心理学の対象は目に見えない「心」ではなく行動にあり，行動のみが心理学の唯一の対象であると考えられてきた。行動主義と深く結びつく S-R 理論では，生活体の行動を刺激（stimulus: S）に対し

てどのような反応（response: R）が行われるかという，刺激と反応の関係で説明している。次項では，これらの理論に関する後の心理学に大きな影響を与えた条件づけという現象について説明する。

［2］古典的条件づけ

ロシアの生理学者パヴロフ（I. P. Pavlov）は，イヌを対象とした唾液の研究をしている際に，餌を運ぶときの食器の音や足音でイヌの唾液分泌が起こることに疑問を感じ，なぜそのようなことが起こるのかについて研究を行った。パヴロフは，イヌにメトロノームの音を聞かせ，その直後に食物を口に入れるという手続きを繰り返した。食物（無条件刺激）によって唾液（無条件反応）が分泌されるというのは当然の反応であるが，この手続きを続けると，メトロノームの音（条件刺激）だけで唾液（条件反応）が分泌されるようになったのである。このように刺激と反応の間に新しい結びつきが形成される現象を古典的条件づけ（classical conditioning）と呼ぶ。一度条件づけが確立したとしても，無条件刺激を伴わずに条件刺激だけが繰り返されると，その条件刺激は次第に特定の行動（反応）を誘発する効力を失っていき，最終的にはまったく生じなくなってしまう（消去: extinction）。また，条件刺激に類似していれば，他の刺激であってもある程度の条件反応を誘発することが知られており，これを般化（generalization）と呼ぶ。さらに，複数の条件刺激を区別できる場合には，般化は生じず，刺激に対してそれぞれに異なる反応が対応して結びつく。これは弁別（discrimination）と呼ばれる。

［3］オペラント条件づけ

新しい勉強方法を試した結果，成績が上がれば当然その方法を今後も使用し続けるだろう。しかし，成績が下がればその方法は自分には合っていないと考え，その方法を止める，あるいは異なった方法を探すことになる。このように，自発的な何らかの行動（オペラント反応）によって環境に変化が生じた結果，その反応の出現頻度等が変化する学習の過程をオペラント条件づけ（operant conditioning）と呼ぶ。オペラント条件づけに関する研究では，スキナー（B. F. Skinner）が考案したスキナーボックスを用いて，ネズミ等の動物の行動を観察する実験が行われてきた。典型的なスキナーボックスは，レバーを押すと餌が出るように制御されている。スキナーボックスに入れられた直後の動物は試行錯誤的に行動するが，動物がレバーに触れた際に，餌を提示することを繰り返すと，自発的にレバーを押して餌を得るようになった。ここでのレバー押しは，餌を得るための反応として価値をもつことになる。この手続きは強化（reinforcement）と呼ばれる。

2．さまざまな学習の形態

机に座り，本を読むだけが学習ではない。楽器を弾いたり，運動をしたり，あるいは，自分自身が直接学習活動を行わなくても，他者の活動やその成果を見ることが学びにつながることも多い。このように，私たちの学習の仕方は実にさまざまであるといえる。ここでは，学習の形態とそれに関する知見について説明する。

［1］観察学習

学習場面では，他者の体験を見聞きすることも重要である。たとえば，サッカー選手の巧みなプレイを見て，選手の行動のパターンを模倣したり，まねをすることによって行為者の学習が促進されることがある。この場合のサッカー選手をモデルといい，モデルの示す模範（modeling）を観察することを通して学習することを観察学習（observational learning）という。観察学習を示した有名な研究として，バンデューラら（Bandura et al., 1963）の研究がある。この実験では，大人のモデルが風船の人形に対して乱暴な行動をするという映像を実験参加者である子どもに見せる。その後，子どもは同じ状況下でモデルと同じ行動をする確率が高くなったことが確認されている。つまり，子どもはモデルの行動をただ観察しただけでモデルと同じ行動の頻度が高くなったという意味において観察学習が成立したと見なすことができる。

［2］洞察と試行錯誤

私たちは問題に直面したとき，それを解決しようとさまざまな手段を試みる。

このような過程を試行錯誤（trial and error）学習という。たとえば，ソーンダイク（Thorndike, 1898）は，仕掛けのある箱の中に空腹のネコを入れ，外に餌を置いたときにネコにどのような反応がみられるのかについて検討した。ネコは最初鳴いたり，歩き回ったりしているが，そのうち外に出ることができるペダルを偶然に押すという行動が生起される。このような試行の繰り返しにより，ネコが箱から外に出るまでの時間が次第に短くなった。これは，ペダルを押すという反応をすれば餌を得ることができるため，その刺激と反応の結びつきが強まったと解釈されている。

一方，学習場面においては試行錯誤的ではなく，突然閃いたように解決に至ること（洞察）も少なくない。このような洞察（insight）に関する研究として，ケーラー（Köhler, 1924）による実験が有名である。この実験では，ジャンプでは手が届かない天井の高い位置にバナナを吊るし，それをチンパンジーに取らせることを要求した。チンパンジーは，何度かジャンプを試みた後，実験室に置いてあった棒を使い，バナナをたたき落としたり，木箱を積み重ねて踏み台にしたりすることでバナナを取るようになった。この実験において，チンパンジーは見かけ上は突然解決に至ったように見えたのであるが，ケーラーは，目的達成のためにいかなる手段を取ればよいかという目的-手段の観点から課題状況をとらえ直すこと，すなわち洞察によって問題解決が可能になったと主張した。

[3] 技能学習

日常生活の中では，スポーツの技術，楽器の演奏，自動車の運転など，さまざまな技能学習が存在する。一般的に，技能の学習は練習の回数に比例して達成されていく。たとえば，ピーターソン（Peterson, 1917）による研究では，ボールをキャッチするという200回の課題における失敗の数と，失敗なしに連続キャッチできる回数を図示した。これによると，試行数を重ねるに従い，失敗数は減少し，その一方で連続キャッチ数は増加している。このような練習試行に伴う成績の変化を示すグラフを学習曲線（learning curve）という。

しかし，単に反復練習をすれば成績が上がるというわけではなく，いま行った練習の結果が適切であったのかどうかを確認することが重要なのは言うまでもない。このような結果に関する情報を結果の知識（knowledg of results）といい，その確認をフィードバック（feedback）という。結果の知識が正しくないとかえって成績が悪くなることが示されている（Trowbridge & Cason, 1932）。

技能の学習はその特定の技能修得だけでなく，類似する技能の学習にも影響を及ぼすと考えられている。このことを転移（transfer）と呼ぶ。たとえば，スノーボードができる人は，スケートボードの技能獲得が有利である可能性が高いといえるだろう。このように，ある技能学習が他の学習について促進的な効果をもつ場合には正の転移（positive transfer）という。反対に，ある学習がその後の学習に妨害的な影響をもつ場合を負の転移（negative transfer）という。たとえば，PC やスマートフォンの OS がアップデートされた際に操作の方法（仕方）が変わることがある。このとき，簡単な操作であっても時間がかかってしまうといった場合には，負の転移が生じているといえる。

3．記憶とは

学校での学習場面では，英単語や歴史上の人物，数学の公式など，さまざまな事項をどれだけ覚えたかが重要であり，それが学業成績に直接影響する。すなわち，記憶は学習活動を支える中心的な役割を担っているといえる。記憶とは何か，どのような仕組みのうえに成り立っているのであろうか。ここでは，記憶に関する心理学の基礎的な知見として，その測定法や過程，主要なモデルについて説明する。

［1］記憶の測定

記憶の測定方法には，大きく分けて再生（recall）法と再認（recognition）法がある。再生法とは，何らかの事象を学習させた後に，それらを記述や口述によって直接答えさせる方法である。一方，再認法とは学習段階で覚えた事象を見たかどうかを判断させる方法である。通常は，学習段階で提示した単語と新たな単語を混ぜ合わせたリストをテスト段階で提示し，以前のものと新たなものを区別させるという手続きがとられる。一般的なテスト場面でいえば，再生法はいわゆる「記述式問題（例：Psychology の日本語訳を答えなさい）」に該当し，再認法はいわゆる選択式問題（例：Psychology の日本語訳として正しいものを，次の 1 ～ 4 の中から選びなさい）に該当する。

［2］記憶の過程

私たちの記憶は，情報を取り入れる「覚える」過程，情報を保持し続ける「覚え続ける」過程，情報を利用する「思い出す」過程の 3 つから成り立っている。これらの過程はそれぞれに記銘（memorization），保持（retention），想起（remembering），あるいは，符号化（encoding），貯蔵（storage），検索（retrieval）と呼ばれる。たとえば，英単語の意味を覚える場合には，単語帳を見てその単語の綴りと意味を記銘（符号化）し，それを頭の中で保持（貯蔵）し，そして英単語を見たときにその意味を想起（検索）する過程が存在する。

［3］記憶のモデル

一般的に，人間の記憶は，保持時間の違いによって感覚記憶（sensory memory），短期記憶（short-term memory），長期記憶（long-term memory）とに区分される。このような質的に異なる 3 種類の記憶を区分する理論は，二重貯蔵庫モデルと呼ばれる（Atkinson & Shiffrin, 1968，図 4-1 参照）。二重貯蔵庫モデルでは，感覚器官から入力された情報が記銘され，保持されていく過程を次のように説明している。まず，感覚器を通して入力された情報は，ほぼそのままのかたちで感覚記憶として保持される。感覚記憶の保持時間は，視覚刺激では 1 秒以内，聴覚刺激では 5 秒以内といわれる。それらの中から注意を向けたもののみが短期記憶に入る。短期記憶では，頭の中で，あるいは実際に声を出して繰り返し唱えること（リハーサル）などによって情報が保持される。そのなかでさらに情報が選択，符号化され，必要に応じてその一部だけが長期記憶に入ることになる。

二重貯蔵庫モデルはグランツァーら（Glanzer & Cunitz，1966）の実験によってその根拠が示されている（図 4-2）。実験では，参加者に 10 語から 15 語程度の単語を 1 つずつ提示し，覚えさせ，後で自由に再生させた。その結果，

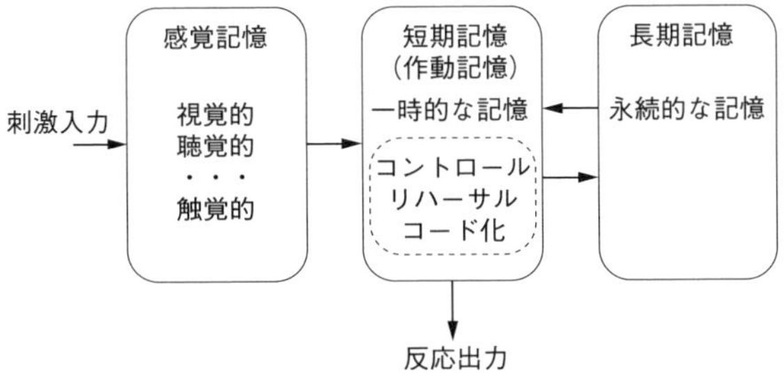

図 4-1　二重貯蔵庫モデル（Atkinson & Shiffrin（1968）をもとに作成）

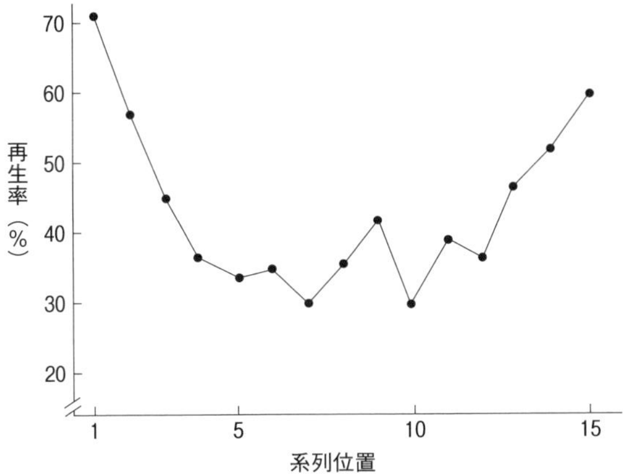

図 4-2　系列位置効果の実験結果（Glanzer & Cunitz, 1966）
横軸の系列位置は，単語リストを提示した順番を示す。

リスト内の各位置についての正答率は図 4-2 のようになり記銘させた単語リストの最初と最後の数語の再生率が高くなった。このような現象を系列位置効果（serial position effect）と呼ぶ。この結果について，系列位置後部の単語の成績が高い（新近性効果）のは短期記憶内にいまだその情報が保持されているからであり，前部の成績が高い（初頭効果）のは何度もその情報を頭の中で繰り返すことによって，すでに短期記憶から長期記憶へと情報が転送されているからであると解釈される。

４．記憶の種類

これまで心理学では，記憶の機能や性質を詳細に分類し，さまざまな現象を説明するうえで役立ててきた。ここでは，それらの知見に基づき記憶の基本的な種類と個々の特徴について説明する。

[1] 短期記憶

感覚記憶から転送された情報のうち，数十秒程度，一時的に保持される記憶を短期記憶という。短期記憶の容量には限界があることが知られており，成人でその数は7±2であるといわれる（Miller, 1956）。ここで示されている数字の意味は個数そのものではなく，チャンクと呼ばれる意味ある情報のまとまりの個数であることに注意しなければならない。たとえば，「Psychology」という単語を知っている人にとってその情報のチャンク数は１であるが，それを知らない人にとってその情報のチャンク数は10にまで及ぶ。短期記憶容量には個人差があるものの，チャンクを駆使することにより，効率的な処理を行っているのである。

[2] 作動記憶

計算や会話，読書などを行う際に，私たちは情報を保持しながら同時に処理をしている。たとえば，「58×67」のような繰り上がりのある暗算を行う場合には，繰り上がり数を記憶内に一時的に保持しながら，同時に計算を行う必要があるであろう。このように，外界から入力された情報に対して，保持と同時に処理を行う機能をもったシステムを作動記憶（working memory）という。近年では，短期記憶をアップデートした概念として作動記憶が広く受け入れられている（Baddeley & Hitch, 1974）。

作動記憶も短期記憶と同様に，容量の限界がある。容量を測定するための検査の１つとして，リーディングスパンテスト（reading span test）と呼ばれるものがある（Daneman & Carpenter, 1980）。このテストの日本語版（苧阪・苧阪，1994）では，たとえば「弟の健二がまぶしそうに目を動かしながら尋ねました」といった文章を音読させながら，下線が引いてある単語を覚えさせ，その後，下線の単語を報告させる。一度に提示される文の数は2から5文まであり，3文が提示された際に3つの単語を報告できると3点とカウントされた。その結果，大学生の平均点は3.45であることが報告されている。

トピック5：最もよく覚えているのはいつの出来事か？：自伝的記憶のバンプ

これまでの人生において，最も印象的であった出来事を1つ思い出してみてほしい。それはいつの出来事だろうか。本文で取り上げた自伝的記憶の研究テーマの1つとして，その生起時期に関する研究が行われている。従来の研究では，“木”などの単語を実験参加者に提示し，その語に関する過去の出来事の想起を求めた後，それを経験した年齢または日付を尋ねるという方法が採用されてきた。その結果，どの時期の出来事も均等に思い出されるわけではなく，最近の出来事（新近性効果）を除くと分布には主に2つの特徴（図4-3）がみられた（たとえば，槙・仲，2006; Rubin & Schulkind, 1997）。第1の特徴は0歳から3～4歳までの記憶の想起量が非常に乏しい点であり，これは幼児期健忘と呼ばれる。第2の特徴は10～30歳までの出来事が多く想起される点であり，これはレミニセンス・バンプと呼ばれる。バンプはアイデンティティが確立される時期と対応しており，この時期の自伝的記憶はアイデンティティを支えるために優先的に保持されやすいことが原因の1つとして考えられている。自伝的記憶とアイデンティティの確立は双方向の関係にあり（たとえば，Wilson & Ross, 2003; 山本，2013），自分にとって重要な自伝的記憶を思い出すことがアイデンティティの確立に貢献することが報告されている（山本，2015a）。

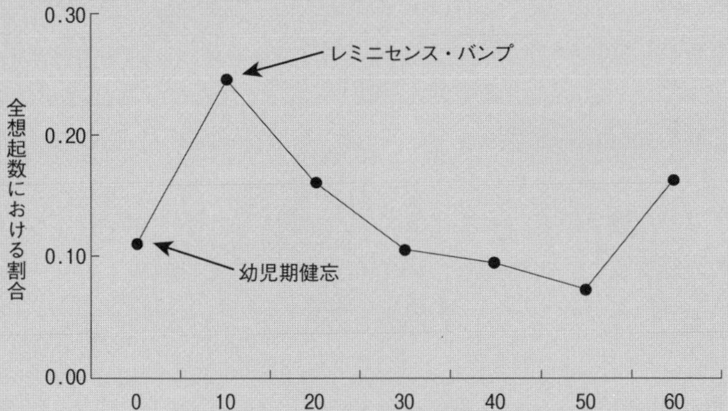

図4-3　自伝的記憶の分布（槙・仲（2006）をもとに作成）

［3］長期記憶

短期記憶，作動記憶から転送された情報は長期記憶として半永久的に貯蔵される。長期記憶は膨大な量であるが，その情報の質によっていくつかに区分されている。以下ではそれらについて説明する。

1）宣言的記憶と非宣言的記憶　長期記憶は，まず宣言的記憶（declarative memory）と非宣言的記憶（nondeclarative memory）に分けられる。このうち，非宣言的記憶の１つである手続き的記憶（procedural memory）は，言葉によって表現することが困難なもので，たとえば，自転車の乗り方や泳ぎ方などのように何かを行う手続きに関する記憶である。それに対して，もう１つの宣言的記憶は，言葉によって表現可能な事実に関する記憶である。

2）意味記憶とエピソード記憶　宣言的記憶は，「１週間前，大学で心理学の授業を受けた」のような，「いつ」，「どこで」といった情報を伴う出来事の記憶であるエピソード記憶（episodic memory）と，「日本の首都は東京である」といった一般的知識に関する記憶である意味記憶（semantic memory）とに分類することができる。また，エピソード記憶の中でも，中学校の卒業式，少年野球の試合で優勝した日のこと，初めて恋人ができた日のことなど，とりわけ自己にとって重要な意味をもつ過去の出来事の記憶は自伝的記憶（autobiographical memory）と呼ばれる。

5．記憶方略

これまでの記憶に関する心理学研究から，覚えるときや思い出すときに何らかの工夫を施すことが記憶の定着に有用であることがわかっている。ここではこれらの知見に基づき，いくつかの記憶方略を紹介する。

［1］処理水準効果

クレイクら（Craik & Lockhart, 1972）によれば，人間の情報処理には知覚的処理のような浅い水準から意味処理のような深い水準までの処理の水準が存在し，この水準が深くなれば記憶痕跡が強固になると考えられている。たとえば，クレイクら（Craik & Tulving, 1975）は，実験参加者に単語を1つずつ見せ，それについてさまざまな質問をした後，予告なしにそれらの単語のテストを行った。質問は，その単語が大文字で書かれているかどうか（形態処理），同じ音韻であるかどうか（音韻処理），「街で〜にあった」の「〜」にその単語が当てはまるかどうか（意味処理）の3パターンであった。どの質問であっても参加者は「イエス」か「ノー」で答えるように求められた。実験の結果，テストの成績は形態処理よりも音韻処理をさせた方が良く，さらに音韻処理よりも意味処理を行わせた方が良くなった（図4-4）。このように，記銘時に深い処理を行うほど，記憶成績が良くなることを処理水準効果（level of processing effect）という。その後の研究では，覚えるべき対象を自分自身と関連づけさせる処理が意味処理よりもさらに有効であること（自己関連づけ効果）が報告されている（Rogers et al., 1977）。また近年では，覚えるべき対象が無人島などのサバイバル場面で役に立つかどうかを判断させる処理が意味や自己関連づけ処理よりもさらに記憶成績を高めることが示唆されており，これをサバイバル効果（survival processing effect）と呼ぶ（Nairne et al., 2007）。

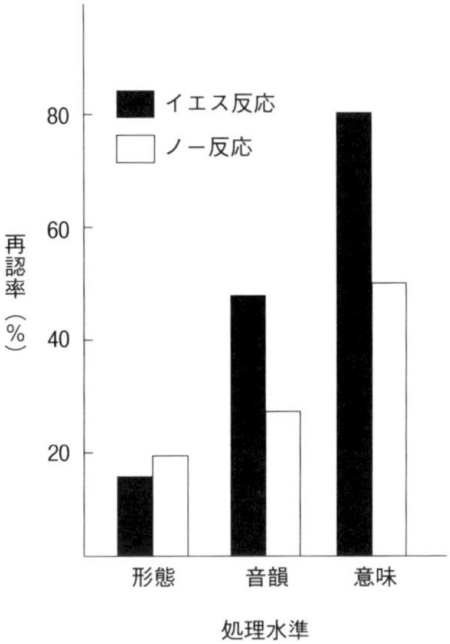

図4-4　処理水準効果に関する実験結果
（Craik & Tulving, 1975）

［2］文脈依存記憶

記憶は，記銘したときの状況と想起するときの状況とが似ていれば似ているほど良くなる。このような考え方を符号化特定性原理（encoding specificity principle）と呼ぶ。符号化特定性原理の妥当性を調べたゴッデンら（Godden

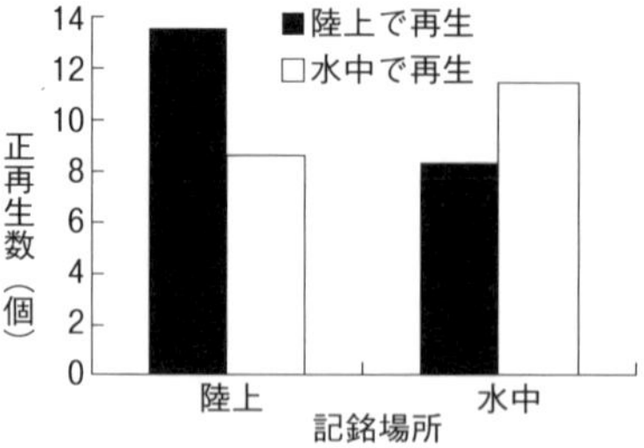

図 4-5　文脈依存記憶に関する実験結果
(Godden & Baddeley, 1975)

& Baddeley, 1975）によるユニークな研究がある。彼らは，スキューバ・ダイビングクラブの学生を対象に，水中または陸上で単語のリストを記銘および想起させた。その結果，記銘時と想起時の環境が一致している条件の方が一致していない条件よりも記憶成績が良いことが明らかになった（図 4-5）。

このように，記銘時と想起時の文脈の一致・不一致によって記憶成績が変わるという現象は文脈依存記憶（context dependent memory）と呼ばれている。

[3] 分散学習と集中学習

ある事象を同じ回数学習する場合，短期集中で連続して繰り返す集中学習よりも，時間をあけて繰り返す分散学習の方がより効果的であることがわかっている。この現象は分散効果（spacing effect）と呼ばれ，比較的頑健な現象として知られている。分散効果の説明にはさまざまなものがあるが，符号化が時間の経過とともに変動することに注目した説がある。そこでは，時間感覚をあけることによって符号化が変動し，その変動によって検索手がかりが増えるという解釈がなされている（たとえば，Madigan, 1969）。

[4] テスト効果

同じ時間内であれば，単にある情報を見たり書いたりするよりも，その情報を思い出すことが結果として後の記憶成績を高めることが知られている。これをテスト効果（testing effect）と呼ぶ。テスト効果の実験では，ある項目を学習した後に，再度項目を学習させるか，あるいは項目に対するテストを行った。その結果，前者の学習を繰り返した項目よりも，後者の学習に加えてテストを行った項目の方が，後の記憶成績が高くなったのである（Roediger & Karpicke, 2006）。このことは，テスト時に思い出そうとする検索の反復訓練が長期記憶の保持に効果があることを示している。

トピック６：匂いが記憶を呼び覚ます？：嗅覚と記憶

フランスの小説家マルセル・プルーストは，著書『失われた時を求めて』の中で，紅茶に浸したマドレーヌの香りを嗅いだ瞬間に，主人公がそれまで思い出すことがなかった過去の情景をありありと思い出す場面をきわめて印象的に描き，多くの人々の関心を集めた。実際に，匂いには記憶を呼び覚ます特別な効果があることがいくつかの研究から報告されている。たとえば，シャブ（Schab, 1990）は嗅覚刺激による文脈依存記憶（本章５節[2]参照）を検討するために，40語の形容詞の反対語を生成させる課題の際に，チョコレートの匂いを提示する場合としない場合を設定した。そして24時間後に各実験参加者に生成した反対語の再生を求めた。このテスト時にもチョコレートの匂いのある場合とない場合を設けた。実験の結果，テスト時に学習時と同じ匂いが提示された場合に，記憶成績が最も良くなった（図4-6）。また，自伝的記憶を対象とした研究では，匂いを手がかりとして想起された過去の出来事は，言語や視覚などの手がかりによって想起された過去の出来事よりも，情動的でかつ追体験したような感覚を多く伴うこと（Herz, 2004）等が報告されている。これらの原因として，匂いの感情喚起力が優れていることや，言語的命名（匂いへのラベリング）の影響が考えられている（山本，2015b; 山本・杉山，2017）。

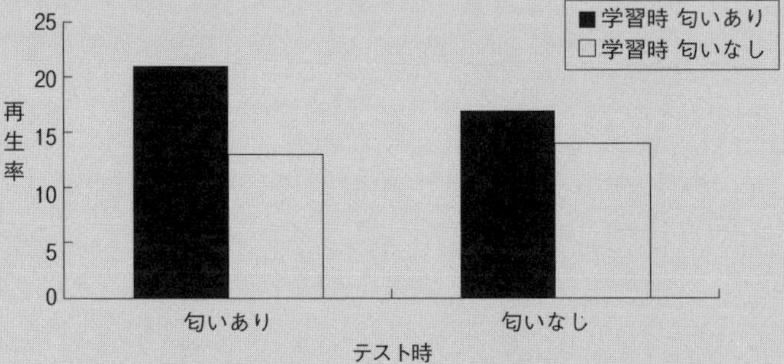

図4-6　匂いによる文脈依存記憶に関する実験（Schab, 1990）

参考図書

山内 光哉・春木 豊（2001）．グラフィック学習心理学　行動と認知　サイエンス社

多鹿 秀継（2011）．学習心理学の最先端　あいり出版

高野 陽太郎（編）（1995）．認知心理学２　記憶　東京大学出版会

第5章 動機づけの心理学

松田幸弘

本章のキーワード
欲求と動因，達成動機，内発的動機づけ理論，自己志向動機と他者志向動機，接近・回避動機づけ，統制の位置，フロー理論，期待価値理論，達成目標理論，自己制御理論，自己効力感

動機づけとは，行動を生起させ，維持し，方向づけるプロセスを意味する。心理学では，動機づけに影響を及ぼす主要な3つの要因を中心として，多様な研究が発展してきた。第一は，行動を喚起して方向づけていく「欲求（need）」である。第二に，動機づけのプロセスに影響を及ぼす価値や信念，期待などに関わる「認知（cognition）」である。さらに第三に，動機づけの量と質を左右する「感情（affect）」である。そこで本章では，これらの要因に基づいた動機づけの理論を紹介する。

1．動機づけとは

[1] 動機づけとは何か

「やる気」は，日常的な体験と密接に結びついているため，われわれが最も関心が高く，興味を掻き立てる心理現象の1つである。やる気がでるかどうかは仕事や勉強などの質を左右する重要な要因であり，やる気のある人かどうかは他者を評価する大切な判断基準でもある。また個人的な問題であるだけでなく，周囲の人や仲間から影響を受けるなど，他者との関わり合いで生じる社会的な現象ともいえる。否応なくやる気と直面せざるをえない競争の激しい現代社会を生きるわれわれにとって，確かに切実で避けられない問題である。動機づけとは，この「やる気」のメカニズムを解明する心理学の研究領域である。しかし「やる気」は複雑であるため，とらえどころのない性質がある（鹿毛，

2012)。たとえば，自分の経験を振り返れば，勉強でも科目によって意欲が異なることもあるし，同じ科目でもやる気になる場合もあれば，ならない場合があるだろう。このようにやる気は同じ人であっても活動の領域や内容によって強弱があり，状況にも依存する不安定な現象でもある。それゆえわれわれの興味のつきない心理現象なのである。

［2］欲求と動機づけ

お腹が空いている，眠りたいといった，人間の行動を駆り立てるさまざまな内的刺激のことを「動因」という。「動因」が刺激され，それらの回復を図ろうとする生理的・心理的な準備体制は「欲求」と呼ばれる。上で述べた空腹欲求や睡眠欲求がそれである。われわれはこれらの欲求を満たそうとして行動を起こす。また報酬，地位や名声など，外部からの刺激によって欲求を喚起させる魅力を「誘因」という。そしてこれらの欲求や誘因を満たすために行動を駆り立てる強いエネルギーを「動機づけ」という（田中，2006)。

動機づけとは，何をするか，あるいはどう行動するかといった行動の「方向性」，どの程度努力するかといったエネルギーの「強度」，どのくらい努力を続けるかという「持続性」の３つの次元から構成されるものである（Pinder, 1998)。

［3］生得的な欲求

生まれたときから備わった生得的な欲求を「生理的欲求」と呼び，空腹や渇きの他に，睡眠，呼吸など生命の維持に欠かせないものが含まれる。また生理的欲求を満たそうとする動因は一次的動因と呼ばれる。生物の体の内部には生理的バランスを一定に保とうとする仕組みである「ホメオスタシス（恒常性)」が備っており，一次的動因はホメオスタシスの維持を支えるものである。「動因低減説」とは，生体内の不均衡によって生じた欲求や動因を低減するために，人や動物は行動するという説である（Hull, 1943)。また次に述べる達成や親和などのように，生理的欲求と直接関連せず，学習や経験によって発達する動因は二次的動因と呼ばれる。二次的動因の発達は「条件づけの原理」に基づいている（第１章第２節［1］参照)。たとえば，子どもが良い成績をあげるたびに親がごほうびを与えると，勉強を頑張ろうとする動因が条件づけられることになる。

[4] 社会的な動機づけ

二次的動因による社会的動機づけは，家族・友人・職場など社会的環境の中で後天的に獲得，学習される動機である。社会的動機づけには，親和動機づけや自己実現の動機づけ，達成動機づけなどがある。たとえば，親和動機づけとは他者との相互的で協力的な関係において，積極的かつ友好的な行動を求めようとする動機である。また自己実現の動機づけはマズロー（A. H. Maslow）が欲求階層説で提示した，自分の可能性を追求し，自己の成長や発達を求める欲求による動機づけである。

達成動機づけは後述するように，高い目標を設定し，自分自身の特性や能力を発揮して困難を克服し，成し遂げようとする動機づけである。

2．欲求による動機づけ

欲求とは人を行動に駆り立てて，方向づけていく比較的安定した心理的エネルギーのことである。本節では，まずこの欲求から動機づけを説明する理論を紹介する。

[1] 内発的動機づけ

1）内発的動機づけとは　われわれのやる気は「賞罰」と密接に関係していると信じられている。試合に負けると悔しいので必死に練習する子どもがいたり，社会人が給与のために働いていたりすることはその良い例であろう。このように報酬を求めるか，罰を避けるために行動する動機づけを「外発的動機づけ」という。これは「人間や動物は生理的欲求を充足するために動機づけられる」という原則があるためである。

しかし生理的欲求だけでは説明できない現象もある。ハーロウ（Harlow, 1950）が行った実験では，サルは餌がなくとも熱心に複雑なパズルに主体的に取り組み，熟達するようになることが確認されている。このように外的報酬なして知的好奇心や興味によって学習が起こる動機づけを「内発的動機づけ」と呼ぶ。これは活動自体から生じる固有の満足や快感，つまりある行動をもっとやってみたい（挑戦），もっと上手に行いたい（熟達），もっと知りたい（好奇心）などの理由から活動しようとする動機づけである（中島，2009）。

2）内発的動機づけと有能感，自己決定感　それでは内発的動機づけはどうして起こるのか。ホワイト（White, 1959）は「有能さ」，つまり周囲の環境と効果的に相互作用する能力への欲求を内発的動機づけの源であると考え，「有能感」を感じるために人は行動するのだとした。

有能感とは，自分の周りの環境や対象を自分自身の力で変化させたいという欲求があり，それが満たされたときに感じる喜びや満足感である。またド・シャーム（de Charms, 1968）は，自分が行動の原因となって行動を起こしていると感じるときに，人は内発的に動機づけられているという。つまりこの「自己決定感」が「有能感」とともに内発的動機づけを高めるのである。

[2] アンダーマイニング現象と自己決定理論

1）アンダーマイニング現象　それでは内発的に動機づけられている行動に，外発的動機づけが加わった場合，人の行動はどのように変化するだろうか。デシ（Deci, 1971）はこの問題について大学生を対象として実験を行った。実験群には決められた時間内にパズルを解いた数だけお金を与えたが，統制群にはお金を与えなかった。実験の途中の自由時間にどのくらいそのパズルで遊ぶか（これが内発的動機づけの指標となる）を調べた結果，統制群はパズルに取り組む時間が増加したが，実験群は大幅に減少した。このように外的報酬などによって，内発的動機づけが低下する現象を「アンダーマイニング現象」と呼ぶ。これは金銭を支払われた実験群が，パズルに取り組むことは金銭を獲得する手段であると考えるようになり，内発的動機づけが低下してしまったためである。内発的に動機づけられた行動に対して，外的な報酬を与えられることでその行動の原因が内的要因（好奇心や興味）から外的要因（報酬）に移行してしまったといえる。

2）自己決定理論　自己決定理論とは，学ぶことや働くことなど多くの活動において自己決定すること（自律的であること）が，高い成果や精神的健康をもたらすとする理論である。現在，この理論は5つのミニ理論によって構成されているが，ここではアンダーマイニング現象を説明する認知的評価理論を取り上げる。

なおアンダーマイニング現象はご褒美やお金などの物的報酬によって内発的動機づけが低下することであるが，逆に，褒め言葉などの言語的報酬では内発的動機づけが高まる現象もあり，これをエンハンシング現象という。

認知的評価理論は，報酬によってもたらされる内発的動機づけの変化を説明する理論であり，これら2つの現象は次のように説明される。①報酬によって「行動の主体である（自己決定感）」という認知が，「行動の主体でない」という認知になると，内発的動機づけは低下する（アンダーマイニング現象）。②報酬によって有能感が高まると内発的動機づけが高まる（エンハンシング現象）。③報酬は自己決定感と有能感を生じさせるが，内発的動機づけに影響するのは効果が大きいどちらか一方である。またアンダーマイニング現象は，ご褒美を約束して与える場合や，与える人が与えられる人を統制しようとする場合に起こるという（櫻井，2012）。

［3］達成動機理論：他者志向的と自己志向的動機づけ

人間は他人と関わりをもって生きているので，他人をまったく意識せず「自分のためだけに」頑張ることは困難である。誰も見てくれず，応援してくれない状況で目標達成に向けて努力することは，実際，どれだけありうるのだろうか。この意味で達成行動と動機づけは本質的に社会的なものである。従来の理論では「他者」は外発的動機づけの1つであり，否定的にとらえられてきたが，近年，動機づけの要因として「他者」の影響が見直されている。「他者志向的動機」は「自己決定的でありながら，同時に人の願いや期待に応えることを自分に課して努力を続けるといった意欲の姿」と定義される（真島，1994）。つまり，「親を喜ばせたい」とか「先生の期待に応えたい」といった他者との一体感の中で他者の意向や気持ちを汲み取った形での動機づけであり，自分のために達成行動を行う「自己志向的動機」と対置される。他者志向的動機は強い

トピック７：努力は自分のためならず：他者志向的動機

アイエンガー（Iyengar, 1999）らは他者志向的動機が達成行動に及ぼす影響について実験で検討している。サンフランシスコの小学校に通う７歳から９歳までのアジア系とヨーロッパ系の子どもたちを３つのグループに分け，６種類の課題の中から１つを行うように求めた。第一のグループには，自分でやりたい課題を１つ選択させる自己選択条件。第二のグループには実験者が課題を選ぶ実験者選択条件。第三のグループも実験者が選んだ課題を与えるが，課題を選んだのが母親であると説明する母親選択条件であった。その結果，動機づけの高さは，ヨーロッパ系の子どもでは自己選択条件のみで高かった。アジア系の子どもでは自己選択条件でも高いが，母親選択条件で最も高いことが確認された。つまり課題を選択した人との関係が動機づけに影響し，特に，母親との関係が重要な役割を果たすことを意味している。自由な選択の阻害された状況で動機づけが低下することは内発的動機づけ研究の基本的な知見の１つであるが，自己決定理論が仮定する自己決定の欲求は普遍的なものではなく，文化によって異なることがわかる。

互恵的な相互依存関係で結ばれた，親や先生など身近な人々の期待を感じ取り，それを自分自身のものとして内在化したものである（東，1994）。ただし親や先生の高い期待が他者志向的動機を促進するのは信頼できる温かい関係が存在するときのみであり，それがなければむしろ反発やプレッシャーを生むことに留意しておく必要がある（伊藤，2010）。

３．認　知

本節では動機づけに影響を及ぼす，人の意識や信念，期待といった認知に焦点を当てた理論を紹介したい。

［1］期待価値理論

可能性がないと信じていることに対して，われわれがやる気を起こすことはほとんどない。たとえば，宝くじに当たると考えない人は買わないが，もしかしたら当たるかもしれないと信じるからこそ買う人もいるのである。このような主観的な成功の可能性に関する信念を「期待」と呼ぶ。期待価値理論は，人間の行動がある結果をもたらすであろうという主観的な期待と，その結果がもつ誘意性（魅力，価値）によって動機づけられることを仮定する。

1）アトキンソンの達成動機理論　アトキンソン（Atkinson, 1958）は動機づけの強さを動機と期待，価値の積でとらえる次のような公式で示す達成動機理論を提出した。人は何らかの目標を達成したいという動機をもつと成功したいという動機（成功動機）と，失敗は避けたいという動機（失敗回避動機）が葛藤するという。これは，下記の式の［成功動機(*M*s)－失敗回避動機(*M*af)］に当たる。成功動機が失敗回避動機より強いと達成行動が起こり(*M*s＞*M*af)，逆に，成功動機が失敗回避動機より弱いと達成行動が起こりにくくなる（*M*s＜*M*af)。

達成動機づけ＝［成功動機(*M*s)－失敗回避動機(*M*af)］×期待(*P*s)
×［1－期待(*P*s)］（いずれも０％から100％で表現される）

また期待（*P*s）はどのくらい成功できるかという本人の期待（主観的成功確率）であり，価値は［1－期待(*P*s)］であり，成功したときには誇りを，失敗したときには恥ずかしさを感じることを示す。期待と価値との間には，逆比例の関係があるため，価値はやさしい課題より難しい（成功の期待が少ない）課題での成功で大きいが（誇り），やさしい課題での失敗では小さいこと（恥）を意味する（石毛，2009)。

2）アトキンソンの達成動機理論の意味　この式では期待＝50％のときに達成動機は最大になる（期待＝50％，価値＝50％)。つまり成功の見込みが五分五分の課題で達成動機が最も強くなるのである。彼の達成動機理論は欲求，認知，感情が相互に有機的に関連しながら動機づけに影響することを定式化している点で，動機づけのグランドセオリー（汎用的な一般理論）の１つとされ(鹿毛，2004)，自己効力や帰属理論に大きな影響を及ぼした。

[2] 達成目標理論

われわれは「試合に勝つために必死に練習する」といった，達成しようとする対象に対して目標を立て，その実現に向けて努力しようと動機づけられる。達成目標理論とは，個人の目標の内容の違いが，動機づけと達成行動にどのような影響を及ぼすかを説明する理論である。

1) ドゥエックの遂行目標と学習目標　ドゥエック（Dweck, 1986）は，達成目標には人から「よくできると言われたい」「できないと言われたくない」という，自分自身の能力の評価を得ることを志向し，悪い評価を避けようとする「遂行目標」と，「もっとわかるようになりたい」といった自分の能力を高めることを志向し，知ることや獲得することを目指す「学習目標」の２つがあるという。遂行目標は，自己の能力に自信がある場合には達成志向の行動を示すが，自信がない場合には，安易にあきらめるなどの無気力な反応が見られやすい。一方，学習目標は能力に対する自信の有無にかかわらず，熟達的で達成志向の行動を起こすという。この２つの目標のタイプは個人のもつ暗黙の知能観が影響を与えている。つまり遂行目標をもつ人は，頭の良さは生得的で変わらないという固定的知能観，また学習目標をもつ人は，頭の良さとは努力によって変化する可変的なものであるという増大的知能観をもつためである（中谷, 2012)。

2) 目標の階層モデル　エリオット（Elliot, 2001）らは目標の概念を整理し（学習目標を熟達目標に変更して），従来の熟達-遂行（個人内評価か相対的評価か）という目標の次元に加えて，新たに接近-回避の次元を加えた階層モデルを提唱している（表 5-1)。

熟達接近目標は，自分の能力に対する自信の有無にかかわらず，課題達成に向かって忍耐強く努力し，適切な課題選択，自己評価が可能な最も学業に適応的な目標である。一方，遂行回避目標は能力がないと評価されることを避けようとするため，課題に対する忍耐や持続が弱く，困難な課題ではすぐにあきらめるため達成が得られないことから，学習にネガティヴな目標である。遂行接近目標は能力への自信があり，不安が少ない場合には学業達成にポジティヴな

表 5-1　2×2 の目標の階層モデル（Elliot & McGregor, 2001）

	基準	
	個人内／絶対的評価	相対的評価
接近	熟達接近目標 （例：わかるようになりたいから）	遂行接近目標 （例：良い成績が取りたいから）
回避	熟達回避目標 （例：習得できないのがいやだから）	遂行回避目標 （例：無能だと思われたくないから）

影響がある目標である。なお熟達回避目標は経験的にあてはまる事例が少ないため，ほとんど研究されていない。

［3］自己制御理論

最近，心理学の研究で関心が高いテーマとして自己制御理論がある。自己制御にはさまざまな定義があり，まだ統一的な見解は得られていない。ここではとりあえず，人間が何らかの目標を達成するために，自らの判断・感情・行動などを調整すること，およびそれに関わる心理過程と定義しておきたい。

1）制御焦点理論　ヒギンズ（Higgins, 1997）は接近動機づけと回避動機づけに関する制御焦点理論を提唱した。人間は「理想」の自己と「義務」としての自己があり，どんな人間も「こうありたい」という理想の自己像（「理想自己」と呼ぶ）と，同時に「こうなるべきである」という義務としての自己像（「義務自己」と呼ぶ）をもっている。この理想と義務の自己像は動機づけにも影響するという。

この理論では接近・回避を司る 2 つのシステムが想定されている。「促進焦点」は，人間が理想に近づこうと動機づけられている状態であり，接近動機づけと類似した概念である。また「抑制焦点」は人間が義務を果たそうと動機づけられている状態であり，回避動機づけと似た概念といえる。つまり義務を果たそうと努力することは，失敗して人に見放されたくないという回避的な動機が作用しているのである（村山，2012）。促進焦点のシステムで理想自己が活性化すると，大胆かつ積極的にその理想を目指す行動が起き，目標が叶えられれば喜びの感情が生じ，次なる挑戦への動機づけを高める。もし達成できなかった場合には落胆を味わい，意欲を失ってしまう。一方，予防焦点のシステムで義務自己が活性化すると，リスクをできるだけ避け，慎重にその責任を全うしようとし，達成できない場合は焦りや不安を感じ，達成行動へと駆り立てられる。また達成されれば，安心を感じてようやく責任遂行の行動を停止するのである（尾崎，2016）。

2）自己制御学習　　自己制御学習とは，自分で目標を立て，それを達成するために自分の学習の進み具合をモニタリングしながら，学習方法が正しければ続け，間違っていたらそれを修正して，また続けるという学習である。

自己制御学習には4つの重要な側面がある。「動機づけ」は学習の制御プロセスを始動し，維持する働きである。特に，学習者自身が自分で目標を設定し，問題解決の方法や方略を決める「自己決定」が内発的動機づけを高めるとされている。

「メタ認知」は学習活動のプランを立てて，学習行動をモニターし，調整や修正をする機能である。「行動」は実際の行動の統制であり，努力量や学習時間の増減を行うことである。「文脈」は学習者が周囲の環境から，自分の目標到達に役立つ情報を引き出し，学習しやすい環境を作ることである（上淵，2012）。

［4］自己効力感

勉強すれば成績が上がるとわかっていても，勉強して高い成績をあげる能力が自分にあると思えなければやる気は起きないものである。このように自分自身の能力についての判断もまた，動機づけに重要な役割を果たす。

1）自己効力感　　バンデューラ（Bandura, 1997）は自分の能力への確信の程度や信頼感を「自己効力感」と呼ぶ。そして人が行動を起こすかどうかは，「ある行動が目的とする結果をもたらすだろう」という期待（結果期待）と，「その行動をうまく実行できるだろう」という期待（効力期待）によって影響されるという（図5-1）。また勉強の例で明らかなように，成功への期待（結果期待）より実行できるという期待（効力期待）の方が強くなければ，人は行

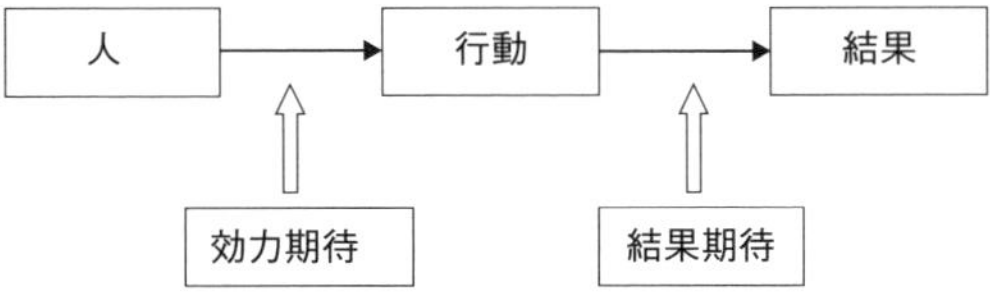

図 5-1　効力期待と結果期待（Bandura（1977）より作成）

動を起こせないといえる。

2）自己効力感と動機づけ　それでは自己効力感は，どのように獲得されるのだろうか。バンデューラは4つの要因を指摘している。①「直接経験」は自分で成功を体験することである。成功経験は「達成，成功するために必要なことができる」という確信を与え，また次もできるだろうという見通しを強めるのである。②「代理体験」は他者の成功を観察することである。他者の成功の観察は「これなら自分にもできる」という確信をもたらす。③「言語的説得」は他者から「君ならできる」と説得されることである。こうした説得を受けることで，困難にも立ち向かい，より多くの努力を投入し続けるようになる。④「情動的喚起」は行動する際に，経験する身体的，生理的反応であり，肯定的な気分によって高まり，落胆した気分で低下するという。バンデューラは特に，「直接経験」が最も強力であり，困難に打ち勝って成功した体験こそが自己効力感を育てるとしている。

4．感　情

感情には怒り，喜び，嫌悪といった短期的で強い「情動」や憂鬱な気持ちや快い状態といった比較的弱く長続きする「気分」が含まれるが，これらの感情が動機づけに影響していることは容易に想像できるだろう。

［1］接近・回避動機づけ

人や生物には基本的に快を求め，不快を避けようとする傾向がある。これを接近・回避動機づけといい，生物の誕生を起源とする根源的な動機づけである

(村山，2012)。接近動機づけとは，ポジティヴな刺激（報酬や快刺激）に接近しようとする動機づけであり，回避動機づけとはネガティヴな刺激（罰や不快刺激）を回避しようとする動機づけである。

接近・回避動機づけと最も関係が深いものが「条件づけ」である。勉強や仕事をきちんとしたらご褒美をあげるとか（接近），しなかったら罰を与える（回避）といった方法で人を動機づける方法である。

それでは接近と回避ではどちらの方が効果的なのだろうか。一般に，回避動機づけの方が，接近動機づけよりも人間を動機づける作用が大きいとされる。この理由は，人間がポジティヴな刺激よりも，ネガティヴな刺激により敏感であるからである。ただ注意すべき点として，罰は人を動機づけるが，それに伴う「副作用」も大きいことである。たとえば，「叱られるかもしれない」という気持ちは大きな不安を生み，それが抑うつといった不適応の症状や人間の認知能力の低下を産むためである。

［2］原因帰属理論

1）ロッターの内的統制と外的統制　自分が頑張れば，結果に影響を与えられると思えば，やる気が起きるものである。ロッター（Rotter, 1966）は自分の力で結果を左右できると思うかどうか（行動と結果の随伴性という）で達成動機の強さが異なると考えた。これを「統制の位置（locus of control）」という。彼は行動の結果を自分の内部の力（努力や能力）で統制できるととらえる特性を内的統制型，自分以外の外部の力（運や偶然や他人の力）で統制されると考える特性を外的統制型と呼んだ。

2）原因帰属理論　われわれは勉強や仕事で，成功すれば満足して意欲を高め，失敗すれば悔しさを感じて動機づけが低下する。ワイナー（1972）は成功や失敗の原因をどう考えるかを原因帰属と呼び，これが動機づけに影響するという原因帰属理論を提唱した。

彼は成功と失敗の原因として能力，努力，課題の困難度と運の４つがあるとした（表5-2)。これらは，原因が内的か外的かに関する「位置の次元」と，安定しているか不安定かに関する「安定性」の次元によって区別される。能力は比較的安定した原因であり，努力は不安定な原因である。また課題の困難度は外的であってかつ安定した要因である。運は個人でコントロールできないため外的で不安定な要因である（松田，2018）。

表 5-2　ワイナーの達成動機の帰属理論
（2次元モデル；Weiner, 1972）

		原因の位置	
		内的	外的
安定性	安定	能力	課題の困難度
	不安定	努力	運

位置の次元は期待価値理論の「価値」と関係があり，成功を外的な運より，内的な努力に帰属した方がより誇りを感じるし，失敗を外的な課題の困難度よりも能力に帰属した方が，より恥を感じる。また安定性次元は期待価値理論の「期待」に関係があり，成功や失敗を能力や課題の困難度など安定要因に帰属すると変化しにくいので，次の課題で成功が期待できないが，不安定な要因である努力に帰属すれば，変化しやすいために，次の課題で成功が期待できるのである。

［3］学習性無力感

人は失敗を繰り返すと，「自分には能力がないからどうせやってもダメだ」というあきらめや無力感に陥ることがある。セリグマンら（Seligman et al., 1967）は，人が不快な刺激や失敗をコントロールできない状況に置かれ，無気力になってしまうことを「学習性無力感」と呼んだ。

無気力な状態はなぜ起こるのだろうか。セリグマンは，無気力に陥るのは，「自分の行動と結果が無関係だ」という，ロッターの「行動と結果の随伴性」が認知できないからであると説明する。特に，不快な出来事や失敗の原因を内的で安定的な原因に帰属すると無力感に陥りやすい。たとえば，低い成績を自分自身の能力の低さに帰属することや，友人関係が悪化した原因を自分の性格の悪さなどに帰属することなどがそれである。どうすれば無力感を低下できるのだろうか。1つの答えは，成功経験を増やすということである。牧ら（2003）は，無気力感が「やってもうまくいかない」といった「非随伴経験」の多さより，「やってみたらうまくいった」という「随伴経験」つまり成功経験の少なさから生じる可能性を指摘している。

トピック８：フロー理論：楽しい経験は人を成長させる

われわれは楽しければやる気になり，悲しみを感じれば落ち込むなどの感情を体験しており，これらが動機づけに影響することをしばしば経験する。

チクセントミハイ（Csikszentmihalyi, 1999）は人々が活動している際に，気分が集中して活動に没頭し，行動が効率的でなめらかに進行し，流れているように感じる状態を「フロー」と呼ぶ。たとえば，読書に集中したり，スポーツに熱中したりするように活動自体を心から楽しむような深い喜びや至福感を伴う体験である。フロー状態になると没頭感覚，行為と意識の融合，時間が早く感じられるといった特徴が出現してくる（鹿毛，2004）。フローが起こる条件として，「活動の挑戦（難しさ）レベル」と「自分の技能（能力）レベル」の２つの次元があり，いずれも高いレベルで釣り合ってバランスが保たれるときにフローを体験するという。図 5-2 は２つの次元を個人の平均値を基準として高低に分けた４チャンネルのモデルである。「フロー状態」は挑戦と能力のレベルが高く，「不安状態」は挑戦のレベルは高いが能力のレベルが低く，「退屈／リラックス状態」は挑戦のレベルが低いが能力のレベルが高い，また「アパシー（無気力）状態」は挑戦も能力もともに低い。

Asakawa（2004）は日本人大学生を対象にこの４つの状態について検討した。その結果，アパシー状態では集中力や楽しさ，満足感，充実感が最も低いが，フロー状態はいずれも最も高くポジティヴな経験であることが確認された。

この理論の重要な点は，人間はフローの楽しさを経験できれば，その活動に動機づけられただけでなく，より複雑な能力や技能を身に付けた存在へと成長できるところにある。つまり「好きこそものの上手なれ」の格言はフローの本質を的確に表現しているのである。

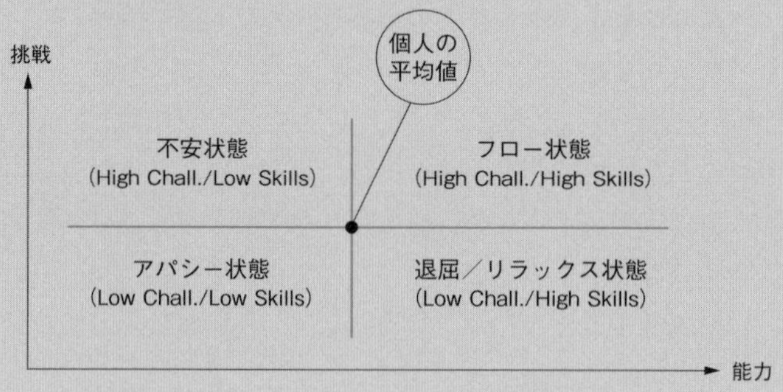

図 5-2　４チャンネル・フローモデル（Csikszentmihalyi & Csikszentmihalyi, 1988）

参考図書

鹿毛 雅治（編）(2012). モティベーションをまなぶ12の理論——ゼロからわかる「やる気の心理学」入門——　金剛出版
上淵 寿（編著）(2004). 動機づけ研究の最前線　北大路書房
無藤 隆・森 敏昭・池上 知子・福丸 由佳（編）(2009). よくわかる心理学　ミネルヴァ書房

第6章
発達の心理学

磯波朋子

本章のキーワード
遺伝と環境，愛着，ピアジェ，エリクソン，自己中心的言語，内言と外言，道徳性，コールバーグ，アイデンティティの確立

人は生まれる前から死ぬまでの間，変化し続ける動物である。かつて発達は有能性が増していく過程の変化ととらえられており，誕生から成長のピークと考えられる青年期までが発達心理学の対象とされていた。しかし，現在では，獲得や成長といった上昇的変化のみでなく喪失や衰退といた下降的変化も含めて発達ととらえられるようになり，受精後から死に至るまでの生涯にわたる変化の過程が発達心理学の研究対象となっている。

発達心理学では通常，受精から誕生までを胎児期，誕生から生後 1 か月を新生児期，生後 1 か月から 12 か月を乳児期，生後 12 か月から就学前までを幼児期，小学校入学から卒業までを学童期，中学入学からおよそ 24 歳までを青年期，およそ 25 歳から 59 歳までを成人期，およそ 60 歳からを高齢期とする。

本章では，まず発達心理学における主要な理論を紹介する。次に，生涯の中で最も発達が著しい乳幼児期について，愛着・コミュニケーション・社会性・自己の領域別の発達を概説する。最後に，青年期，成人期，高齢期の発達について，各時期の発達課題を中心に述べる。

1．発達の理論

[1] 遺伝と環境

人の心身の発達にはどのような要因が影響するのであろうか。人の発達に関する見方には，遺伝（生まれ）優位の立場（遺伝説）と環境（育ち）優位の立場（環境説）がある。

遺伝的要因の発現が発達の主要な要因と考える遺伝説（成熟優位説）の提唱者としてゲゼルら（Gesell & Thompson, 1938）が挙げられる。ゲゼルは一卵性双生児を対象に，階段登りの実験を行った。生後46週のときに，一方の子どもにのみ6週間階段登りの訓練を実施し，その後，もう1人の子どもに2週間の階段登りの訓練を行った。訓練後には，後者の子どもの方が速く階段を登ることができたことから，訓練・学習のような経験より神経系の成熟の重要性を明らかにした。

一方，個人の成育環境の影響を重視する環境説の代表として行動主義者のワトソン（Watson, 1930）が挙げられる。彼は，自分に健康で良い身体をした1ダースの赤ん坊と，彼らを育てるためのワトソン自身の特殊な世界を与えれば，ランダムに選択したそのうちの1人を訓練して，自分が選んだどのような専門家にでもしてみせると述べている。

また，発達には遺伝と環境の両要因が関与しているという考え方もある。シュテルン（Stern, 1924）は，発達には遺伝的要因と環境的要因が加算的に影響を及ぼすという輻輳（ふくそう）説を唱えた。一方で，ジェンセン（Jensen, 1968）は環境要因と遺伝的要因は相互に影響を及ぼしあっており，環境は閾値（第2章第2節参照）要因として働き，個人の潜在的特徴が発現するためには一定水準の環境刺激が必要であるという環境閾値説を提唱した。

このように時代により，遺伝重視の考え方と環境重視の考え方との間で揺れ動いてきた。戦後，社会科学においては環境重視の傾向が強まったが，近年では，近隣領域の研究の進歩により，遺伝重視の傾向が見られる。

［2］発達段階説

発達は，量的な積み重ねによる変化だけではなく，非連続的な質的な変化であるという考え方がある。ここでは，その代表的な理論であるピアジェの発生的認識論とエリクソンの心理社会的発達理論について述べる。

ピアジェ（Piaget, 1948）は認知の発達段階を，感覚運動段階（0～2歳頃），前操作段階（2～7歳），具体的操作段階（7～11歳頃），形式的操作段階（11～16歳）の4つに区分した（表6-1参照）。

エリクソン（Erikson, 1982）は，人間の心理社会的発達を乳児期から老年期

表 6-1 ピアジェの認知発達段階（Piaget & Inhelder（1966）／波多野ら（1969）より作成）

段階	特徴
感覚運動段階（0～2歳）	感覚と運動の連合の形成により，環境を認識する。身体的な対象への関わりが知的な働きを示す。後半には事物の表象能力が発達する。
前操作段階（2～7歳）	象徴機能が出現し，言葉や心的イメージを使えるようになる。4歳頃までは，前概念的段階であり，自己中心的傾向が強い。4歳頃から分離・数量化・関係づけなどの論理的な思考を行いはじめるが，まだ直感的であり，直感的思考の段階である。
具体的操作段階（7～11，12歳）	具体的なものに限り，論理的に考えることができる。物体の状態を変換したり，元に戻したりすることを表象できるようになる。
形式的操作段階（11，12歳～）	具体的なものについての経験的事実や自分の信条を超えて，仮説演繹的，形式論理学的に正しく推論をすすめることができる。

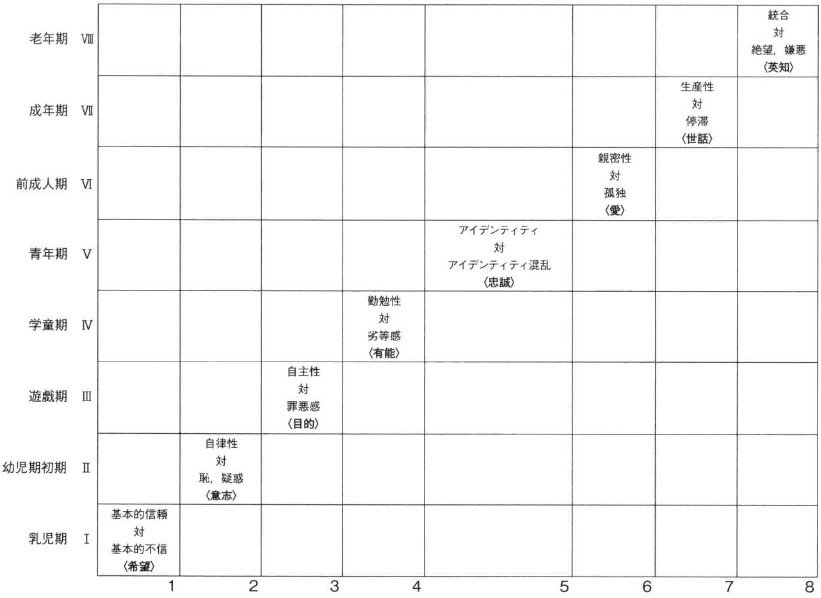

図 6-1 エリクソンの発達段階（Erikson（1982）／村瀬ら（1989）より一部変更）
（〈 〉内は心理社会的危機によって獲得される心理社会的強さを表す。）

の8つの段階に分け，その段階固有の心理社会的な発達課題があり，それを獲得できるか獲得できず問題を引きずるかの分かれ目になる「危機」が各段階に存在するとした。第Ⅰ段階である乳児期は「基本的信頼 対 基本的不信」，第Ⅱ

段階である幼児初期は「自律性 対 恥，疑惑」，第Ⅲ段階である遊戯期は「自主性 対 罪悪感」，第Ⅳ段階である学童期は「勤勉性 対 劣等感」，第Ⅴ段階である青年期は「アイデンティティ 対 アイデンティティ混乱」，第Ⅵ段階である前成人期は「親密性 対 孤独」，第Ⅶ段階である成人期は「生殖性 対 停滞」，第Ⅷ段階である老年期は「統合 対 絶望，嫌悪」が「危機」である（図6-1参照）。各段階の危機を解決することが，基本的な心理社会的強さの出現をもたらし，次の発達段階への移行が容易になるとした。

2．愛着形成

［1］愛着の重要性

愛着とは，ある人と特定の他者との間の愛情の絆である。

ボウルビィ（Bowlby, 1969）は，母親と引き離された経験のある子どもたちの研究を行い，長期間に渡って母親による世話を奪われるマターナル・デプリベーション（母性剥奪）が，子どもに情緒的な問題をもたらすのみでなく，免疫の低下や身体的な発育不良なども引き起こすことを指摘し，母性的な養育と心身の健康的な発達が深く関係していることを明らかにした。

また，ハーロウ（Harlow, 1958）は生まれたばかりのアカゲザルに，哺乳瓶が取り付けられた針金でできた代理母と，柔らかい布でできた哺乳瓶が付いていない代理母を与えたところ，赤ん坊ザルは布でできた代理母を好むことを明らかにした。サルにおいても栄養摂取以上に母親との身体接触の快適さが重要であることが示されたといえる。

［2］愛着の発達段階

ボウルビィ（1969）は，親への愛着を子どもが形成する過程を4段階で示した。第1段階（生後12週ごろまで）は，人物弁別を行わない無差別な社会的応答性の段階とし，誰に対しても同じように見つめたり，泣いたり，微笑したりするとした。第2段階（生後6か月ごろまで）はひとり（または数人）の弁別された人物に対する差別的な社会性の段階で，日常生活でよく関わる人に対して，よく声を発したり，微笑したりするとした。第3段階（2歳ごろまで）

は，区別して人に接近する，明確で，持続性をもった愛着の段階とした。この段階の子どもには，特定の人に対する愛着行動が顕著になる一方で，知らない人を恐れたり警戒したりする人見知りが見られる。最後の第４段階（３歳以上）は目標修正的協調性の形成段階で，愛着の対象となる人の気持ちを洞察し，その人の意図を理解し，自分の行動をその相手に合わせたり，相手の行動を自分に合わせるようにしたりといった，協調性に基づく関係となるとした。

[3] 愛着のタイプ

エインズワースら（Ainsworth et al., 1978）は，見知らぬ状況で，母親と分離され，見知らぬ人と２人きりでいる，また１人でいるといった乳児にとってストレスを感じるような実験場面（ストレンジ・シチュエーション法）を設定し，その状況での乳児の行動を観察し，母親との分離前，分離時，再会時における乳児の行動を分析した。その結果，養育者に対する乳児の愛着の質に個人差があることを明らかにし，母親への愛着を３つのタイプ（Ａタイプ，Ｂタイプ，Ｃタイプ）に分類した。Ａタイプ（回避型）は，母親の不在に対して苦痛を示さず，再会時に母親を回避したり無視したりするといった回避行動が顕著であった。Ｂタイプ（安定型）は，母親の不在に対しては苦痛を示すこともあれば示さないこともあり，再会時には母親に喜んで接近するといった安定した愛着行動が見られた。Ｃタイプ（アンビヴァレント型）は母親の不在に対し苦痛を示し，再会時に母親への接触に抵抗を示す一方で接触を求めるといった愛着行動と抵抗行動を同時に示す特徴が見られた。

さらに，その後のメインら（Main & Solomon, 1986）の研究で，３つのタイプに分類不能だったケースについて再検討され，矛盾した行動や，説明困難な行動を示すＤタイプ（無秩序型）が加わった。

乳児期の愛着タイプの個人差には養育者の応答性や接近可能性といった養育態度によって規定される側面もある。同時に子どもの気質や家族関係の要因なども影響を与えていると考えられる。

乳児期の愛着タイプは，他者に対する関わり方などその後の発達にも関連していることが指摘されており，乳児期に安定した愛着を形成している子どもは幼児期において望ましい仲間関係が築けているといった知見も示されている。

トピック9：愛着対象は母親に限られるのか

ボウルビィは，愛着ははじめ母親に対して向けられ，母親の影響を通して他者への愛着が形成されると考えた。ボウルビィの研究以来，子どもの社会情動的発達に影響を与える子どもの愛着対象は母親に限定される傾向がある。

それに対してルイス（Lewis, 2007）は，母親を含む多くの人々によってつくられた社会環境が子どもの発達に影響を与えると考えた。新生児は，最も身近で重要な家族を含む多数のネットワークからなる社会に生まれる。そのため，人は生涯にわたり複数の重要な対象を同時にもち，その対象には家族以外の親しい者も含まれると考えられる（高橋，2007）。この考え方に基づくと，母子関係はその後のすべての人間関係の発達を規定するものではないと考えられ，母子の絆が不十分であることが他者との関係に広範な影響を及ぼすと考えなくてもすむとルイスは指摘している。たとえば，親と友達とは異なる機能を満たす対象であるため，母子関係に問題があったとしてもその影響が友達関係のシステムに及ぶことはないということになる。

近年，共働きの家庭が増加し，低年齢児保育の割合も高くなり，在園時間つまり家族と離れて過ごす時間も長くなる傾向がある。また，父親の育児への参加や，母親以外の人による保育のニーズは高まっている。

母親との関係だけではなく，異なる人間が異なる社会的な要求や機能を充足させるというソーシャル・ネットワークの考え方は，今日の子どもを取り巻く人間関係にも合致しているといえるだろう。母親との関係のみでなく，育児に参加する父親，保育所で長時間子どもと関わる保育者，さらには共に過ごす仲間との関わりを含むあらゆる人間関係を視野に入れて，子どもの発達にどのような影響を与えるかを考えていく必要がある。

3．コミュニケーションと言語の発達

[1] 人間の赤ちゃんの特殊性

人間の赤ちゃんは無力であると思われがちであるが，視覚・聴覚・嗅覚といった環境からの情報を受け取るための感覚は（大人とは異なるものの）機能できる状態で生まれてくる。一方で，身体的運動能力は未熟な状態で誕生する。人間以外のウマやサルなどの哺乳動物は生まれてすぐ立つことができる離巣性（「巣立つもの」）の特徴をもつ。一方，ネズミ，ネコ，イヌなどの哺乳動物は生まれてすぐに立つことができず就巣性（「巣に座っているもの」）の特徴をも

つ。人間はより進化が進んだ哺乳動物でありながら，運動器官が未熟な状態で誕生するため，ポルトマン（Portmann, 1951）は二次的就巣性の動物であるとした。また，ポルトマンは人間の赤ちゃんの誕生は生理的早産であるとし，生後1年間を子宮外胎児期と名付けた（第14章第4節参照）。人間の赤ちゃんは，本来胎内で過ごすべき1年間を変化に富んだ外界で過ごすことになり，そこでさまざまな刺激を受け，社会環境が示す行動のしかたを模倣することなどを通して発達が促されることになる。

[2] コミュニケーションの基盤

赤ちゃんは出生直後から外的な刺激とは無関係に睡眠中に生起する自発的微笑が見られ，生後2か月頃には外的刺激によって生じる社会的微笑が見られるようになる（高橋，1994）。この微笑は，親をはじめとした他者からのコミュニケーションを引き出すものでもある。

また，子どもたちは，言葉でのコミュニケーションが可能になるまでに，身ぶりをはじめ，さまざまな表現で養育者に働きかける。

生後9～10か月頃には，子どもと親の間で「ちょうだい」「どうぞ」というモノの受け渡し遊びが行われるようになり，子どもが他者となんらかの対象への経験をともにするという三項関係（他者-物-乳児）が成立する。

さらに，1歳前後になると，子どもはさかんに発声を伴う指さしをするようになる。養育者が子どもの指さしに応じて注意を共有し，感情経験を共有することでコミュニケーションの発達が促進される。子どもは指さしにより養育者の関心をひき，養育者が対象に視線を向けることにより，共同注視が成立するようになる。

指さしや身ぶりの出現や三項関係の成立がコミュニケーションの発達の基盤となり，言葉によるコミュニケーションへとつながっていく。

[3] 言語の発達

赤ちゃんは生後1か月頃から頻繁にクーイング（cooing）と呼ばれる発声行動を示すようになる。8か月頃から音韻の組み合せは適当だがイントネーションやストレス（強弱）は母国語そっくりのジャーゴン（jargon: 意味はよくわ

トピック 10：心の理論の発達

人は，いつ頃から他者の心を理解するようになるのだろうか。この問いに対する答えは，「心の理論」研究において探究されている。

「心の理論」とは，他者の心を推測し，理解する能力を意味する。心の理論研究は，プレマックとウッドラフ（Premack & Woodruff, 1978）がチンパンジーの欺き行動について行った研究から始まる。彼らはある個体が自己および他者の目的・意図・知識・思考・信念・疑念・推測・ふり・好み等を理解できる場合，「心の理論をもつ」と定義した。心の理論の能力を調べる代表的課題として「誤信念課題」がある。ウィマーとパーナー（Wimmer & Perner, 1983）は，「マクシ」という男の子がチョコレートを台所の緑の戸棚にしまって外出し，その間に，お母さんがチョコレートを取り出し青の戸棚に片づけたという話を子どもに聞かせ，帰ってきた「マクシ」はチョコレートがどこにあると思っているかという質問を行った。この課題に対して，3歳児は他者の誤信念（「マクシはチョコレートが緑の戸棚にあると思っている」）を正しく推測できないが，4歳から7歳にかけて正答率が上昇したことから，心の理論の発生時期はおよそ4歳頃からであることが明らかにされた。

さらに，パーナーとウィマー（1985）は，ジョンとメアリーが登場する話を聞かせ，より難易度の高い2段階の誤信念を調べる二次的誤信念課題を実施した。その結果，5歳での正答率は低いが，6歳以降正答率が高くなっており，二次的誤信念の理解は6，7歳頃から可能になることが示された。

また，バロン=コーエンら（Baron-Cohen et al., 1985）は自閉症児に対して誤信念課題を行った結果，自閉症児には心の理論の理解が難しく，自閉症の中核的障害が心の理論の欠損にあるという仮説を提唱した。

「心の理論」は幼児期から児童期の子どもにとって重要な発達課題であるといえる。子安（2016）は，子どもに関わる大人が「心の理論」を理解し，子どもたちの「心の理論」を育てていくことの重要性を指摘しており，今後「心の理論」研究の知見を保育・教育などの現場に活かすことが期待される。

からないが会話のような発声）が見られるようになる。1歳頃には，初めて意味のある語（初語）を発するようになる。この時期の言葉は一語からなり，一語文と呼ばれる。1歳半から2歳頃になると，「ワンワンイタ」などの二語文が出てくる。3，4歳には，ほぼ話し言葉が完成する。語彙は，最初は非常にゆっくりと増えていくが，1歳6か月から2歳くらいにかけて急激に増加していき，この時期を語彙の爆発期と呼ぶ。語彙の爆発期には，名詞や動詞ばかりではなく，形容詞や形容動詞も用いるようになり，文法の理解も発達していく。

［4］言語の機能

言葉は他者とのやりとりの手段として重要であるが，子どもたちは他者に向けない発話も行っていることがピアジェ（1923）により指摘された。ピアジェは幼稚園の自由遊び場面での6歳児の会話を分類し，他者への伝達を目的とした社会的言語のほかに，集団の中で他者への伝達を目的としない自己中心的言語が全発話の3分の1を占めていることを見出した。自己中心的言語とは，相手の応答を期待しない発話であり，幼児期に増加し，学童期に入ると減少する。ピアジェは，自己中心的言語を他者に自己の考えや意志を伝達するために使用する社会的言語への発達過程に見られる過渡的な現象で未熟なものとして位置づけた。これに対して，ヴィゴツキー（Vygotsky, 1934）は，子どもの言葉は最初から純粋に社会的なものであるとした。子どもの言語活動は2歳すぎに思考と交差し一致するようになり，5，6歳頃に，言語本来の伝達機能を果たす外言と，自分の行為の計画や調整・思考の道具としての役割を果たす内言とに分化すると考えた。内言は思考の道具であり，言語的思考には不可欠のものとなるとし，ヴィゴツキーは自己中心的言語を思考としての言葉に移行していく過渡期に現れる形態と位置づけた。

4．社会性・道徳性の発達

［1］向社会的行動の発達

社会性を示す行動の1つとして向社会的行動が挙げられる。向社会的行動とは，他者にとってプラスになる行動全般を意味する。アイゼンバーグ（Eisenberg, 1986）は，向社会的行動の特徴として，他人（他の人々）に対する援助行動であり，外的報酬を期待せず，何らかの損失が伴い，自発的になされる行動であるとしている。

子どもは1歳頃から他者の苦痛に対して注意を示し反応するようになる。1歳6か月までに苦しんでいる他児を慰めようとする行動が見られる。2歳頃には苦痛の表情を示す子どもに自分の大切なものを持ってきたり，言葉で同情を示したりする。3歳頃には他者の苦痛に気づき，向社会的行動を起こすことができるようになる。親密な人に対する向社会的行動の芽生えは幼児期から見ら

表 6-2　コールバーグの道徳判断の発達水準と発達段階への分類（隈元（1993）より作成）

水準	道徳判断の基準	段階
1	道徳的価値は人や規範にあるのでなく，外的，準物理的な出来事や悪い行為，準物理的な欲求にある。	段階 1 〈罪と服従への志向〉罪の回避と力への絶対的服従がそれだけで価値あるものとなり，罰せられるか褒められるかという行為の結果のみがその行為の善悪を決定する。 段階 2 〈道具主義的相対主義への志向〉正しい行為は自分自身の，また場合によっては自己と他者相互の欲求や利益を満たすものとしてとらえられる。具体的な物・行為の交換に際して，「公正」であることが問題とされはするが，単に物理的な相互の有用性という点から考えられている。
2	道徳的価値は良いあるいは正しい役割を遂行すること，慣習的な秩序や他者からの期待を維持することにある。	段階 3 〈対人的同調あるいは「よい子」への志向〉善い行為とは，他者を喜ばせたり助けたりするものであって，他者に善いと認められる行為である。多数意見や「自然なふつうの」行為についての紋切り型のイメージに従うことが多い。 段階 4 〈「法と秩序」の維持への志向〉正しい行為とは，社会的権威や定められた規則を尊重しそれに従うこと，すでにある社会秩序を秩序そのもののために維持することである。
3	道徳的価値は，共有されたあるいは共有されうる規範，権利，義務に自己が従うことにある。	段階 5 〈社会契約的遵法への志向〉規則は，固定的なものでも権威によって押し付けられるものでもなく，そもそも自分たちのためにある，変更可能なものとして理解される。正しいことは，社会にはさまざまな価値観や見解が存在することを認めたうえで，社会契約的合意に従って行為するということである。 段階 6 〈普遍的な倫理的原理への志向〉正しい行為とは「良心」にのっとった行為である。良心は，論理的包括性，普遍性あるいは立場の互換性といった視点から構成される「倫理的原理」に従って，何が正しいかを判断する。この原理にのっとって，法を超えて行為することができる。

れるといえる。

[2] 道徳性の発達段階

道徳性とは，行為の善悪を判断する基準として社会に存在していて一般に承認される規則の総体である。

ピアジェは5歳から13歳の子どもを対象に，過失により10個のコップを割ってしまった子どもと，悪いことをしようとして1個のコップを割ってしまった子どもの話を聞かせて，どちらの子どもが悪いか，またその理由について尋ね，善悪の判断について検討した。その結果，幼い子どもたちは，多くの数のコップを割った方が悪いといった結果論的な判断をするが，その後，後者の方が悪いという動機論的判断をするようになることが示された（波多野，1966）。

また，コールバーグ（Kohlberg, 1976）は，子どもたちに「重い病気で死に瀕している妻を助けるため，男は薬を手に入れようと奔走するが，薬屋は男に法外な値段を請求し，男は薬屋に値引きや後払いをお願いするが，聞き入れてもらえず，結果として男は薬屋にその薬を盗みに入った」という道徳的ジレンマ状況を提示した。子どもたちが主人公の行為の是非をどのように判断し，どのような理由づけを行うかを調べ，理由づけの分析から3水準6段階の道徳的判断の発達段階（表6-2参照）に分類した（隈元，1993）。

その後，ギリガン（Gilligan, 1982）は，コールバーグの理論は男性による「正義の道徳性」であると批判し，女性は「配慮と責任の道徳性」を発達させるとした（久保，2012）。

これらの結果から道徳性の発達は，子どもの環境や文化に依存するものであると考えられる。

5．自己の発達

［1］自己意識の芽生え

自己意識の芽生えとしてはじめに生じるのは身体的自己の感覚である。
乳児は物や自分の手足を口に入れ，なめたりかじったりする。また，自分の手をかざしてじっと見つめることもある。この時期まで，自分の手足が自分の身体の一部であると認識しておらず，まわりの他の物と区別されていない。
このように自分で自分を刺激するような自己刺激的行動により自分の身体領域を確認し，次第に自己と外界との境界に気づくようになる。

つまり，自分の能動的感覚と自分の受動的感覚，他者により引き起こされた受動的感覚の経験の繰り返しにより，外界の事物や他者とは異なった独立の存在として身体的自己の感覚を確立していくのである。

［2］ 自己概念の発達

自己に関する知覚の体制化されたものを自己概念という。

幼児期は，自分について述べるとき，身体的な属性や，身体的能力，社会的関係など，具体的な特徴から理解することが多く，行動的記述と身体的記述が中心となる。この時期の子どもたちは，他者と比較する力が不十分なこともあり，自分を肯定的にとらえる傾向が強い。児童期になると，集団の中で社会的比較を行うようになり，自己概念は現実的かつ複雑になっていく。児童期中期には，内面的記述が増え，心理的側面から自己をとらえるようになる。青年期になると，心理的特徴による記述がさらに顕著になる。

デーモンとハート（Damon & Hart, 1988）は，客体としての自己理解の発達を，身体的自己から心理的自己へというようにカテゴリー間で移行するのではなく，幼い段階から，身体的自己，行動的自己，社会的自己，心理的自己の４つの側面すべてに関して自己を表象する傾向が備わっており，年齢とともに各側面における自己の理解が深まっていくとしている。

6．青年期・成人期・高齢期の発達

［1］ 青年期の発達

青年期は，身体的，心理的，社会的な面でさまざまな発達が見られる。

身体面では，性ホルモンの分泌による思春期の体の変化である二次性徴の発現から完成，身長の急激な増加などの著しい身体の発達と成熟といった第二の発育のスパートが見られる。急激な身体的変化とともに，自分自身の内面にもより関心が向く時期でもある。心理面では，抽象的論理的思考の確立や，自我や自己の発達などが見られる。また，社会面では人間関係や役割の変化が生じる。特に，親子関係の変化は大きく，それまで依存していた親から心理的に独立しようとする心理的離乳の現象が現れてくる。

エリクソン（Erikson, 1950）によれば，青年期は成人社会に参加していく準備期間であり，心理社会的モラトリアムと位置づけられている。青年期は，アイデンティティを選択し，統合することが重要な課題となる。アイデンティティとは自分が自分であるという自覚であり，「私とは何か」という問いに自分なりの答えをもつことをアイデンティティの確立という。

マーシャ（Marcia, 1966）は，青年期のアイデンティティを「危機」（いくつかの可能性について迷い苦しむ）と「積極的関与」（自分の考えや信念を表現し，それに沿って行動する）という観点から研究し，青年期のアイデンティティの状態を４つのステイタスに分類した（鑪，1998）。アイデンティティ達成とは，これまでの自分の生き方や価値観について悩んだり苦しんだりした末，自分が正しいと思う考えに従って現実的に物事を解決していこうとする状況である。モラトリアムとは，今の自分の生き方について模索中で迷っている状況である。早期完了とは，心理的な悩みや危機を経験していないが，仕事やイデオロギーに積極的に関与している状況である。アイデンティティ拡散とは，今の自分は本当の自分でないような気がする感覚で，一時的に自分自身を見失い一貫性をもって目的に向かった生き方ができないでいる状態である。

現代社会では，成人期においてもライフイベント（就職・結婚・子どもの誕生・退職など）により人生の節目においてアイデンティティは揺らぎ，再確立されていくことが示されている（岡本，2002）。

［2］成人期の発達

成人期は，キャリア選択や，結婚，親になることなど重要な選択が多い時期である。成人後期は，人生の目標や価値を見直し，後半を再構成する過渡期にあたり，「中年期の危機」をどのように乗り越えていくかが重要になる。

エリクソン（1982）は初期成人期の発達課題として「親密性」対「孤独」を挙げており，他者との親密な人間関係を作り上げることが重要な課題となる。自分を失うことを恐れて，他者と親密な関係を結べない者は親密性の獲得に失敗し，深刻な孤独感を感じることになる。

続く成人期の発達課題は，「生殖性」対「停滞」である。子どもや次世代を担う人を育てることに関心が向かうことが重要な課題となる。「次の世代の確立と指導に対する興味・関心」を生殖性（世代性，世代継承性）と呼ぶ。生殖性には自分の生み出してきたものを保護したり，高めたりする積極的な姿勢という意味もあり，この課題が達成されなかったときには，自分の欲求以外のものを満たすことに対して満足を得ることができない停滞の状態に陥る。

[3] 高齢期の発達

高齢期は心身の健康，経済的基盤，社会的つながり，生きる目的という 4 つの喪失を体験するとされ，一般に喪失の時期であるととらえられてきた。実際に，知能において，頭の回転の速さや思考の柔軟さに相当する流動性知能は 20 歳前半にピークを迎え，その後低下することが明らかにされている。一方で，過去の学習や経験によって蓄積された一般的な知識，言葉の知識や運用力を含む能力である結晶性知能は高齢期になっても若いころと同じ水準を維持していることが示されている。

高齢期には，自分の人生を受け入れるという「人生の統合」が重要な課題となる（Erikson, 1982）。「人生の統合」とは高齢者がこれまで生きてきた人生を振り返り，「自分の人生には，いろいろな失敗や悔いもあったけれども，全体としてみればこれでよかった」と肯定的に受けとめ，受容することを意味する。この人生の再吟味はいろいろな側面について行われる。エリクソンは，自分の個人の人生は終わってしまうが，世代継承されていくことで良い人生だったと納得して死んでいけるのではないかと述べている。老年期にいたって，自分の人生に意義を感じられない場合，残されるのは絶望・嫌悪だけとなる。

このように人は，生まれてから人生の最期まで，発達課題に取り組みながら成長していくのである。

参考図書

氏家 達夫・遠藤 利彦（編）(2012). 社会・文化に生きる人間――発達科学ハンドブック 5　新曜社
福本 俊・西村 純一（編）(2012). 発達心理学　ナカニシヤ出版
内田 伸子 (1991). ベーシック現代心理学(2)　乳幼児の心理学　有斐閣

第7章 パーソナリティの心理学

中前純治

本章のキーワード
類型論（クレッチマー，ユング），特性論（オルポート，キャッテル，アイゼンク），気質のビッグ3，特性のビッグ5，パーソナリティ検査（質問紙法，作業検査法，投影法），人か状況か，遺伝か環境か

人を観察すると，同じような状況でも細かなことは気にせずに大胆な行動をとる人もいれば，一つ一つに目を配り慎重に物事を進める人もいる。一方で，大胆な行動をとる人は，どのような状況でも大胆さが感じられ，一貫した人柄のようなものが感じ取れる。本章ではこのような個々人の行動や性格の違いなどの個人差を生みだすパーソナリティに関する心理学の理論や研究について紹介したい。

1．パーソナリティとは

その人らしさを表現する言葉は「人柄」だけでなく，他にも「性格」「キャラクター」「気質」などが思い当たるが，これらは日常生活ではなんとなく使い分けがなされている。

心理学の世界では「パーソナリティ」「性格」「気質」がよく用いられている。一般的に，パーソナリティ（personality）が人をとらえるときの全体的・包括的な概念であり，性格や気質はそのパーソナリティの一側面であると考えられている。まず，これらの概念を整理してみよう。

［1］気質（temperament）

temperament の語源はラテン語（temparare）にあり，その意味は「混ぜ

トピック11：ガレノスの4体液類型論：体内の状態が行動に影響する

医学の祖と称されるヒポクラテス（Hippocrates）は古代ギリシャで活躍した医師である。彼は人の体内には4種類の体液（血液，黄胆汁，黒胆汁，粘液）が流れていると考え，病気の原因は体液のバランスが乱れたことによって引き起こされると主張した。病気が悪霊のしわざや神々の怒りによるものと考えられていた時代にもかかわらず，合理的な考え方をしていたといえよう。こうした脱“宗教的”なヒポクラテスの医学観をベースにして，古代ローマのガレノス（Galen）は4体液とパーソナリティ特徴（気質の特徴）を結びつけて4種類の体液による類型論を提唱した。すなわち，多血質（血液）の人は陽気，胆汁質（黄胆汁）の人は怒りっぽい，憂うつ質（黒胆汁）の人は悲観的，粘液質（粘液）の人はのんびりしているといったタイプ分けであり，特定の体液が過剰になると，特定の気質が表面化すると考えた。

このような4体液類型論の考え方は，体内の生理的状態を重視するものであり，パーソナリティ理論の中における気質理論の元祖といえる。現在はその気質要因を体液の違いではなく，脳内の神経伝達物質の違いに求めることも多い。当時の医学の領域では，体液のバランスによって健康が左右されると考えていたため，その治療法は体液のバランスを調整することになる。血液が過剰になっていれば血液を抜くというようにである。こうした治療法は病原としての細菌が顕微鏡の登場によって発見される19世紀まで残っていた。

神経生理学の領域では条件づけで有名なパヴロフ（Pavlov, 1927, 1941）が反応の速さによって犬を4つのタイプに分け，4つの体液気質と対応させて論じた。また，心理学の領域でも，実験心理学の父と称されるヴント（Wundt, 1903）も4つの体液気質と人の情緒的反応を関連づけていた。

古代の“非科学的な考え”と一蹴してしまうのではなく，古代と現代の考え方の枠組みの類似点や差異を把握し，人の理解へと活かしていくことが重要だろう。

合わせる，調合する」である。古代ギリシャの医師ヒポクラテス（Hippocrates）は人間の体の中には4種類の体液が流れていて，そのバランスによって体の調子が変わると考えた。こうした当時の最先端医学の考え方であった“体液の混ぜ合わせ具合”が，「気質」を意味するようになった。

パーソナリティ心理学者のオルポート（Allport, 1937）によれば，気質はパーソナリティの情緒的な基盤で，身体的・生物学的要因によって強く影響を受けているという。また，精神科医のトマスとチェスら（Thomas, Chess, & colleagues, 1963）によれば，成人に比べてはるかに環境の影響が少ない乳幼児でさえ行動スタイルに違いが見られるが，それは気質の違いによるものだという。

すなわち，パーソナリティのなかでも，身体内部の状態と深く関わっていて，生まれつきや遺伝の影響が強い側面のことを「気質」と呼ぶことが多い。

［2］性格（character）

character の語源はギリシャ語（kharakter）にあり，その意味は「刻みつけられた印」である。したがって，「性格」という言葉には比較的変化しにくいものという意味合いがもともとは込められていた。

今では，その人らしさを表わす言葉として最も一般的に使われている。日常生活の中である人の行動を見て，「この人の性格は……」と話したりすることがある。そこでは，その人の行動から“意志の働き”や“感情の動き”のパターンを読み取っていることが多い。

すなわち，パーソナリティのなかでも，特にその人の意志や感情に関係している側面のことを「性格」と呼んでいることが多い。

［3］パーソナリティ（personality）

personality の語源はラテン語のペルソナ（persona）にあるという説が有力である。ペルソナは古代ギリシャの劇場で役者が着けていた仮面のことを指し，役者が演じ分ける役柄を観客に明確に示し伝えるためのものであった。

オルポート（Allport, 1937）は，パーソナリティは「行動とか活動と同義語ではない」，「それは，特定の行為の背後に，そして個々人の内部に存在するものである」と定義している。つまり，行動面の個人差を生み出すような何らかの実体が人の内側にあると想定している。

さらに，「パーソナリティとは，個人の内部で，環境への彼独自の適応を決定するような，精神物理学的体系の力動的機能である」としている。ここではパーソナリティがいろいろな側面のただの寄せ集めではなく，1つの組織としてまとまりをもって機能していることが強調されている。さらに，環境からの刺激に対してある体系的な組織として独自の反応をすることがポイントとして挙げられる。まず刺激を受けたことで身体内部に生理的な作用が引き起こされて自動的に生じる反応がある。それに加え，自分から環境に対して働きかけていくような自発的な反応（行動）が起こる。つまり，環境に対する受身的な反応だけでなく，能動的に働きかけていくような行動も生み出す内的実体としてパーソナリティをとらえているのである。

2．パーソナリティのとらえ方

ここでは類型論（typology）と特性論（trait theory）という２つの代表的なとらえ方を紹介する。両者の考え方の違いを理解することが重要である。

[1] 類型論によるとらえ方

何らかの理論や基準に基づいて，多様なパーソナリティを典型的なタイプに分類して理解しようとするのが類型論によるとらえ方である。

1）クレッチマー：遺伝的素因が気質にも体型にも影響する　ドイツの精神科医であるクレッチマー（Kretschmer, 1921/1955）は『体格と性格』の中で，遺伝的要因の強い体型や気質と精神的な病気との関連性について臨床的観察に基づいた類型論を提唱した。

彼は躁うつ病患者には肥満型，統合失調症患者には細長型，てんかん患者には闘士型の体型が比較的多く観察されることを示した。それぞれの患者の発病前のパーソナリティ（病前性格）や親族のパーソナリティについても検証した結果，気質や反応の仕方に類似点を見出した。つまり，体型やパーソナリティの背景には遺伝的な素因があると考えた。

また彼は体型類型に対応した気質によって，健常者のパーソナリティを分類している。統合失調症気質（過敏，神経質，非社交的），循環気質（社交的，温和，親切），粘着気質（粘り強い，融通が利かない）の３つがそれである。これらの気質は各々細長型，肥満型，闘士型の体型に対応するという。

2）ユング：パーソナリティ発達を考慮したとらえ方　スイスの精神科医ユング（Jung, 1921）による「内向型-外向型」というタイプ分けは，心のエネルギーであるリビドーが自分の内面に向かいやすいのか，自分の外界に向かいやすいのかによって決まる。

内向型の人は事実そのものより，それをどう考えたかという主観的現実に即して行動しやすい。一方，外向型は自分の考えより，客観的現実に即して行動しやすい。つまり意識レベルで何を重視するかについて，両者の態度や構えには違いがあるといえる。またユングは，一人の個人が２つのタイプのいずれかに明確に分類できるわけではないという。

そのうえでユングが重視したのが，一人の人間のなかで内向性と外向性がバランスを保つことの大切さである。つまり，意識的な構えが極端になり過ぎると，その偏った構えを調整するために，意識的な構えと対極にある無意識の構えが補償的に現れてくるという。このように，内向型–外向型という対立するタイプが一人の人間の中にバランスよく統合され，成長していくという観点を示した点で，ユングの考えにはパーソナリティの発達的視点が組み入れられているといえる。

[2] 特性論によるとらえ方

日常の会話の中で，誰かを特徴づけようとして「この人は不愛想で，無口だけれどよく働く」とか「あの人はおしゃべりだけどけちなところがある」といったりする（Allport, 1937）。このように不愛想，無口，おしゃべり，けちといったパーソナリティの性質を示す基本的な各々の要素を特性と呼び，どのような特性がどの程度備わっているのか，その強弱でその人のパーソナリティを明らかにしようとするのが特性論によるとらえ方である。

1）オルポート：パーソナリティ心理学の黎明期　ある人の行動を特徴づけて，他の人との違いを表現できるような言葉にはどのようなものがあるかを調べるために，オルポートとオドバート（Allport & Odbert, 1936）は，40万語収録されている辞書を１単語ずつチェックしていった。その結果，18,000語を選び出し，その中の4,504語が“人の一貫した適応スタイル”を表わしている特性語であるとした。

オルポートは特性というものを個別特性と共通特性の２つに分けて考えてい

る。たとえば，攻撃性という特性を考えたとき，遺伝的な資質や育ってきた環境は人によって異なるので，攻撃性はその人固有の特徴を持ってくる。こうしたその人固有の特性を個別特性と呼ぶ。一方で，同じ文化圏内においては，他の人ともある程度共通している攻撃性のスタイルが存在している。こうした一定の文化内で共通している適応スタイルとしての特性を共通特性と呼ぶ。パーソナリティ心理学で研究対象になっているのはこの共通特性である。

2）キャッテル：より実証的な方法で特性を検討する　キャッテル（Cattell, 1943）は特性を研究するにあたって，因子分析などの統計手法を用いた。データを直接観察しただけでは把握できない潜在的な因子を見つける統計手法を因子分析という。彼はオルポートらが選び出した特性語 4,504 語をもとに因子分析を駆使して 20 数個の特性を抽出した。こうして抽出された特性こそが行動に影響する因子の中でも根源的なものだとして，根源特性と名づけた。世の中には無数の物質があるが，それらが限られた元素から構成されているように，人の数だけ存在するパーソナリティも限られた特性によって説明ができるという考えがベースにある。

20 数個ある根源特性の中で，パーソナリティの個人差に影響が大きいものから順に A，B，C……とアルファベット名を付けていった。根源特性Ａは「分裂性気質-感情性気質」であり，これは社交性，協調性，冷淡であるかどうかに関連するものである。この根源特性は，遺伝によって強く規定され，体型とも関係している点で，すでに述べたクレッチマーが統合失調症や躁うつ病で示した類型論と驚くほど一致するものである。根源特性Ｂは「知的能力」であり，具体的な思考か抽象的な思考のいずれが優位かといった知的能力が行動全体に重大な影響を及ぼすものであるという。根源特性Ｃは「自我の弱さ」である。これは情緒的安定性に関わる因子であり，精神分析の理論と関連づけて説明がなされている。このように数量的研究によって導き出された結果と従来の臨床的な知見との関連づけも行われた点は注目に値する。

また，20 数個ある根源特性の中からパーソナリティを記述するうえで特に重要な 16 個を選び出し，その特性を測定する尺度である 16PF 人格検査を開発した（Cattell, 1946）。

3）アイゼンク：気質のビッグ3に向けて　イギリスの心理学者アイゼンク（Eysenck, 1947）はさまざまな先行研究を検証した結果，パーソナリティは「神経症傾向」と「外向性」の2次元に集約できるという仮説を立てた。神経症傾向とはどの程度気持ちが安定しているか，不安や怒りにどのくらい動揺するか，また外向性とは人と積極的に関わり，新しいことに取り組もうとする活動的・衝動的な行動傾向である。

この仮説の検証のため因子分析を行ったところ，さまざまな特性の上により包括的な「神経症傾向」と「外向性」といった2つの上位特性があるという階層構造が見出された（図7-1を参照；例として外向性の構造を示している）。

この結果に基づき，彼は4層構造のパーソナリティモデルを提唱した。まず，人が日々の生活のなかで示す各々の行動は，環境から受ける刺激に対して個別に反応している結果（特定反応水準）である。こうした個別の反応の中には，さまざまな状況に応じて繰り返し現れる習慣的なものがあり（習慣反応水準），さらに習慣的な行動のいくつかは，相互に関連性があり，たとえば社交性とか衝動性といった1つの概念（特性水準）に集約できる。そして，こうした諸特性をさらに集約すると神経症傾向と外向性の2次元になる（類型水準）。このモデルでは，各水準の最上位概念である特性は類型として扱われており，このモデルによって理論上，特性論と類型論が統合されたことになる。

その後，精神病患者や規範意識が薄い人など，社会慣習になじめない人のパ

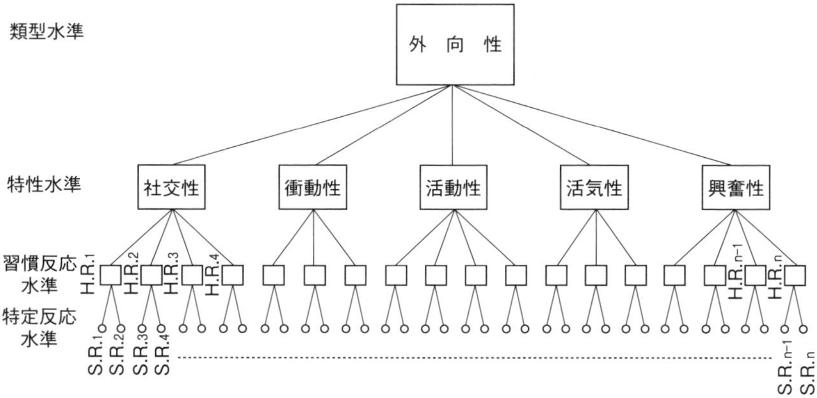

図7-1　アイゼンクによるパーソナリティの階層モデル（Eysenck（1967）より）

ーソナリティも説明するために，「精神病質傾向」という3つ目の類型水準を導入した（Eysenck, 1970/1990）。

また，彼の理論には，当時の最新の脳科学をはじめ，さまざまな神経生理学的知見が取り入れられ，3つの類型水準にはそれぞれ生物学的な基盤が想定されていた。

アイゼンク以降の研究では，生物学的な基盤，つまりパーソナリティの気質的側面にも注目した研究が活発になった（国里ら，2008）。それらはパーソナリティを3つの気質因子から説明をするモデルであったため，気質のビッグ3と呼ばれることがある（Clark & Watson, 1999）。

4）5因子モデル：特性のビッグ5に向けて　キャッテルは16の根源特性，アイゼンクは3つの類型水準によってパーソナリティをとらえようとしていたが，ほどよい数の特性で説明しようとする動きが強まった（辻，1998）。

1980年代に入って，ゴールドバーグ（Goldberg, 1981）はこれまでの研究を検証した結果，特性は5つにまとめることができるとし，これを「ビッグ5」と呼んだ。

5因子モデルの中で，どのような5因子を採用するかは研究者によって微妙な違いがあるものの，アイゼンクの神経症傾向，外向性という2特性に，経験への開放性，調和性，誠実性の3つを加えた5因子（表7-1を参照）から構成されるコスタとマックレイ（Costa & McCrae, 1980/1992）によるビッグ5モデルが現在，最も関心が持たれている。1991年にはこの5特性を測定する

表7-1　ビッグ5の例（辻（1998）より作成）

コスタとマックレイ		辻	
神経症傾向	情緒的な安定，ストレスへの敏感さ	非情動性-情動性	情緒的な安定，ストレスへの敏感さ
外向性	社交性，活動性，上昇志向	内向性-外向性	控えめかどうか，積極性
経験への開放性	好奇心，独創性，想像力の高さ	現実性-遊戯性	遊び心，堅実さ
調和性	他者に対してポジティブかネガティブか	分離性-愛着性	他者に対して独立的か親和的か
誠実性	意志の強さ，決定力，自己コントロール	自然性-統制性	あるがまま，目的意識に添って行動

NEO-PI-R（Revised NEO Personality Inventory）というパーソナリティテストも開発され，世界的に広く活用されている。

なお，日本人特有の「甘え」や自然の流れに任せて生きるという東洋的なパーソナリティも記述できるようなビッグ５も開発され，関連する性格検査との妥当性が確認されている（辻，1998）。

3．パーソナリティの測り方

１本の線の長さを測るには，定規（ものさし）を使う。すると，たとえば10.5 cm という数値が測定できる。このように測定したいものを数値化する道具のことを尺度（scale）というが，この場合であれば「長さの尺度は定規である」ということになる。

それでは，外部から直接観察・測定できないパーソナリティや特性はどのように測定すればよいのだろうか。このような場合，心理学では何らかの刺激（質問項目，曖昧な図版など）を用意し，それに対する人間の反応から間接的に測定する方法をとる。パーソナリティテストは質問紙法，作業検査法，投影法に分けることができる。

［1］質問紙法（questionnaire method）

質問紙法は印刷された質問文に対して，いくつかの選択肢から「はい・いいえ」や当てはまるかどうかを数値で回答する方法である。後者はたとえば，ある質問文について３つの選択肢（１．はい，２．どちらでもない，３．いいえ）から１つ選ぶ形式を取る（これを３件法と呼ぶ）。回答された結果は測定しようとする概念に基づいて合計点を算出し，どのような特性が強く，どのような特性が弱いかなど個人の特性を解釈するために使われる。質問紙法は誰でも簡単に短時間でできるものが多いが，次項で述べるように，パーソナリティ検査として必要な条件を満たしていなければならない。

質問紙法にはさまざまなものがあるが，キャッテルの 16PF（16 Personality-Factor questionnaire），アイゼンクの「神経症傾向」と「外向性」を測定する MPI（Maudsley Personality Inventory），コスタとマックレイのビッグ

5の特性を測定するNEO-PI-Rなどに代表される。

また臨床の場面で使用されるMMPI（Minnesota Multiphasic Personality Inventory）はもともと精神科診断のために開発され，項目数は550個と非常に多いが，世界的に広く活用され，多くの追加尺度も開発されているテストである。YG（矢田部ギルフォード）検査は120項目あるが，集団で実施しやすく，産業・教育領域などでも利用しやすい。

[2] 尺度の信頼性と妥当性

すでに述べたように，パーソナリティを測定する場合，使用する心理検査がその特性を測定するのに適切であるか，正確であるかを確認しておくことが大切である。また心理学で扱う性格特性，たとえば外向性はそれ自体を観測できない理論的に導かれた構成概念（construct）であり，観察可能な事象からその存在が想定されるものである点に留意しておく必要がある。一般に，質問紙法による心理検査が備えるべき要件として，信頼性と妥当性がある（第1章第3節参照）。

たとえば，「外向性尺度」を考えてみよう。まず「外向性尺度」は果たして外向性という特性（構成概念）を正しく測定できているかどうかが問題になる。これを「妥当性」という。もし正しく測定できているのであれば，その尺度は妥当性が高いということになる。

妥当性の検討には，ある概念がそれとは別のすでに確立された外部基準とどの程度関連しているかを評価する方法がある（基準関連妥当性）。たとえば「外向性」を測定する尺度の得点と実際の外向的な行動の頻度との間の関連性を調べることがそれである。同様に，尺度を構成する質問項目がそれを測定しようとする概念の全範囲を適切に測定しているかを調べる方法もある（内容的妥当性）。またある構成概念を検査や尺度で測定する場合，それらが目的とする構成概念を想定したとおりに測定できているかを検証する方法もある（構成概念妥当性）。たとえば，外向性が高い人々と低い人々の得点を比較したり，外向性が高い人がとると考えられる行動との対応を検討するなどが必要となる。

次に「外向性」という特性をどのくらい誤差なく測定できているかという問題がある。これを「信頼性」という。信頼性もその目的によっていくつかの検討方法がある。再検査法はある尺度を用いて同じ被検者を繰り返し測定してみて，一貫した結果が得られるかどうかを検討するものである。もし安定した一貫性の高い結果が得られれば信頼性が高いといえる。折半法は尺度を構成している質問項目をあらかじめ半数ずつに分け，その両者の結果の関連性を比較する。もし両者の結果に関連がなければ「外向性」を測定する両者の尺度の精度が均一ではないことになる。また一般的に，尺度の個々の項目が同一の概念を測定しているかどうかを検討するクロンバック（Cronbach, 1951）の「α（アルファ）係数」が信頼性の指標として用いられることが多い。

［3］作業検査法（performance test method）

一定の作業を課し，その取り組み具合を分析することでパーソナリティを測定する方法である。作業検査法では内田・クレペリン精神作業検査がよく使用される。1桁数字を連続して足し算していく作業課題に取り組んでもらい，時間ごとの作業量の変化（作業曲線）や誤答の程度を調べる。さまざまな状況に応じて適応的な行動が取れる人の作業曲線を定型曲線と呼び，それとの比較を通して，その人のパーソナリティを明らかにしていく。現在は職業適性検査や自動車運転の適性判断の材料としても利用されている。

［4］投影法（projective technique）

投影法で用いられる刺激は絵やインクのしみなど，曖昧で多義的なものが多く，これらの刺激に対する自由な反応にはその人固有な特徴が出現しやすい。この独自の反応には，その人の考えや感情，欲求などが無意識に反映されているという考え方に基づいてパーソナリティを推定していく。

最も有名なのはロールシャッハテストである。10枚の左右対称のインクのしみ様の図版を見せて，それが何に見えるかを問う。このテストでは，何に見えたか（反応内容）だけでなく，どうしてそう見えたか（決定因）を重視してその人の特徴を判断する。

他にはPFスタディ（picture-frustration study）がある。日常生活での欲求不満の場面が1コマ漫画で全24場面，描かれている。各場面で欲求不満におかれる人物には吹き出しがあり，その人物がどう答えるかを問う。欲求不満場面に反応し続けて後半に入ると，前半の反応傾向との違いが現れることがある。こうした前半と後半の反応傾向の変化からもパーソナリティを推定していく。

バウムテストも実施の簡便さから臨床場面で頻繁に活用されている。木を１本描画させるテストである。描画のさまざまな特徴からパーソナリティを推定していくが，その判定には熟練が要求される。

４．行動の規定因と性格の形成：人か状況か，遺伝か環境か

ある人が何らかの行動を起こす場合，そこにはどのような要因が影響したのだろうか。その人のパーソナリティか。それとも，そのように行動せざるを得ない状況だったからなのか。

また人のパーソナリティはどのように形成されるのか。遺伝の影響か，それとも育ってきた環境が関与するのか。この問題は発達心理学や社会心理学，行動遺伝学といった領域とも関連し，学際的な議論がなされてきた。そこでここでは性格の形成と行動の規定因として，人や状況，遺伝や環境の及ぼす影響についての研究を紹介したい。

［1］人か状況か：一貫性論争

1960 年代のアメリカでは特性論的アプローチが中心であり，統計的手法の発展により，パーソナリティ心理学は実証科学としての研究がさかんに行われた。

ところが，アメリカの心理学者ミシェル（Mischel, 1968）は，先行研究を整理した結果，人の行動が状況を通じて一貫していることを示すデータはほとんど確認できないことを明らかにした。さらに，パーソナリティテストによって測定される特性の個人差では人の行動を十分に説明できないことを示した。つまり，人の行動は状況に応じて変化すると考えられるので，状況を超えて安定している特性を想定することが妥当であるかという問題である。

この問題は，パーソナリティを規定するのは特性のような内的要因か，周囲の状況といった外的要因かが論点であったため，「人か状況か論争」と呼ばれる。

この論争は，1970年代に入り，「人か状況か」といった両極ではなく，内的要因（人）と外的要因（状況）の相互作用，つまりいずれか一方ではなく，両者が影響し合って行動が決定されるという，「人も状況も」影響するという結論にたどり着き，現在に至っている。また，すでに社会心理学者のレヴィン（Lewin, 1935）が行動は人間の個人的特性と環境の関わり合いで起こると主張している。

つまり人間と状況は独立しているのではなく，人間が状況を変化させることもあれば，状況が人間の行動を変化させる場合もあるという意味で，当然のことといえよう。

［2］遺伝か環境か

進化論で有名なダーウィン（C. R. Darwin）のいとこであったゴールトン（F. Galton）は個人差の研究者である。彼は人の身体的特徴が遺伝するように，精神的な能力，才能も遺伝すると考え，遺伝的に似通った親族や双子の特徴を研究した。

同様に，パーソナリティの形成に遺伝が影響するのかどうかについての研究は，ゴールトンから100年ほど経った1980年代以降にさかんに行われた。

心理学では双生児の研究によって，どの程度，遺伝的要因が心理的特性に影響するかが検討されてきた。一卵性双生児は遺伝的組成が100％同じであるが，二卵性双生児は異なるためである。つまり両者の差が大きいほど，遺伝の影響が強く，差が小さいほど，環境の影響が強いと判断できるのである。これらの研究から，パーソナリティは遺伝の影響を受けるが，遺伝の要因は潜在的であり，その発現には環境が作用することから，「遺伝か環境か」ではなく，「遺伝も環境も」パーソナリティに影響するといえる。

他方で，行動遺伝学の領域では，テレゲンら（Tellegen et al., 1988）によれば，環境が違っていても，二卵性より一卵性双生児のほうがパーソナリティの類似点が多く，パーソナリティに遺伝子が何らかの影響を及ぼしている可能性も示唆されている。

近年，クロニンジャーのパーソナリティ理論における「新奇性追求」というパーソナリティ特徴と関連する遺伝子が発見された（Ebstein et al., 1996;

トピック12：クロニンジャーのパーソナリティ理論

1980年代に入って，パーソナリティをビッグ５特性で表現できるようになったが，実際にそれが５特性で構成されているかどうかは別問題であり，パーソナリティ構造についての理論的研究の進展が目指されていた。

アメリカの精神科医クロニンジャー（Cloninger, 1987, 1993）はパーソナリティが４つの「気質」次元と３つの「性格」次元，合わせて７次元から構成されるという新たな理論を展開した。遺伝要因が大きい「気質」と，後天的に獲得されていく「性格」とを組み合わせている。

それによると，「気質」には行動の①触発に関わる「新奇性追求」，②抑制に関わる「損害回避」，③維持に関わる「報酬依存」，④固執に関わる「固執」の４つの次元があるという。たとえば，「行動の触発システム」が生まれつき活発で，「新奇性追求」傾向が高い子どもは，新しい刺激に触れたときに興奮しやすい。そのため，反射的に新しい刺激を求めて行動を起こしやすい。この傾向はドーパミンつまり，脳内で情報伝達の役割をする神経伝達物質によって行動が規定されているため，自分の意思というよりも，環境刺激に対して自動的に反応している気質的な側面が強くなる。

しかし，児童期を過ぎると自分で考えて行動したり，誰かを思いやって行動したりすることが増え，「性格」次元が重要になってくる。彼の言う「性格」とは環境の中で発達していく“自分についての認識”のことである。自分と周囲との関係や，社会集団の中での自分の位置を認識するうえで，①自律的個人へ向かう「自己志向」，②人類社会との「協調」，③宇宙へと開かれる「自己超越」の３つのどの次元に重心を置くかによって違いが出てくる。たとえば，「自己志向」が高ければ，自分の目的や価値観に従って行動を決定しようとする。「協調」が高く，集団の中での自分に意識が向けば，他人の権利を尊重し，共感的な態度をとろうとする。「自己超越」が高ければ，物事をグローバルにとらえたり，あるいはスピリチュアルな考え方に寛容である。このような「気質」と「性格」とが相互に作用し合って，パーソナリティが構成されているという。

Benjamin et al., 1996）。すなわち，遺伝に関わる要因（遺伝子）が実体として発見されたのである。そのため，パーソナリティに関係している遺伝子を探索することへの関心が高まっている。

また，ビッグ５特性がどの程度遺伝するのかについては，おおむね，30〜50％遺伝することが確認されている（Loehlin, 1992; Shikishima et al., 2006）。それは同時に，環境要因が50〜70％であることも示している。行動遺伝学者の安藤（2000）は，遺伝要因の解明は一人ひとりがいかに豊かな内的資源を与えられているかを示してくれるものだと述べている。「遺伝も環境も」パーソナリティを相互に規定しているという考えは他分野との関連のなかで今後ますます実証的に検討されていくだろう。

参考図書

オルポート，G. W.　詫摩 武俊・青木 孝悦・近藤 由紀子・堀 正（訳）(1982)．パーソナリティ：心理学的解釈　新曜社（Allport, G. W. (1937). *Personality: A psychological interpretation.* New York, NY: Henry Holt And Company.）

小塩 真司・中間 玲子 (2007)．あなたとわたしはどう違う？パーソナリティ心理学入門講義　ナカニシヤ出版

第8章 感情の心理学

森岡陽介

本章のキーワード
基本感情説，次元説，顔面フィードバック仮説，末梢起源説，中枢起源説，認知評価理論，単純接触効果，扁桃体，二重経路モデル，気分一致効果

われわれは普段から当然のように笑ったり，怒ったり，悲しんだりする。この誰もが当然のように経験する「感情」は，われわれの生活を豊かにしてくれる。ギリシャ哲学のアリストテレスは，身体などをウーシア（実体）と呼び，出来事によって生じる変化をパトス（属性）と呼んだが，パトスはほぼ今日でいう感情として扱っていた。つまり，はるか昔から「心」の中心には感情が想定されており，関心がもたれていたことがうかがえる。そしてあまりにも身近すぎるため，誰でも感情について知っている気になってしまう。しかしながら，いざ感情とは何か？と問われると，途端に答えられなくなってしまう。

感情研究が科学的に研究されるようになったのは，ほんの数十年前でしかない。1920年代から心理学が行動主義全盛の時代に入ると，感情研究は主観的な対象の最たるものとして，客観性を重視する科学的心理学研究のメインストリームからは除外されてしまった。その後，1960年代に認知革命が起こると，それに伴って感情も再び研究対象として取り上げられるようになった。そして現在，感情研究への関心は，かつてないほどに高まっている。1つの要因に，近年増加しているうつ病などの感情障害の理解に必要不可欠であることが挙げられる。また，ロボット工学からの要請も大きな要因となっている。すなわち，人工知能の開発において，最後の砦となっているのが感情なのである。

本章では，感情とは何か，どのような種類があり，どのように生じるのか，そして感情がわれわれの生活にどのような影響を与えるのかについて，これまでの研究を紹介しながら概説する。

1．感情の定義

感情はきわめて主観的な現象であり，同じ刺激を提示しても，人によって喚起される感情が異なり，さらには同じ人であっても，日によっては同じ刺激に対する感情が異なることさえありうる厄介な存在である。さらに，学習や記憶，動機づけなど，他の現象にはおおむね安定した定義があるものの，感情に関しては定まった定義すら存在しない。

感情に関連する用語はいくつか存在し，たとえば，感情（affect），情動（emotion），気分（mood），主観的情感（feeling）等の用語があり（濱ら，2001），その定義は多様である。感情とは，狭義には「快-不快」を両極とし，さまざまな中間層をもつ状態であるが，広義には経験の情感的・情緒的な面を表すことから，本章では，感情を情動・気分を含む包括的なものとする立場をとる。

感情は主観的経験の側面，生理的側面，行動・表出的側面という３側面が不可分に結びついた複雑な過程である。また，感情にはその位相として，知覚・認知的評価（初期評価），感情状態，主観的感情経験，感情表出の４つがある（図 8-1）と考えることが一般的である（Buck, 1983; 濱ら，2001）。つまり，感情は一連のプロセスであり，まず刺激の入力を受けるとそれに対する知覚と，良いか悪いかといった簡単な評価が行われ（Stage Ⅰ），次にその評価によって生じた身体的な変化とそれに対する気づきが生じ（Stage Ⅱ），そしてその気づきから，実際に楽しい，嫌だ，悲しい，などの主観的な感情経験が生じ（Stage Ⅲ），最終的にそれが表情などとして表出される（Stage Ⅳ）。しかしながら，本章第３節で詳述するように，たとえばStage Ⅰの初期評価の必要性の有無などは研究者によって意見が異なり，統一的なモデルはいまだ確立されていない。

そこで，次節からはこれまでの研究において提唱され，今なお議論が続けられている感情理論について紹介する。

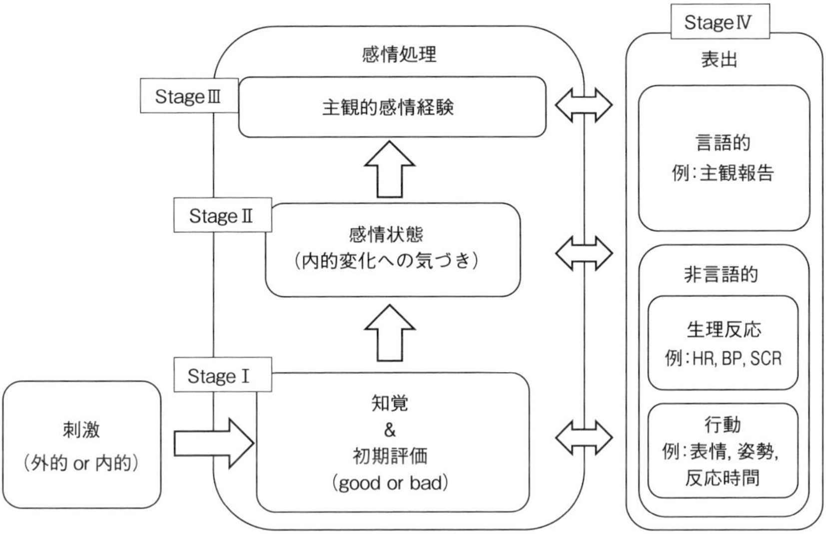

図 8-1　感情の位相（Buck（1983）／濱ら（2001）をもとに作成）

2．感情の種類

［1］基本感情説

感情が表出されるとき，最もわかりやすく，かつ手軽にその情報を利用できるものに表情がある。表情はわれわれの感情を反映し，さらにそれを他者に伝える機能ももつため，古くから研究対象として取り上げられてきた。表情研究の先駆けとしては，ダーウィンの研究が最も有名であろう。ダーウィン（Darwin, 1872）は，動物とヒトの顔面の動きを詳細に観察した結果，表情には動物からヒトにつながる進化論的な連続性があり，そのため個々の感情を示す表情には普遍性があると主張した。このダーウィンの進化論的な考え方は，後の研究者達に引き継がれ，基本感情説を誕生させることになった。

基本感情説の代表的な研究者にエクマンがいるが，彼は一連の研究によって基本感情として喜び，怒り，悲しみ，驚き，恐怖，嫌悪の 6 つの感情を挙げている（たとえば，Ekman, 1972, 1984）。たとえば，エクマンらはその当時ほとんど欧米人との接触や，その文化についても触れたことのないパプアニューギニアの先住民族にアメリカ人の表情写真を見せ，それぞれの写真の表情が表す感情を正確に読み取れているかどうかを調べた。その結果，６つの感情の正答率は非常に高いことが示された（Ekman & Friesen, 1971）。このような比較文化研究を世界各地で実施した結果，少なくとも６つの感情は人種や文化を超えて普遍的に存在することを実証し，ダーウィンの進化論に基づく基本感情説を唱えた。さらに，エクマンらは特定の表情を表出している際には特定の自律神経反応が付随する，反応特異性があることを明らかにした。たとえば，怒り，恐怖，悲しみの表情では喜び，驚き，嫌悪の表情に比べて心拍数が増大し，怒り，喜びの表情では皮膚温が上がるのに対し恐怖や嫌悪では下がるなど，異なる自律神経反応のパターンがあることを明らかにした（Ekman et al., 1983; Levenson et al., 1990）。このことは，基本感情が生得的に神経プログラムとともに備わっており，それぞれの感情システムが独立に存在することを意味している。

［2］プルチックの感情色立体

エクマンらによって提唱されたように，たとえば６つの感情が生まれつき備わっているとしても，実際にわれわれが経験する感情はもっと多様で複雑である。たとえば愛や憎しみ，恥といった感情は，どのように備わるのだろうか？これを説明するユニークな説に，プルチック（Plutchik, 1962）の感情色立体理論がある。彼は感情の構造を色の原色と混色の関係になぞらえるモデルを提唱した。彼によれば，基本感情として喜び，怒り，悲しみ，驚き，恐怖，嫌悪，受容，期待の８つが存在し，さらにそれらの強度が強くなったり弱くなることによって他の感情が生じるという立体モデルを考案した。さらに，たとえば赤色と青色を混ぜると紫色になるように，感情も混合することによって異なる感情が派生すると考えた。たとえば，受容と喜びからは愛が生じ，恐怖と驚きからは畏敬が生じるというように，少数の基本感情から多様な感情が生じることを説明した（図 8-2）。

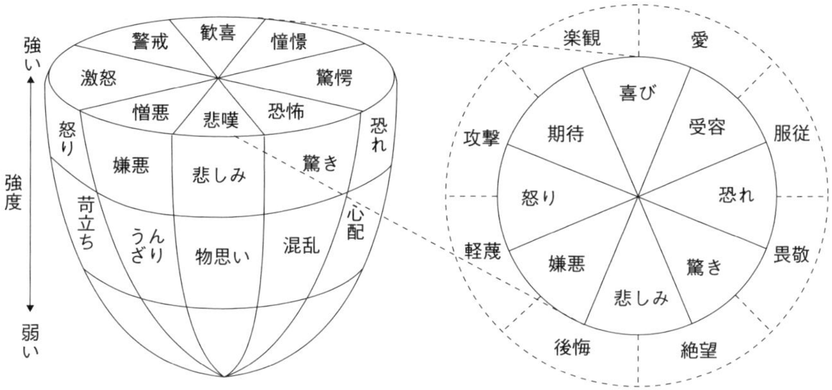

図 8-2 プルチックの感情色立体モデル（Plutchik（1962）をもとに作成）

[3] 次 元 説

基本感情説が主流の立場となっている一方で，基本感情説の理論的根拠にはいくつかの疑義が指摘されている。たとえば，基本感情は研究者によってその数や種類が統一されていない点が挙げられる。先述したエクマンは 6 つ，プルチックは 8 つであり，元祖のダーウィンにいたっては約 37 もの感情を挙げている。また，基本感情説の重要な根拠である自律神経の反応特異性は，実際には怒りや驚きなどではかなり似通っているなど，生得的にプログラムされた反応というには曖昧な部分が多い。さらに，基本感情が普遍的なものであるならば，基本的には万人がいつどこで見ても必ず爆笑するような刺激が存在することになるが，現実にはそんなものはないし，昨日爆笑した刺激でさえ，今日見るとひどくつまらなく見えてしまうこともある。基本感情説ではこの重要な問題を説明できない。

基本感情説に対立する理論として，感情は基本感情のようにそれぞれが独立したカテゴリカルなものではなく，少数の次元上を連続的に変化するものであり，各感情はその程度の差で表現されるとする理論を次元説という。たとえば，ヴントは快-不快，緊張-弛緩，興奮-沈静の 3 次元を提唱し（Wundt, 1897），また，次元説の中心的な研究者であるラッセル（Russell, 1980）は，快-不快，覚醒-睡眠という 2 次元を提唱した。ラッセルは，多様な感情語や表情写真を使用し，2 次元での評価を行わせた結果，それぞれの感情は円環状に配置され

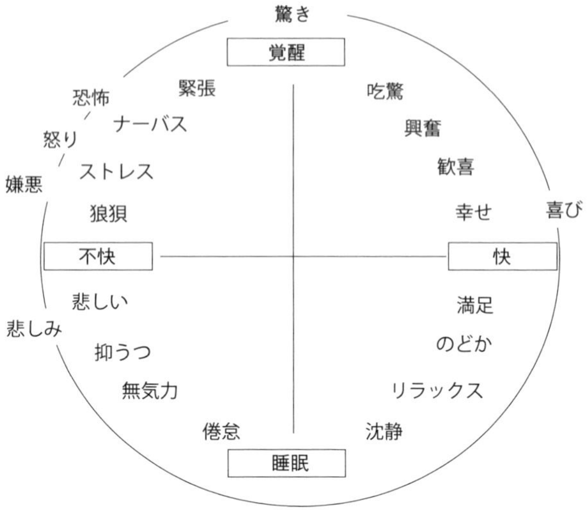

図 8-3　ラッセルの円環（circumplex）モデル
（Russell（1980）をもとに作成）

るという感情の円環モデルを提唱した（図 8-3）。さらにラッセルは，２つの軸が交差する点は感情空間の絶対原点ではなく，その時の相対的な原点であるとする順応水準理論によって感情を説明している（Russell & Lanius, 1984）。したがって，次元説によれば喜びと驚きは近い感情で，場合によっては喜びが驚きに変化することさえありえる。実際，好きな人に告白された場合などは，喜びと驚きの感情が同時に，そして入り混じって経験されるだろう。さらに，順応水準理論を用いることにより，たとえば少し悲しい感情のときに嬉しいことがあると，普段よりもやや強く嬉しく感じることを説明できる。そして何よりも，このことはわれわれが同じ刺激を見ても，人によって経験する感情が異なったり，同じ人でさえも時と場合によって感情が異なるという厄介な現象をうまく説明できるのである。

3．感情の理論

前節では感情の種類はいくつあるのか，そしてそれがいつどのように獲得されるのかという問題について触れたが，本節ではわれわれが実際に感情を経験する過程について，つまり，嬉しい，悲しい，怖いなどの感情がどのように主観的に経験されるのかについて触れる。

［1］ジェームズ＝ランゲの末梢起源説とキャノン＝バードの中枢起源説：「泣くから悲しい」のか「悲しいから泣く」のか？

感情とは何か？という問いに対し，ジェームズ（James, 1884）は通常とは異なるユニークな理論によって説明を行った。彼は，感情は刺激に対して生じる骨格筋や内臓，姿勢や表情などの身体的な変化に対する知覚が感情を生み出すのだという末梢起源説を提唱した。したがって彼によると，われわれは「悲しいから泣くのではなく，泣くから悲しい」のであり，「怖いから震えるのではなく，震えるから怖い」ということになる。この理論は同時期にデンマークで血管系の変化の知覚が感情を生み出すと提唱したランゲ（Lange, 1885）の説とともにジェームズ＝ランゲ説と呼ばれるようになった。

それに対し，キャノン（Cannon, 1927, 1931）は，一連の動物研究を行い，内臓や骨格筋から脳への入力を遮断しても感情反応が生じること，内臓の反応は感情の生起に対して遅く鈍感なこと，また，逆に内臓を直接興奮させるアドレナリンを注射しても感情が生じないことなど，いくつもの実証データをもとに徹底的にジェームズ＝ランゲ説を批判した。そして，感情は刺激の入力によって，それまで大脳皮質に抑制されていた視床（視床下部）を興奮させることによって生じるとして，「悲しいから泣く」という中枢起源説を提唱した。この説はその後この理論を発展させたバード（Bard, 1929）の理論とともにキャノン＝バード説と呼ばれるようになった。

これら2つの理論は，古典的な理論ではあるが，その後今日に至るまで感情研究の理論的ベースとなっており，感情研究にもたらした功績は非常に大きい。

［2］認知革命後の理論

1960年代に認知革命が起こると，心理学の世界でもそれまで排除されてきた目に見えない認知プロセスの研究がさかんに行われるようになり，その流れの中で，感情を認知プロセスの枠組みでとらえようとする理論が数多く誕生することとなった。

1) シャクター＝シンガーの 2 要因理論　キャノンの一連の批判によって，一時は衰退したジェームズ＝ランゲ説を修正する形で登場したのがシャクター・シンガーの 2 要因理論である（Schachter & Singer, 1962）。彼らは，実験参加者を病院の待合室に待機させる状況を設定し，そこで大変失礼で横柄な態度をとる看護師をサクラ役で登場させる実験を行った。この際，実験群として，「これはビタミン剤です」という虚偽の説明の下でアドレナリンを注射した群，また統制群 1 として，「これはアドレナリンで，注射後は心臓がどきどきしたり，興奮することがあります」という正しい説明をしてアドレナリンを注射した群，そして統制群 2 として何も注射しない群を設定した。失礼で横柄な対応を経験した後，どの程度怒りを感じているか評価をさせた結果，実験群は他の 2 群に比べ，有意に怒りを経験することが示されたのである。この結果から，シャクターらは主観的感情の経験には，「生理的覚醒」と，それをもたらした状況への「認知的解釈」の 2 つの要因が必要だとする 2 要因理論を提唱した。つまり，実験群は自身の心臓のどきどきなどの生理的覚醒を，横柄な看護師のせいだと認知的に解釈したために怒りの感情を経験したのに対し，統制群 1 はアドレナリン注射のせいだと解釈した結果，怒りの感情を経験しなかったと考えられる。このように，主観的な感情は，たとえ同じ生理的な覚醒状態（心臓がどきどきするなど）であった場合でも，その原因をどのように解釈するかによって変わるということを意味している。

この理論は，今日でもマスメディアや恋愛雑誌などで多用される，恋愛のつり橋効果として一般にも浸透している。ダットンとアロン（Dutton & Aron, 1974）は，バンクーバーにある高さ 70 メートルに架かる揺れる吊り橋と，その近くに架かる頑丈な橋の 2 か所で男性を渡らせ，橋の中央で若い女性が心理学の調査という名目で話しかける実験を実施した。その際「結果などに関心があるなら後日電話をください」と伝え，電話番号のメモを手渡した。両条件の違いは，橋の違いのみであり，インタヴューを行う女性は同一人物であった。その結果，後日吊り橋の方の男性はメモを受け取った 18 人中 9 人が電話をかけてきたのに対し，頑丈な橋の実験では 16 人中 2 人しか電話をかけてこなかった。この結果は，揺れるつり橋によってもたらされた生理的覚醒が，本来は吊り橋のせいであると解釈されて恐怖感情が経験されるところを，若い女性のせいであると誤った認知的解釈がなされ，好意の感情が経験されたことによるものとして考えられている。

このように，つり橋効果はそのインパクトの強さから恋愛におけるテクニックとして頻繁に紹介されるが，実際にはそこまでの効果が期待できるものではなく，追試の結果は不支持のものが多く，また，インタヴュアーの外見的魅力が低下するとむしろ逆効果になることさえ報告されている（White et al., 1981）。

2）アーノルドとラザラスの認知的評価理論　シャクターらと同時代の認知理論家のアーノルド（Arnold, 1960）は，ジェームズにしても，シャクターらにしても，結局のところ何が最初の生理的変化，つまり，感情反応を惹起するのかを説明していないとして批判した。彼女は感情喚起過程における知覚の役割に注目し，感情は刺激の入力の知覚に対する評価によって生じるという，感情の評価理論を提唱した。この評価理論はその後ラザラス（Lazarus, 1964）によってさらに展開され，評価の機能により複雑な判断過程を内包する認知的評価理論として発展を遂げた。

彼は，オーストラリア先住民族の10代の子どもに対する割礼儀式映像（無音）を刺激とし，主観的な感情経験，および自律神経反応を測定した。この映像自体は非常にショッキングな内容で，通常嫌悪感情を喚起するものであるが，映像提示前に儀式の嫌悪的側面は否定し，その場面は実は喜びを表すものだと解説することによって自律神経反応が軽減されることを見出した。この結果から，感情の経験には刺激に対する認知的評価が先行していることが重要であるという説を提唱した（Lazarus & Alfart, 1964）。

3）ザイアンスの感情先行説　認知先行説に対し，ザイアンス（Zajonc, 1980, 1984）は真っ向から批判を展開した。彼は，無意味つづりや他文化の象形文字のような，観察者にとって意味をもたない刺激であっても，繰り返し提示することによってその後に繰り返し提示された刺激に対する好ましさが増大するという，単純接触効果を見出している。さらに，この単純接触効果は刺激が閾下提示（見えたという意識的な感覚が生じない短い時間）された場合でも生じることを示し（Kunst-Wilson & Zajonc, 1980），感情は認知の関与がなくても生じるという，感情先行説を提唱した。

ラザラスとザイアンスの論争には決着がついていないが，結局のところこの論争は，両者が扱う認知のとらえ方の相違によるものだという見方が大勢のようである。実際，ラザラスは意識的な認知的評価を強調してはいるものの，無意識的に生じる感覚入力への処理が存在することをつねに認めており，その意味で両者の見解は一致しているともいえる。重要な点は，両者によって，刺激への意識的処理が介在せずとも感情が生じうるということと，意識的な認知的評価が感情経験を変容しうることが実証されたことにある。

4．感情の神経基盤

これまで，感情とは何か，どのように生じるのかという疑問に対する感情理論を紹介してきた。しかしながら，本章の冒頭でも述べたように，近年では感情障害の理解や人工知能の開発という目的から，感情機能を司る中枢神経基盤の解明が非常に重要視されるようになってきた。そこで本節では，感情に関する中枢神経の基盤について紹介する。

[1] パペッツ回路とマクリーン回路

第2節で述べたように，感情の中枢説を提唱したキャノンは，視床下部を破壊すると怒り反応が消失することを見出し，視床下部が感情の中枢であるという説を提唱した。また，彼は，感情のような複雑な機能は単一の部位ではなく，複数の部位によるシステムとして担われると主張した。キャノンらのモデルは，その後パペッツ（Papez, 1937）によって拡大され，視床前核，帯状回，海馬を含むループ回路が感情の中枢であるというパペッツ回路が提唱された（脳の構造を含めた詳細は第15章参照）。パペッツの回路は，その後マクリーン（MacLean, 1949, 1952）によって新たに扁桃体が追加され，辺縁系として再編成された。パペッツは特に帯状回と海馬の重要性を強調しており，今日ではこのモデルは感情というよりも，むしろ記憶に関わるモデルとして考えられてい

トピック 13：記憶の気分一致効果と気分状態依存効果

第４節で紹介したとおり，パペッツの感情回路は，現在では記憶の回路として考えられているが，実際楽しい記憶，嫌な記憶という表現が自然になされるように，記憶現象と感情は密接に結びついている。たとえば，バウワーら（Bower et al., 1981）は，実験参加者を楽しい気分か悲しい気分のいずれかに誘導した後，２人の人物が登場する物語を読ませた。このうち片方の人物には楽しい出来事ばかりが起こり，もう一方の人物には悲しい出来事ばかりが起こる内容であった。翌日，実験参加者に物語を想起させた結果，楽しい気分で物語を読んだ群は，楽しい出来事を多く想起したのに対し，悲しい気分で読んだ群は逆に悲しい出来事を多く想起した。さらに，記銘時だけでなく，想起時に気分を誘導した状態で自分の思い出を想起させると，想起時の気分に合った内容の思い出が多く想起されることが報告されている（Ehrlichman & Halpern, 1988）。このように，記憶の記銘時，および想起時の感情に一致する感情を含む出来事の記憶が想起されやすくなる現象を気分一致効果という。

また，気分一致効果と似た現象として，気分状態依存効果がある。アイクら（Eich et al., 1994）は，実験参加者を楽しい気分か悲しい気分に誘導した状態で単語を提示し，その単語から想起される出来事を記述するよう求めた。数日後，実験時と同じか，異なる気分に誘導し，実験時に記述した出来事を再生させた。その結果，実験時と同じ感情に誘導されていた場合に再生成績が良くなることが示された。気分一致効果と異なる点は，出来事の感情的内容は関係なく，単に記銘時と想起時の感情状態が一致してさえいればよいという点にある。

これらの現象は，連想ネットワークモデル（Bower, 1981）によって説明されている。このモデルでは，記憶された個々の内容は，ネットワークを形成して貯蔵されており，そのネットワークには感情も一緒に含まれているため，特定の感情が喚起されると，その感情ネットワークに組み込まれた記憶が活性化して想起されやすくなると考えられている。

るが，感情機能を単一の部位に求めるのではなく，１つのニューラルネットワークシステムで理解しようとした点は，その後の感情研究に多大な影響を及ぼした。

［2］クリューバー＝ビューシー症候群と扁桃体

クリューバーとビューシー（Klüver & Bucy, 1937）は，扁桃体を含む側頭葉内側部を除去したアカゲザルにおいて，怒りや恐れが劇的に消失し，通常であれば恐怖を示すヘビに対してさえもそれを口に持っていって確認しようとする異常な行動がみられることを見出した。この現象はクリューバー＝ビューシー症候群と呼ばれ，当初は側頭葉が関係すると考えられたが，その後の研究で扁桃体が重要な役割を担うことが示されるようになった。

感情における扁桃体の重要性を明確に示したものとして，ルドゥーの一連の恐怖条件づけ研究が挙げられる（LeDoux et al., 1984, 1986, 1988）。ルドゥーらは，ラットを用いた一連の聴覚性恐怖条件づけ（音刺激に対する恐怖反応を学習させる条件づけ）において，聴覚皮質を破壊しても条件づけが成立するが，扁桃体を破壊すると条件づけの成立が妨げられることを発見した。また，サルやラットを用いた研究だけでなく，ヒトを対象とした研究においても扁桃体の重要性が示されている。たとえば，ヒトの臨床例に稀にみられる病気として，両側扁桃体がカルシウムの沈着によって石灰化して損傷される病（Urbach-Wiethe 病）の患者では，特に恐怖表情，怒り表情などの理解が困難であり，不快感情情報の解釈に障害がもたらされることが報告されている（Adolphs et al., 1994）。

また，近年の fMRI や PET を用いた脳イメージング技術研究がさかんになり，健常者を対象とした数多くの研究によっても感情の処理には扁桃体が関与することが明らかになっており，さらに不快感情だけではなく，喜びなどの快感情についても扁桃体の活動が報告されている（森岡ら，2010 など）。

[3] フィニアス・ゲイジの症例と前頭前野

クリューバー＝ビューシー症候群がその後の扁桃体への注目を高めたのに対し，感情の中枢をめぐる歴史の中で，もう1つの重要な症例がある。フィニアス・ゲイジの症例である（O'Driscoll & Leach, 1998）。1848 年，ゲイジが鉄道建設現場での爆破準備のため穴に爆薬を仕掛けている時に，事故によって鉄棒が彼の左目の下から突き刺さり，左前頭葉を貫通して頭部を突き抜けた。鉄棒は左前頭葉の大部分を破壊し，直径 9 cm もの穴が空いていた。命に別状はなく，退院後も知能や言語機能等には問題が見られなかったものの，彼の性格は事故前とは著しく異なってしまった。事故前の彼にはありえなかったこととして，落ち着きがなく，粗野で乱暴で，わがままに振る舞うようになり，感情を制御できないようになってしまったのである。

この症例により，感情における大脳皮質の重要性が認識され，研究がすすめられ，感情には扁桃体と前頭前野が重要な役割を担うことが明らかになりつつある。

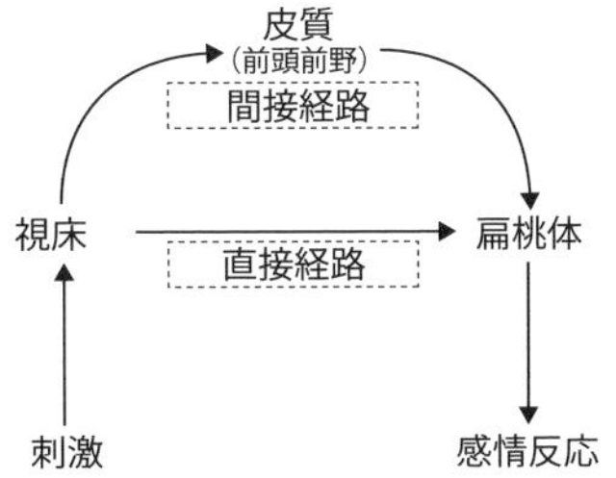

図 8-4 ルドゥーの二重経路モデル
（LeDoux（1996）をもとに作成）

[4] ルドゥーの二重経路モデル

扁桃体を中心とした皮質下領域と，前頭前野皮質において感情プロセスが担われるというこれらの知見は，感情という高次な機能が単一の系ではなく，複数の系によって担われていることを示唆する。これらの知見は独立に集積されてきたものであり，2つの異なる系がどのように連携して感情喚起を支えているのかは明らかになっていないものの，ルドゥーはこの問題に関して興味深い説を提唱している。彼は，刺激入力からの感情処理には2つの経路があると考えた。すなわち，外界からの刺激に関する情報は視床に集まるが，視床から直接扁桃体に行く低位処理の直接経路と視床から皮質を経由して扁桃体へ行く高位処理の間接経路があるという，二重経路説を提唱した（LeDoux, 1987, 1996）（図 8-4）。

彼によれば，このような2つの経路は，進化の過程で重要な役割を担ってきたために存在しているという。視床から扁桃体への直接投射経路は，刺激の細かな弁別はできないが，情報処理に要する時間が短いという特徴をもつ。視床からの直接投射経路は何の音であるかを扁桃体に伝えることはできないが，何か危険な音がしているという情報を迅速に扁桃体へ伝えることによって，扁桃体からの出力を促し，身体反応を惹起することで生存確率を高めてきたというのである。そして皮質からの細かな情報処理がなされた情報が入力された結果，それが危険なものであればさらに扁桃体の興奮が持続されて感情反応が生じるが，危険なものでなければ扁桃体の活動は沈静化し，感情反応も消失するという説を提唱している。この二重経路説は，感情における扁桃体と大脳皮質とのそれぞれの知見を統合するだけでなく，第3節で論じたように，シャクター＝シンガーの2要因理論に神経科学的証拠を提供し，ジェームズ＝ランゲ説とキ

トピック 14：笑う門には福来る？：顔面フィードバック仮説

「笑う門には福来る」ということわざを，一度は耳にしたことがあるだろう。これは，笑顔でいると幸せになれるということを意味することわざであり，古くから人々は笑っていると実際に楽しい気分になるということを経験的に知っていたことを表すものといえる。このことを心理学の理論として提唱したのがトムキンス（Tomkins, 1962）である。彼はジェームズ=ランゲ説やエクマンらの研究の影響を受け，実際には楽しくなくても，笑いの表情を意図的に表出する（笑顔をつくる）ことによって実際に楽しいという主観的感情が惹起されたり，怒りの表情を表出することによって怒りの感情が惹起されるという顔面フィードバック仮説（Facial feedback hypothesis）を提唱した。この理論は一度は衰退したジェームズ=ランゲ説に再び注目させるものとなっただけでなく，一般にも理解しやすく，また魅力的な理論であったため，広く浸透し，マスメディアなどにもたびたび取り上げられる人気の高い理論となっている。

顔面フィードバック仮説を実証した研究の代表的なものとして，ストラックら（Strack et al., 1988）の研究がある。彼らは，実験参加者にペンを口でくわえさせ，漫画を読ませてその面白さを評価する実験を行った。このとき，ペンを歯でくわえさせる条件と，ペンを唇でくわえさせる条件を設定して比較を行った。ペンを歯でくわえると，口が「イ」の形になり，自然と笑った表情に似た状態になる。一方で，ペンを唇でくわえると，口が「ウ」の形になり，どちらかといえば不快な表情に似た状態になる。このように実験参加者には表情を意図的に表出しているということに気づかせないようにしたうえで実験を実施したのである。その結果，歯でくわえた場合に，唇でくわえた場合よりも漫画に対する面白さの評定が高くなるということが示されたのである。この結果は，表情筋という筋肉を動かすことによって，その動きの情報が脳に伝達され，結果としてその動きと一致する感情が惹起されると説明された。この仮説はその後も追試が繰り返されているが，ストラックらの結果と不一致のものも数多く報告されており，確立されたものとは言い難いが，感情の末梢起源説に再び脚光を与えた功績は大きい。

ャノン＝バード説の論争や，ザイアンスとラザラスの認知論争に対する 1 つの解を示すものとして，非常に示唆に富んでいるものと思われる。

参考図書

大平　英樹（2010）．感情心理学・入門　有斐閣
鈴木　直人（2007）．感情心理学　朝倉書店

第9章 社会心理学

松田幸弘

本章のキーワード
社会的認知，スキーマ，ステレオタイプ，帰属，ヒューリスティック，自己概念，対人魅力，自己知覚，自己呈示，身体化認知，援助と攻撃，社会的影響，説得，集団規範，集団凝集性，プライミング効果，サブリミナル，活性化拡散

前章までは知覚，認知，感情，記憶などの心理的機能について説明してきたが，本章では他者が存在する社会的環境が人間の心理的機能に及ぼす影響について紹介する。社会心理学は人間の社会性を研究対象として，対人関係，集団，組織などにおける人間の心理と行動を解明する学問である。本章では自己と社会的認知，対人関係と対人行動，説得と態度変容，集団・組織について説明するとともに最近の研究も紹介したい。

1．自己と社会的認知

［1］社会的認知

私たちは日常生活で，周囲の環境や状況から得られる多様な情報を用いて他者や出来事，自分自身についてさまざまな推論や判断を行っている。これらのプロセスを社会的認知と呼ぶ。

1）対人認知と印象形成のメカニズム　人の性格や能力など，個人的な特徴を推測する過程を社会心理学では対人認知と呼ぶ。初めて会う人に対する第一印象がどのように形成されるか（印象形成）については，決め手となる重要な性格特性（中心特性）と周辺的で重要でない性格特性（周辺特性）があることが確認されている。たとえば，ある人物の特性として「あたたかい」，「冷た

い」のような中心的な機能を果たす特性が前者であり，これらによって他の特性が体制化されて全体的な印象が決定される。他方で，「礼儀正しい」や「無愛想な」などの特性は後者であり，全体の印象に影響しないという。

2）帰属　ある出来事に出会った時，「なぜこんなことが起こったのだろう」と考えることがある。このように種々の出来事や人の行動の原因を特定しようとする心の働きを原因帰属と呼ぶ（第５章第４節参照）。帰属は他者の行動の原因を推論することで，性格特性など内的要因か，状況や役割など外的要因のどちらに帰属するかの問題が重要である。内的要因への帰属は他者の固有の属性を知ること，つまり対人認知を導くためである。近年，他者の行動の帰属には自尊感情や情報の処理による種々の歪みが生じることが見出されている。たとえば，①強制的な圧力によって，特定の態度を表明するように求められた場合でも，人はそれを真の態度であると見なしやすく（根本的な帰属の過誤），②自分が成功した場合はその原因を自分に帰属し，失敗した場合には外部に求めやすいこと（自己擁護的帰属）などがそれである。

3）社会的判断・推論（スキーマとステレオタイプ）　私たちはさまざまな対象を認知する時，過去の経験を構造化した認知的枠組みに基いて解釈しようとする。このような知識の枠組みをスキーマという（安藤，1995）。スキーマには人物，自己，事象，役割など多様なものがあり，たとえば，人物スキーマは「あたたかみのある人」「短気な人」のように，他者の性格や目標に関する知識である。こうしたスキーマによって，相手に関する情報を効率的に処理したり，複雑な世界を単純化して理解できることになる。また事象スキーマは社会的状況における定型的行動の連鎖に関する知識であり，スクリプトとも呼ばれる。「こうするとこうなる」「これの次にはこれが起こる」と理解していることである。これによってどのような行動を取ればよいのか，その行動がどのような意味をもつのかなどを理解できるのである。

また役割スキーマは政治家・教師・警察官など職業に関するスキーマや，母親，友人といった社会的役割に関する知識である。役割スキーマのように，性別や職業などのカテゴリー集団に関する定型的なイメージは「ステレオタイ

トピック 15：身体化認知

近年，知覚や認知は，自らの身体と環境との相互作用で形づくられているという「身体化認知（第 3 章第 2 節参照）」は社会心理学の分野でも多くの研究が報告されている。外界からの入力刺激は身体を変化させることで，重さや明るさなどの多様な感覚を生じさせるが，この身体感覚が対人的判断や態度，行動にまで影響することが実験で見出されている（大江，2015）。

たとえば，就職志願者のクリップボードに挟まれた履歴書を見せて評定させたところ，重いボードを見せられた群は軽いボードを見せられた群よりも，志願者は能力が高く応募動機が真剣だと評価した（Ackerman, 2010）。この結果は「重宝」や「重鎮」などの言葉が示すように，重さは重要さや価値と結び付けられており，身体で感じる物理的重さが志願者に対する価値判断に影響したことを意味している（遠藤，2018）。また身体感覚には表情や姿勢など自らの動作も含まれる。「首を縦に振る」または「首を横に振る」という動作が文字どおり対象への賛成と反対の態度に影響すること（Wells & Petty, 1980）や，身体を伸ばした姿勢（開いた姿勢）は縮めた姿勢（閉じた姿勢）より力強さや大胆さに関連することなどが確認されている（Carney, 2010）。これらの結果は後述する周辺ルートによる説得（本章第 3 節[2]2)）のように対象について考える動機や能力が低い場合，人が身体感覚に基づいて自身の態度を直接，推論することを示しており，身体感覚が先行刺激（プライム）となり，後続の刺激（ターゲット）である人の判断や態度に影響すること（これをプライミング効果という）を意味している。

プ」とも呼ばれる。私たちはステレオタイプに適合する事象に注目し，それに従った印象を形成することで，対人認知はしばしば歪められることが多い。

4) ヒューリスティック　私たちは日常生活でさまざまな判断や思考を行う。しかしそのために膨大な情報が必要となり，すべてを考慮するのは困難なことが多い。そこで認知的節約家（何事にもコストを少なくし，効率的にすること）として，人間は簡便で直感的な判断方略を用いる。これをヒューリスティックと呼ぶ。ヒューリスティックは少ない努力でうまく解決できることも多いが，種々の認知的な偏りや誤りが生じることもある。利用可能性ヒューリスティックは，ある事象の頻度や確率を思い出しやすさ（利用可能性の高さ）によって判断する方略である。たとえば，歯科医院，コンビニ，美容院のうち日本で一番多いのはどれかと聞かれて，一番よく行くコンビニと答える場合がそれである（正解は美容院，歯科医院，コンビニの順である; Kusano, 2016)。

［2］社会的自己

1）自己知識・自己概念　「自分とはこういう人間である」などのように，人が自分自身に関して抱いているさまざまなとらえ方を自己概念という。また私たちは自分の性格特性や嗜好・態度，経験した出来事などについて膨大な情報を持っているが，これを自己知識と呼ぶ。自己理解にとって重要な次元に関して高度に組織化され，認知の枠組みとして機能する自己知識はセルフ・スキーマと呼ばれる。セルフ・スキーマは自己や他者に関連する情報の処理を効率化し，すばやい判断と行動を可能にさせる機能をもつ。

2）自己知覚　それでは人はどのようにして自分のことを知るのだろうか。ベム（Bem, 1972）はこの問題について自己知覚理論を提唱し，人は他者の行動や状況からその人を知るように，自分を知るためには，自分自身の内的な手がかり（感情や態度）より，外的な手がかり（行動）や状況の手がかりを用いて自分の内的な状態（感情や態度）を推測するという。つまり私たちが他者を理解するのと同じ方法で，自分自身について外部から理解するのである。

3）自己評価・自尊心の維持・高揚　私たちは自分自身のさまざまな側面を評価する。つまり，ある領域について，自分がどのぐらい優れているのか，劣っているのかを判断するのである。自分が賢いのか，愚かなのかといった自分自身に対する評価を自己評価という。自己評価に影響する要因としては，自らの能力や特性をできるだけ正確に把握しようとする自己査定動機や，自分自身を肯定的にとらえようとする自己高揚動機がある。

4）自己呈示　自分にとって望ましい印象を相手に与えるために，意図的に振る舞うことを自己呈示という。自己呈示は印象管理の一つであり，相手に与える印象をコントロールしようとする試みである。たとえば，就職活動の面接で，人は実際よりも自分をよく見せようとするであろう。安藤（1995）は自己呈示の機能として，「報酬の獲得と損失の回避」「自尊心の高揚・維持」「ア

表 9-1　自己呈示の機能（安藤，1994）

機　能		目的		例
報酬の獲得と損失の回避	⇒	物質的・心理的報酬（金銭，地位，援助など）の獲得	⇒	就職活動でリクルートスーツの着用，プレゼント
自尊心の高揚・維持	⇒	他者から好意的な評価の獲得による自尊心の高揚（維持）	⇒	夫の同僚の訪問をもてなしてほめられる妻
アイデンティティの確立	⇒	自己概念と合致した行動によるアイデンティティの確立	⇒	好ましいイメージ作りによる自己像の確立

イデンティティの確立」を指摘しているが，私たちはこれらが発揮されることを目指して，日々，自分を好ましく見せようとしているのである。

2．対人関係と対人行動

[1] 対人魅力と親密な対人関係

1）対人魅力の規定因　人が他者を好きになったり嫌いになったりすることを対人魅力という。対人魅力を規定する条件として身体的魅力（外見），接触頻度，類似性などが指摘されている。特に，関係の初期には身体的魅力の高い他者が好まれることが確認されている。外見が好ましいと性格も良いというステレオタイプがあるためである（Dion, 1972）。また私たちはよく知っている人に好意を感じる傾向があるが，このように刺激に対する接触頻度が多いほど魅力が高まることを単純接触効果という。見慣れた他者の行動はある程度予測可能になるため，親しみを感じて好意が高まるためであるとされる。同様に，出身地や趣味が一致していると，互いに相手に好意を感じやすくなる類似性の効果もある。態度が類似している他者とは意見が一致しやすく，自分の考えの妥当性を確認できるという報酬が得られるからである。

2）対人関係の形成　対人関係はどのようにして形成・展開されるのであろうか。レヴィンジャーとスヌーク（Levinger & Snoek, 1972）は無関係な2人が相手に気づき，出会って表面的な接触をしてから，相互に深く関わっていく過程を4つの水準に分けて説明している。またテイラーとアルトマン（Taylor & Altman, 1987）は，関係の初期には二者間で限られた領域の表面的な相互作用にとどまるが，関係が進展するにつれ，領域が拡大し，内容も内面的で深いものになっていくという社会的浸透理論を提唱している。これらは段階を経て，時間をかけて親密化が進展するという理論であるが，関係の親密化は出会いのごく初期に決定される（急速に親しくなる）とする初期分化説もあり（Berg & Clark, 1986），それぞれの親密化の過程がありうるといえる。

［2］対人行動

1）援助行動　援助行動とは文字どおり他者に援助を与えることであり，苦境や困難に直面している他者の状態を改善させるための行動である。多くの目撃者がいたにもかかわらず，誰も助けようとしなかったキティ・ジェノベーゼ事件を契機に援助行動の研究が発展していった。援助行動が抑制される要因として，居合わせる人の数が多くなるほど，かえって各人が感じる責任感が分散されることで結果的に誰も助けなくなる「責任の分散」説が指摘されている（Latané, 1968）。

人がなぜ他者を援助しようとするのかについては，他者への共感や利他性が援助行動を促進するという「共感-利他性仮説」と，援助要請には無条件に応じるべきだという社会的責任，自分が援助された相手に返礼すべきであるという返報性といった「社会規範」による説明がなされている。

2）攻撃行動　援助行動の対極にあるのが攻撃行動である。攻撃行動とは「他人を傷つけようとする意図的行動」と定義される（大渕，1993）。それではなぜ人は他者を攻撃するのだろうか。攻撃行動の源泉については３つの考え方がある。「内的衝動説」は攻撃のための心的エネルギーが個体の中に生得的に備わっていると考えるものであり，「情動発散説」は攻撃が欲求不満によって起こる，不快な感情の発散であると主張する。また「社会的機能説」はある目的を達成する手段として攻撃行動が用いられるというものである。たとえば，個人間や集団間で葛藤や不公平な状態が生じた場合には，攻撃によって不公平を解消しようとしたり，相手をコントロールしようとしたりすることが該当する。

3．説得と態度変容

[1] 社会的影響

私たちの態度や行動は他者の存在やその働きかけによって大きな影響を受ける。こうした影響過程を社会的影響と呼ぶ。

1）社会的促進　ただ単に他者がそばにいるだけで，仕事がはかどることを社会的促進という。逆に，仕事が進まなくなる場合，社会的抑制という。社会的促進や抑制がなぜ起こるのかについて。ザイアンス（Zajonc, 1965）は他者の存在が自動的に動機づけ（動因）を高め，その状況における優勢な（出現しやすい）反応を促す働きをするためであると指摘する。つまり単純な作業やよく学習された課題では正反応が優勢なため，課題の達成に貢献する促進が起こり，複雑な作業や習熟していない課題では誤反応が優勢になるので成績を阻害する抑制が起こることになる。つまり他者の存在が社会的促進か社会的抑制のどちらが起こるのかを決定するのは，個人の習熟度であることを意味している。

2）社会的手抜き　上で述べたように，単純な課題を複数の人々で行うと社会的促進が起こって，集団の作業成績が向上すると考えられる。しかし運動会の綱引きや集団で掃除をする場合のように，他者と一緒に課題を遂行する時，1人の場合と比べてメンバー1人あたりの作業量が低下してしまう現象もある。これを社会的手抜きという。たとえば，ある実験では集団の人数が大きくなるほど集団全体の遂行量は上昇したが，1人あたりの努力量は約3割減少することが確認されている。

社会的手抜きは，個々人の貢献度が明確に確認・評価されにくいことや，個人が集団の成果を上げるために自分の努力は必要でないと思い込むことによって起こると考えられている。

3）同調　家族や集団，組織などでは集団のメンバーが考え方や行動，服装などで類似した行動パターンを示すことが多い。誰でも集団の一員になると，他の成員からのさまざまな圧力による影響を受けるが，これを集団の斉一性への圧力という。このように自分の行動や意見を集団の基準と同じ方向に変化させることを「同調」という。ドイッチュとジェラード（Deutsch & Gerard, 1955）は同調には2つの要素があり，第1は規範的影響であり，他のメンバーからの支持を得たい，受け入れられたいという動機から同調する場合である。第2に，情報的影響は正しい判断をしたいという動機から他のメンバーの意見や判断を参考にして，多数派と同じ方向に自分の判断や行動を変化させる場合である。

[2] 態度変容と説得

1）態度の構造と機能　態度という言葉は，たとえば「親切な態度」「態度が悪い」などの表現で動作や振る舞いを指すことが多いが，心理学ではさまざまな対象（他者，問題など）に対して人々が抱く肯定的か否定的な評価（仮説的構成概念）として用いられる。

態度は認知，感情，行動という3つの要素からなる。認知要素は対象に対する知識や信念，感情要素は好き-嫌いといった感情，行動要素は対象に対する接近傾向や回避傾向である。たとえば，テニスに対する態度では，テニスは健康に良いというのが認知要素であり，テニスを好むのが感情要素，機会を見つけてテニスをするというのが行動要素となる。これらの3つの要素のうち1つを変化させると他の要素もそれに伴って変化するため，相互に整合性が保たれる働きがある。カッツ（Katz, 1960）は態度には知識，効用性，自己防衛，価値表出の機能があるという。知識は態度対象を既存の評価次元に沿って組織化することで複雑な世界を単純化し，理解しやすくする。効用性は態度対象からの報酬を最大化し，罰を最小化する機能である。自己防衛は自尊心を保護することであり，価値表出は自己概念や中心的な価値を保護することである。

2）説得による態度変化　人の態度や行動を変化させようとする試みを「説得」という。説得は送り手が受け手の態度や行動を自分の望む方向に変えようとする行動である。説得の効果はいくつかの条件によって影響される。たとえば，送り手の信憑性とは送り手がメッセージの内容に関して専門的な知識を持っている（専門性）か，それを偏りなく伝えようとする意図を持っている（信頼性）と受け手が認知する場合，信憑性が高くなり，受け手に受容されやすく，態度変化を強く促す傾向がある。また受け手にある種の不安や恐怖感を喚起させる説得は，恐怖アピールと呼ばれ，ある程度，恐怖感が強い方が説得の効果があるとされる。一般に，説得内容を注意深く検討せずに，議論の本質とは関わりない手がかりに基づいて安易な判断が下される場合がある。「専門家の言うことだから正しいだろう」といった判断がそれである。内容を熟慮したうえで生じる態度変化は中心ルートによる説得と呼び，持続的で変化しにくいが，このように安易な判断に基づいて生じる態度変化は周辺ルートによる説得と呼ばれ，一時的で変化しやすい特徴がある（精緻化見込みモデル）。

3）説得への抵抗　人を説得した結果，その人の態度や行動が変化する場合もあるが，説得を受け入れず，抵抗したり，反対の方向に態度が変化する場合もある。「遊んでばかりいないで勉強しなさい」と言われると，むしろやる気がなくなって口答えをしてしまった経験は誰でも思い当たるであろう。一般に，説得とは正反対の方向へ態度が変化する現象をブーメラン効果と呼ぶ。ブレーム（Brehm, 1966）は，人は自分の態度や行動の自由を制約されると，その失われた自由を回復しようと動機づけられるとし，この心理状態を心理的リアクタンス（心理的反発）と呼んだ。他者からの禁止や強制，高圧的な説得は，受け手が説得に反対する自由を奪うためにリアクタンスが喚起され，自由の回復を目指して説得とはまったく逆の態度をとる（ブーメラン効果）ようになるのである。

4．集団・組織

［1］集　団

1）集団とは何か　たとえば，駅のホームで電車を待ってる人々の群れや，エレベーターで乗り合わせた人々のように，不特定多数の人々が接近して同時に存在している場合は「集合」と呼び，集団と区別される。私たちは日常生活の中でさまざまな集団に所属しており，それが私たちの行動に多様な影響を及ぼす。「集団」は何らかの共通の目的を持ち，相互に依存し影響を及ぼし合う個人の集まりである。また集団は序列に基づいた相対的位置である「地位」と，この地位に期待される組織的な行動様式である「役割」が分化していることを特徴としている。

集団がさまざまな活動を行い，成員間の相互作用が進展するにつれ，各々の成員が自らの地位にふさわしい役割行動を発揮することで，集団の目標が達成され，集団への所属欲求が満たされ，仲間意識が高まるようになるのである。

2）集団規範　同じ集団に所属している人たちは服装や言葉遣い，考え方などに共通した傾向がみられる。これは集団内に成員がとるべき行動の準拠枠

トピック 16：意識過程と非意識過程：適応過程を支える非意識の働き

テレビ番組の『刑事コロンボ』に「意識の下の映像」という推理ドラマがある。被害者が視聴しているビデオ映像には，犯人（心理学の専門家）が忍ばせたサブリミナル（知覚できない水準の刺激）刺激が入っており，それに誘導されて犯行現場に赴くと待ち構えていた犯人の凶弾に倒れるというストーリーである。

サブリミナル（閾下）とは数ミリ秒から数十ミリ秒という短時間の刺激を提示されると私たちはそれを知覚できない現象のことである。しかし意識の上にはのぼらないこれらの刺激がプライミング効果（トピック 15 参照）を引き起こすことが確認されており，犯人はこれを犯行に巧みに利用したことになる。私たちが何かを行うメカニズムは，ごく当然のことのようにわかっている気がしてしまうが，実は謎だらけの領域である。たとえば，電車に乗っていて他のことに気を取られてうっかり乗り過ごすことがある。このような行動が生じるメカニズムとして，最近，意識外で生じているプロセスが注目され，これを非意識過程と呼び，多くの研究がなされている（北村・大坪，2012）。一般に，私たちの情報処理は意識的に統制された過程（統制過程）と意識して統制できない非意識過程（自動過程）から成り立っており，意識できる意識領域以外は非意識で進行しており，生活の中でかなり大きな役割を占めている（亀田・村田，2010）。非意識過程は意識されずに働くため気づきにくいが，人の適応を支える重要な仕組みであることが見出されている。たとえば，自転車に長期間乗っている人は，その運転の手順は自動化されており，いちいち意識せずとも運転できることがそれである。非意識の自動過程は無意識，無意図，統制困難，努力不要のいずれかの特徴を持つ

となる「集団規範」が形成されているためであり，規範は集団秩序を維持するために成員を同調させる圧力となる。また規範は一般に，成員間で共有された暗黙のルールとしてさまざまなレベルや形態で存在する。規範は集団目標の達成のための行動を受容し，阻害する行動を拒否する役割や集団の忠誠心を維持し，成員同士の協力を促進させるように機能する。

［2］組織と集団のダイナミックス

1）集団凝集性　集団にはまとまりが悪いものもあれば，メンバーが一体感を持つ結束力の強い集団もある。これは集団凝集性の違いで説明できる。集団凝集性とは，個々の成員が集団に対して持つ魅力度の総体やまとまりの良さを示すものであり，集団の目標や活動，人間関係に魅力を感じるほど，外部か

が，これらは知識構造内の概念の活性化に依存しているためである。知識構造は記憶内のさまざまな概念とネットワーク状態（図 9-1 参照）で互いに結びついており，私たちが何かを考えるたびに，それと対応した概念が繰り返し活性化されると，概念間の連合が強化され，あるセットの知識構造が形成される。知識構造が形成されると，ある概念が活性化されるだけで，連合したすべての概念が自動的に活性化され，伝播・拡散されるようになり（活性化拡散），非意識の自動過程が形成されると考えられている（北村・内田，2016）。

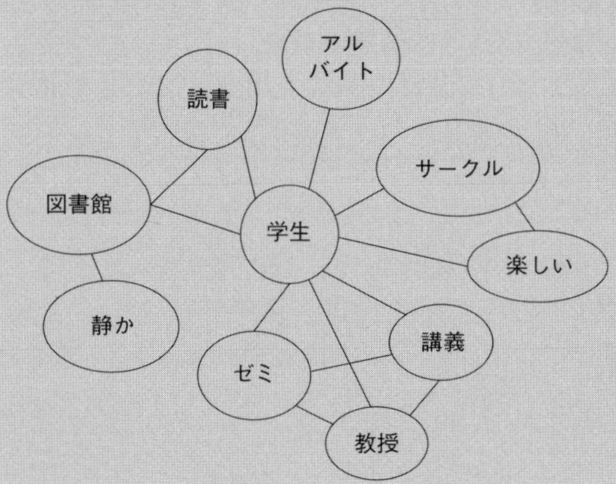

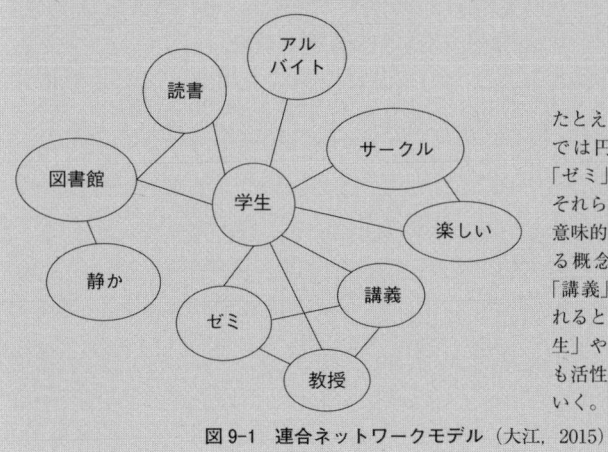

たとえば，図のネットワークでは円で示された「学生」「ゼミ」などが概念であり，それらの間の直線は概念間の意味的なつながりを示す。ある概念が活性化（たとえば「講義」を思い浮かべる）されると，それと関連した「学生」や「ゼミ」などの概念にも活性化が伝播・拡散されていく。

図 9-1　連合ネットワークモデル（大江，2015）

らの脅威や集団間の対立が激しいほど，集団のサイズが小さいほど強くなる傾向がある（大坊，1995）。

2）内集団と外集団　人は一般に，自分が所属していると見なしている集団（内集団）を高く評価し，好意的であるが，自分が所属していない集団（外集団）を低く評価し，冷淡に扱う傾向があり，これを内集団ひいきと呼ぶ。実際，内集団ひいきは職場や学級などの小集団から国家や民族などの大規模な集団までいたるところで見られる。

内集団ひいきは「集団ではお互いが助け合うものだ」という一般互酬関係を認知することによって起こり，外集団に対する差別は内集団の成員に利益を与えようとする行動の副産物として起こることが確認されている（横田，2007）。

3）リーダーシップ　集団の特定の成員が集団や他の成員に対して積極的な影響を与える場合，これをリーダーシップと呼び，その特定の成員をリーダーという。リーダーシップに関する研究では，初期には能力・素質・責任感などがリーダーとして要求される能力であるとされたが，その後，成功するリーダーの性格や特性を特定することが難しいため，優れたリーダーはどんな行動を取っているかに関心が移っていった。三隅（1984）はリーダーシップには集団の目標達成機能（performance）と集団維持機能（maintenance）という２つの機能があり，それぞれの機能を果たす行動をＰ行動とＭ行動と名付けた。前者は目標達成のための計画を立てたりメンバーに指示を与える行動であり，後者はメンバーの立場を理解し集団に有効な雰囲気を生み出すことを指す。

参考図書

松田 幸弘（編）（2018）．人間関係の社会心理学　晃洋書房
外山 みどり（編）（2015）．社会心理学——過去から未来へ——　北大路書房
池上 知子・遠藤 由実（著）（2009）．グラフィック社会心理学（第２版）　サイエンス社
北村 英哉・内田 由紀子（編）（2016）．社会心理学概論　ナカニシヤ出版

第10章
法律の心理学

山崎優子

本章のキーワード
犯罪捜査，目撃証言，面接法，供述分析，事実認定，量刑判断，判断バイアス，法教育

司法における問題に対して，心理学からのさまざまなアプローチがみられる。公正・公平な司法判断を下すためにはどうすればよいのか―この問題は法心理学（法と心理学，裁判心理学ともいう）で扱われてきた主要な課題である。適切で有効な捜査を行うためにはどうすればよいのか―この問題は捜査心理学で扱われてきた主要な課題である。本章では，主要な法心理学，捜査心理学の研究について取り上げる。

1．司法に心理学が適用されるに至った経緯

［1］法律の起源

小石川（2000）によると，法律は社会の規範であり，行為に関しての指示（何をすべきか，すべきでないか）を定めるものである。そして，法の理念は“正義”であり，“社会秩序”を理想とするものである。子どもを扶養し，義務教育を受けさせること，選挙で投票することは「すべき」行為である。一方，他人を傷つけ，他人のものを盗むことは「すべきでない」行為である。法によって人の行為は制限され，その結果，国や社会が理想とする正義，社会秩序の実現が可能になると考えられている。しかし，長い歴史の中で法の理念である正義や理想とする社会秩序に対する人々の認識は変化し，法律もまた変化してきた。小林（2005）によると，現時点で確認されている世界最古の法律は，紀元前2100年頃，粘土板に書かれたシュメル人のウルナンム法典であるとされる。ウルナンム法典には，殺人や強盗は死刑，窃盗，傷害などは銀の重さによ

って贖うことが記されている。4,000 年が経過した現在，死刑制度の是非が問われ，犯罪者に対する矯正教育が行われるなど，「すべきでない」行為をした者に対する処遇のあり方は，世界中で議論されている。正義や理想とする社会秩序を人はどのように認識するのか，そして「すべき」行為や「すべきでない」行為をどのように規定すべきか―この問題のとらえ方は，国や地域を問わず最重要課題であり，その解決方法は多様である。正義や理想とする社会秩序をどうとらえ，どう実現していくかという課題に深く関わっているという点において，心理学は法と接点がある。

[2] 法心理学の起源

カーゴン（Kargon, 1986）によると，科学革命が発生した 17 世紀からすでに科学者の司法に対する言及がみられ，産業革命が興った 19 世紀には，実験科学者の専門家証言が重視されることとなった。そして，法心理学はダーウィンの進化論の影響などを背景に，19 世紀末にヨーロッパで成立した（サトウ・高砂，2003）。初期の法心理学者である J. M. キャッテルは，１週間前の天気，１週間前の授業で最初の２分間に話された内容，毎授業で通る建物の玄関ホールの配置と玄関ホールを通った回数などについて学生に回答させ，回答への確信の強さ，個人差（性別，専攻，出身地など）との関係を検証している。彼は観察の正確性や記憶の正確性を測ることの有効性は，公判廷においても応用できると考えた（Cattell, 1895）。一方，日本最古の法心理学の研究として，目撃証言の実験を行ったのは，寺田精一である（若林・サトウ，2012）。寺田（1915）は，「供述の価値」に関する７つの記憶実験を行っている。法科大学の学生 22 人に対して，１枚の画を記憶させ，その 49 日後の記憶の正確さを確かめた結果，画の中心的事象の方が，周辺的事象よりも記憶が正確であった。このように，初期の法心理学研究は，目撃者の供述が必ずしも正確とはいえないことをさまざまな実験によって明らかにしている。

2. 犯罪捜査にかかわる心理学

犯罪捜査にかかわる心理学の研究領域は多岐にわたる。ここでは，プロファイリング，ポリグラフ検査，取調手法について取り上げる。

［1］プロファイリング

警察は，事件発生後に残された手がかりから，犯人を追跡する。この時，犯人像を絞り込むために使用されるのがプロファイリングである。犯行現場の状況などから犯人の特性を行動科学的に推測する捜査手法であるプロファイリングには，さまざまなものがある。ブルら（Bull et al., 2009）は，プロファイリングは大きく2つのタイプ—地理的プロファイリングと個人的特徴プロファイリング—に分類されるとして，それぞれの特徴を次のように挙げている。

1）地理的プロファイリング　主に次の①～③の理論に基づいて，犯行現場を起点とする犯人の居住区を予測する。

①距離減衰理論によると，犯人は少ない移動距離で犯行に及ぼうとする。また，②合理的選択理論によると，犯人は犯行の労力や欲望などの損得勘定をもとに犯行現場を決定する。そして，③日常活動理論とパターン理論によると，犯人は慣れ親しんだ地域で犯行を行う。

これらの理論は，犯罪者タイプの類型学へと発展し，2つの犯罪者タイプ—略奪者（あるいはハンター）タイプと通勤者（あるいは侵入者）タイプ—を検出するに至った。略奪者タイプは，毎回異なる方向に移動する可能性があり，犯人の行動域と犯罪区域が重なる。一方，通勤者タイプは，自宅付近では得られない特定のターゲットを探し求めるため，犯罪区域と犯人の居住区域は重ならない。英国では，地理的プロファイリングの原理は，「環境領域におけるサークル理論・円理論」（the circle theory of environmental range）を基盤とする，略奪者タイプの研究によって発展した。この理論では，あらゆる条件が等しければ，犯罪域と犯人の行動域の形状は円形となり，犯人の自宅は円の中心に位置すると考える。犯人の居住地は，地理的に最も離れた2つの犯行現場を通る円を描くことによって予測する。

2）個人的特徴のプロファイリング　犯人の性別，年齢，民族，教育歴や職歴をプロファイルする。大きく次の①～③に分類できる。

①統計的プロファイリング（解決済み事件のデータベースを統計分析し，犯行現場での犯人の行動から犯人の特徴を人口統計学（地域における人口の変動や性別，年齢など）の観点から推論する），②臨床プロファイリング（逮捕された犯人についての臨床経験（実際の事件を捜査した個人的経験）から犯人の特徴を推論する），③アメリカ連邦捜査局（FBI）のプロファイリング（連続犯への面接に基づいて，犯罪者の類型を行う）。

ブルらによると，犯罪者プロファイリングの有効性については，一貫した結論が得られていない。確固とした理論的基盤を構築し，その有効性を評価することを含めて，今後の研究の進展が望まれる。

［2］ポリグラフ検査

捜査機関の取り調べに対して，容疑者が真実を話すとは限らない。容疑者の供述が真実か否かを見極める方法の 1 つとして，ポリグラフ検査がある。ポリグラフ検査は，精神的動揺が無意識的な複数の身体的変化（呼吸や脈拍の変化，冷や汗，瞳孔の拡大など）に現れることを利用している（加門，2009）。事件への関与を否定する容疑者に対して，犯人しか知りえない事実（裁決質問と呼ぶ）とそれ以外の情報を織り交ぜた質問（非裁決質問と呼ぶ）を行い，すべて「いいえ」と答えさせた時に，裁決質問に対してのみ一貫して特異な身体的変化が認められたなら，容疑者の事件への関与を否定する供述は疑わしいと判断する（加門，2009）。しかし，ポリグラフ検査の結果を裁判で証拠とするには，①容疑者の思い込みや他から得た情報が身体的変化に及ぼす影響を完全に排除すること，②検査で使用する質問を作成する際に，捜査側の意向を完全に排除して中立性を担保すること，③誤判別の確率やその原因，特異な身体的反応のメカニズムを裁判員に理解してもらうこと，などの課題があり，現状では捜査の初期段階において参考として活用されているにとどまっている（平岡，2014）。近年は，虚偽検出の指標として，事象関連電位（Event-Related Potential: ERP）の研究も進んでいる。たとえば，平・古満（2006）は，犯罪発生後の 1 か月後であっても，容疑者の虚偽検出の指標として脳波 P300（脳波 P300 振幅は“有意味”で“まれ”に提示される刺激に対して増加する。犯人ならば，事件に関連する情報は，“有意味”で“まれ”に提示される刺激であるため，関連する情報が提示されると，高振幅のP300が喚起される）が有効であることを実証しており，今後の研究の進展が期待される。

[3] 取調手法

被疑者に対する主要な取調手法として，リードテクニック（Reid Technique）とピースモデル（PEACE Model）が挙げられる。リードテクニックの目的は，自白を得ることである。リードテクニックでは，取調官は被疑者に対して対立的態度で接し，被疑者を従順にさせる。また，質問には二者択一で回答させるなどの特徴がある（Buckley, 2015）。しかし，リードテクニックは，取調べ側にえん罪を見抜くことを困難にさせることが指摘されている（Kassin & Fong, 1999）。一方，ピースモデルの目的は自白を得ることではなく，事件に関する情報を被疑者から収集することにある。また，取調べの様子を録音すること，弁護士に相談する権利，事件の説明と面接の意義，互いに相手の話を遮らないことなどについて事前に説明を行う。そして，面接者は二者択一ではなく自由に語らせる質問（オープン質問という）を行って供述を促し，協力的態度で被疑者の言葉を聞き，正確に取調べ内容を伝える（仲，2012a）。被疑者が嘘をついている場合，多くを語らせることで矛盾が生じやすくなる（仲，2012b）。上記の取調べ手法の違いは，裁判員の心証に異なる影響を及ぼす可能性がある。まったく同じ内容の自白供述の録画映像であっても，リードテクニックよりもピースモデルによる取調べの方が，視聴者は自白が被疑者の自由意志でなされたと判断する傾向にあることが実験で確かめられている（山崎・山田・指宿，2017）。

3．証言や供述の信頼性評価

事件の目撃者の証言が，有力な証拠となるケースは少なくない。ウェルズら（Wells et al., 1998）は，DNA鑑定によってえん罪が判明した40件の事例について分析し，36件（全体の90％）に誤った目撃証言が関与したことを明らかにした。ここでは，目撃証言の信頼性，被害者や被疑者の供述の信頼性に影響する要因について取り上げる。

［1］質問によって目撃者の記憶は変容する

ロフタスとパーマー（Loftus & Palmer, 1974）は，目撃者の記憶が他者の言葉によって，容易に変容することを明らかにした。彼らは，実験参加者に自動車事故の映像を見せた後，質問で使う言葉を変えて，車の速度について予測させた（たとえば「ぶつかった（hit）ときに車はどのくらいの速さで走っていましたか」）。その結果，表10-1に示したように，質問で使う言葉によって参加者の予測した速度が異なった（実験１）。

次に，彼らは実験参加者に自動車事故の映像を見せた後，実験１と同様に2/3の参加者には質問で使う言葉を変えて（“smashed”あるいは“hit”），車の速度について予測させ，残りの1/3の参加者（対照群）には車の速度について聞かなかった。そして１週間後，「車の窓ガラスが割れたのを見ましたか」（実際の映像には割れた窓ガラスは映っていなかった）と参加者全員に聞いた。その結果，表10-2に示したように，「割れていた」と回答した割合は，“smashed”を使った条件が最も多かった（実験２）。

このように，人の記憶や認知は，他者から得た情報などによって，変容してしまう（事後情報効果）。事件の目撃者から供述を得る時には，質問の仕方によって記憶が容易に変容することに十分留意しなければならない。

表10-1　車の速度の予測

質問で使った言葉	回答の平均速度
smashed（激突した）	40.8 mph（65.7 km/h）
collided（衝突した）	39.3 mph（63.2 km/h）
bumped（どんと突き当たった）	38.1 mph（61.3 km/h）
hit（ぶつかった）	34.0 mph（54.7 km/h）
contacted（接触した）	31.8 mph（51.2 km/h）

表10-2　車の窓ガラスが割れていたか否かの判断

反応	条件		
	smashed	hit	対照群
割れていた	16（32%）	7（14%）	6（12%）
割れていなかった	34（68%）	43（86%）	44（88%）
計	50（100%）	50（100%）	50（100%）

[2] 目撃証言の信頼性に影響する要因

心理学研究によって，事件の目撃者の記憶にはさまざまな要因が影響することが明らかにされてきたが，こうした知見について市民はどの程度理解しているのだろうか。仲（2009）は，選挙人名簿から無作為に市民 1,500 人を抽出し，郵送法で調査を実施した（回答数は 294 件）。この調査では，表 10-3 の「心理学的知識に関する命題」11 項目に対して，3 件法で回答を求めている。カッシンら（Kassin et al., 2001）の専門家の判断を「正答」（回答結果の□で囲っ

表 10-3　心理学的知識と回答結果（仲（2009）の表 1 を編集）
（DK は「分からない」，□は「正答」を示す）

項目	略称	心理学的知識に関する命題	回答結果			回答数	正答率*
			正	誤	DK		
1	強い恐怖	強い恐怖を引き起こした体験の記憶は，普通の出来事の記憶よりも正確である	15	**47**	47	109	43%
2	凶器注目	銃やナイフなどの凶器があると，目撃者はそれらに注意がいってしまい，犯人の顔をよく記憶できない	**55**	6	6	67	82%
3	目撃時間	目撃した時間が短ければ短いほど，事件の記憶は不正確になる	**35**	31	31	97	36%
4	確信度と正確性	目撃者が自信をもって証言していれば，その証言は正しい	8	**47**	47	102	46%
5	事後情報	目撃証言は，人の意見やメディア報道など，後に見聞きしたことによって影響を受ける	**75**	7	7	89	84%
6	無意識的転移	事件とはまったく別の状況や文脈で見た人物を，誤って犯人だと思いこんでしまうことがある	**68**	8	8	84	81%
7	アルコール	酔っぱらった状態で目撃したことは信用できない	**48**	15	15	78	62%
8	記憶の抑圧	外傷体験（トラウマ）は抑圧され，想い出せなくなることがある	65	**4**	4	73	5 %
9	記憶の回復	完全に忘れていた外傷体験（トラウマ）は，突然思い出されることがある	71	**4**	4	79	5 %
10	記憶の弁別	証言に含まれる実際の体験は，嘘，思い込み，空想などから客観的に区別することができる	12	**31**	31	74	42%
11	幼児の証言	幼児の証言は信用できない	**9**	50	50	109	8 %
平均正答率（全項目の「正答」の合計／全項目の回答数合計）							44%

*正答率＝「正答」の数／回答数

た箇所）として分析した結果，平均正答率は 44％であった。記憶の抑圧・回復（項目 8，9），幼児の証言（項目 11）は，正答率が 10％未満と非常に僅かであり，ほとんど理解されていないといえる。

［3］司法面接（forensic interviews）

子どもの被害者や目撃者を対象として開発された司法面接はさまざまなものが存在するが，(1)正確な情報をより多く引き出し，(2)子どもへの精神的負担を最小限にすることを共通の目的とする点で一致しており，次の特徴が挙げられる（仲，2017）。まず，信頼できる関係（ラポール）を築き，子どもが自発的に報告し易いようにする。そして，①できるだけ早い時期に一度だけ面接を行う，②録画・録音という客観的な方法で記録する，③自由報告を主とする構造化された方法を用いる，④多職種（警察，福祉関係者，医者，司法関係者など）連携で行う，また，③では，オープン質問（「その時に見たことをすべてお話ししてください」のように自由な回答を求める質問）を行う。スターンバーグら（Sternberg et al., 1997）によると，WH 質問（what，when，who を

トピック 17：幼児から事実を聴き取ることの困難さ

1974 年に知的障害児施設で発生した甲山事件では，事件の 3 年後に園児の証言が決め手となり，Y が逮捕された。しかし園児の証言の信頼性が争点となり裁判は長期化した。Y の無罪が確定したのは，事件発生から 25 年が経過した 1999 年であった。山本ら（2003）は，この裁判の争点である「年少者から聴取した情報の正しさ」を確かめるために，次の実験を行った。

実験参加者：年長組の園児 10 名（男女各 5 名。5 歳 4 か月から 6 歳 2 か月）と実験内容を知らない聴取者 6 人であった。

実験手続：園児達はプレエピソードとエピソードを経験した。

プレエピソード：幼稚園にタカちゃん（お姉さん）がやってきて，1 週間，一緒に遊んで過ごす。

エピソード（プレエピソードから数日後）：

①園児達が登園する（タカちゃんは登園していなかった），②副園長が園児達にゴウ君（3 歳児。園児たちと初対面）を紹介する，③ゴウくんと園児達は一緒にビデオを観るが，途中でゴウ君は姿を消す，④園児達はビデオが終わって初めてゴウ君がいないことに気付き騒ぎ出す，⑤副園長は園児達を落

用いた質問）やクローズド質問（「はい」か「いいえ」で回答させる質問）よりも，オープン質問を用いる方が，多くの情報を得ることができる。司法面接は，司法場面でも証拠として使用できるような正確性の高い，事実に関する情報の聴取を目指すものである。

［5］供述分析

取調べで自白した被疑者が，後に無実を訴えるケースは少なくない。このようなケースでは，心理学者が供述内容の鑑定依頼を受け，供述が実際の体験に基づくものか否かを鑑定することがある。日本で行われている供述分析の例として，次の浜田式供述分析とスキーマアプローチが挙げられる。

1）浜田式供述分析　供述に含まれる要素（たとえば凶器）が，時間の経過とともにどのように変遷しているかを整理し，被疑者が犯人である場合（仮説A）と犯人でない場合（仮説B）のどちらにより説得力があるかによって被疑者の主張の真偽を判断する（浜田，2006）。袴田事件（1966年の一家四人殺

ち着かせる，⑥その日初めてタカちゃんがやって来て，園児達と遊ぶ，⑦しばらくして副園長がやって来て，園児達にゴウ君が見つかったと言う。

園児達への聴取・聴取者会議は次のように行われた。

聴取者は2人一組で，5回にわたり（各15〜30分），各園児からエピソードで経験した事柄をできるだけ正確に聞き取るようにした。そして毎回，聴取者らで会議を開き，最終報告書を作成した。

得られた結果は次のとおりであった。

園児達から得られたタカちゃんの服装や髪形などの情報には，多くの誤りがみられた。また，聴取者らが得られた情報を交換し合うと，矛盾点がいくつも浮かび上がってきた。すると聴取者らは矛盾点を最少にする方法で，全体としての物語の合理性を求めていった。最終報告書には，事実とは異なる記述一たとえばエピソード①について「タカちゃんはゴウ君より先に幼稚園にやって来た。園児たちがタカちゃんと一緒に折り紙をする」一がみられた。

山本らの実験は，経験したことを正確に語ることが年少者にとって困難であること，聴取者の主観が，事実とは異なるストーリーを構築していくプロセスを明らかにしている。

人放火事件。被疑者は自白後否認）で得られた供述を分析した浜田は，犯人のものとされる５点の衣類が発見された前後で，事件当日の着衣と着替えに関する供述に変遷がみられること，それぞれの供述はその時点での捜査側の推測に即したものであることから，仮説Ｂの方がより説得力があると結論づけた。

2）スキーマアプローチ　体験的記憶の供述内容と，犯行行為の供述内容との類似点と相違点に着目する。そして，体験的記憶の供述内容から，その人独特の語り方の特徴（スキーマ）を抽出し，犯行行為の供述内容が体験に基づく可能性と体験に基づかない可能性のどちらが高いかを明らかにする（大橋ら，2004）。大橋らは，足利事件（1990年の４歳児殺害事件）で自白して逮捕されたが，後に無実が明らかとなったＳ氏の供述を分析した。分析の結果，Ｓ氏が確実に体験した出来事（たとえば，警察が家に来た時のこと）の供述と比べて，犯行行為に関する供述は，被害者の動作についての供述が非常に少ないことから，Ｓ氏の自白供述は，「Ｓ氏が体験した記憶」とみなすことはできないと結論づけた。

4．有罪無罪の判断や量刑判断に影響する要因

裁判員が被告人に対して下す有罪無罪の判断や量刑判断には，複数の事象が影響することが明らかにされてきた。以下，主要な研究について取り上げる。

［1］ストーリーモデル

ペニントンとハスティー（Pennington & Hastie, 1986）は，陪審員が被告人への判決を下すプロセスは，図10-1に示すような，事件に関するストーリー構築を基本とするとし，これをストーリーモデルと呼んだ。ストーリーモデルによると，陪審員は，「裁判の証拠」「類似事件に関する一般的知識」「ストーリー構造に関する知識」から，１つか複数の蓋然性のあるストーリーを構築する（図10-1の例では構築したストーリーは３つ）。そして，その中から最も蓋然性の高いストーリー１つを選択する。また，「法律についての（裁判官の）説明」「犯罪類型についての先行知識」から，判決カテゴリーについて認識す

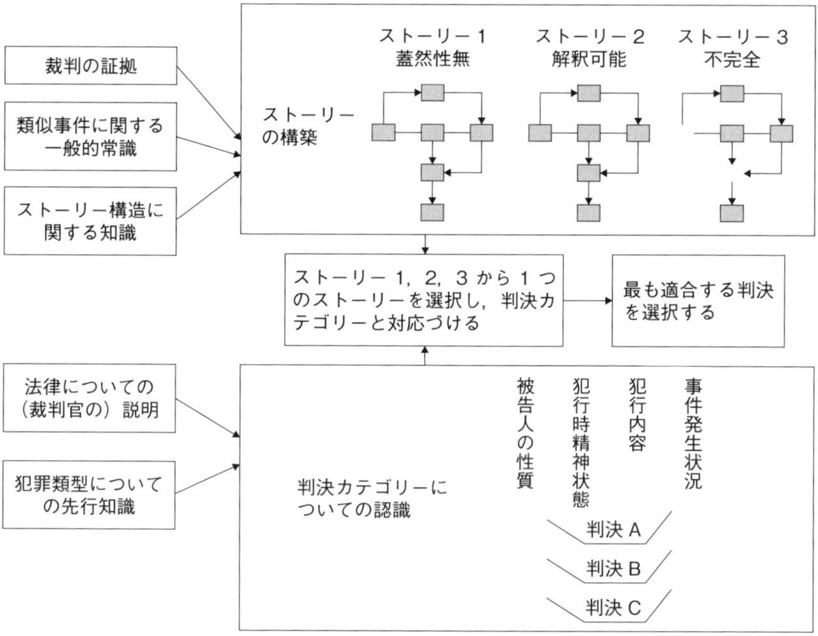

図10-1　ストーリーモデル（Pennington & Hastie（1992）の Figure 1 を改編）

る（図10-1の例では認識した判決カテゴリーは3つ）。最後に，選択したストーリーと判決カテゴリーを対応づけ，最も適合する判決を決定する。

ペニントンら（Pennington & Hastie, 1992）は，実験で，模擬陪審員の法的判断が，ストーリーモデルに基づくことを明らかにしている。また，浅井・唐沢（2013）は日本の大学生を対象にした実験を実施して，ストーリーモデルを支持する結果を得ている。彼らは，殺人事件の裁判で，被告人の行為が正当防衛であったことを示唆する証言集を提示した際，正当防衛のストーリーが構築しやすいように証言が時系列で提示された場合の方が，そうでない場合よりも，証言に関する記憶成績が良いこと，被告人をより強く無罪と判断したことを明らかにしている。

［2］係留-調整ヒューリスティック（anchoring-adjustment heuristic）

量的判断を下す際，既知の情報を基準にしてその情報に修正を加えていく方略である係留-調整ヒューリスティック（Tversky & Kahneman, 1974）は，量刑判断を下す際にもみられる。イングリックら（Englich et al., 2006）は，現役の裁判官と検事を対象に，刑事事件の量刑を求める実験を行った。その際，量刑判断の前に「懲役 1 年」（軽条件），あるいは「懲役 3 年」（重条件）について量刑の程度を考えさせた。その結果，裁判官か検事か，刑事か民事かによって違いはみられなかったが，下した量刑は，重条件（33.4ヶ月）が軽条件（25.4ヶ月）よりも重かった。唐沢（2014）は，係留-調整ヒューリスティックから司法の専門家であっても逃れることが困難であることから，一般市民においてはその影響はさらに大きくなることが予想されること，裁判員への量刑データベースの示し方によっては，同じ事案に対しても量刑判断が異なる可能性があることを指摘している。また綿村・分部・佐伯（2014）は，大学生を被験者とする実験を行い，量刑のヒストグラムを提示した場合，ヒストグラムにピークがあり，ピークが目立つ配色であると，ピークを基準に量刑を下す傾向にあることを明らかにしている。

[3] 取調べの録画映像のカメラパースペクティブバイアス

2016 年に，刑事訴訟法が改正され，取調べの録音・録画が一部義務化され，これにより，取調べの適切性が高まることが期待されると同時に，新たな課題が生じることとなった。それは取調べの録画映像を視聴した裁判員の事実認定にバイアスが生じる可能性である。視覚情報が印象形成に及ぼす影響は大きい。たとえば，カッシンら（Kassin et al., 2005）は，現役の警察官であっても，ビデオの映像よりも音声の方が，自白が虚偽か真実かを正しく区別することを明らかにしている。また，ラシターとオードレイ（Lassiter & Audrey, 1986）は，被疑者が自白する取調べ録画映像を視聴した場合，「自白が任意になされたか否か」の判断が，映像のアングルによって異なることを明らかにしている。彼らが行った実験では，被疑者のみをフォーカスした映像を視聴した場合には，被疑者と取調官の 2 人をフォーカスした映像や，取調官のみをフォーカスした映像と比較して，「被告人の自白が任意になされた」と判断する傾向にあった。フォーカスする対象によって自白の評価が異なる現象（カメラパースペクティブバイアス）は，個人で判断した場合であっても，他者との話し合いで判断した場合であっても，取り除くことは困難である（Lassiter et al., 2002; 山崎・山田・指宿，2017）。

5．司法と心理学の関係：現状と今後の課題

司法の問題に心理学によるアプローチが行われるようになって，約100年が経過した。司法と心理学の関係の現状，今後の課題について考察する。

［1］科学研究と司法

米国では，子ども（少年）に関する脳科学・神経科学の新しい知見が，少年犯罪に対する脱厳罰化の動きをもたらしている（山口，2017）。ギード（Giedd, 2016）によると，感情をつかさどる大脳辺縁系は，思春期の開始（通常は10〜12歳）とともに急激に発達して数年で成熟する一方，衝動的行動を抑制する前頭前皮質は25歳頃になるまでうまく機能しない。つまり，感情的思考と思慮深い思考の不均衡な時期が15歳〜25歳にかけて10年も続くことになる。未成年の脳が未熟であり，衝動的行動を制御することが困難であることから，責任能力の低さを根拠として，2005年のローパー判決では，少年に対する死刑が「残虐で異常な刑罰」として憲法違反であると判示し，2010年のグラハム判決，2012年のミラー判決では「仮釈放なしの終身刑」が憲法違反にあたると判示した（山口，2017）。本庄（2017）は，こうした一連の判例において，心理学の知見を補強するものとして脳科学の知見を導入していることを評価し，「異論のない科学の知見を積極的に法律の世界に取り入れる連邦最高裁判所の姿勢には見習うべき点がある」としている。

［2］えん罪の問題

国内外を問わず，えん罪は複数発生している。そしてえん罪の要因はさまざまである。ブランドン（Brandon, 2014）は，米国で1974年〜2008年に有罪が確定した後に，DNA鑑定によって無実が明らかとなった250人のえん罪の原因を分析している。その結果，全体の76%（250件中190件）に誤った目撃証言が関与しており，74%（250件中185件）に科学的証拠が用いられていた

トピック18：情状鑑定の結果が裁判員裁判で理解されたか

ごく普通の人であっても，特殊な状況下では冷酷非道な行動を取り得る。こうした人間の性質について，尼崎事件とミルグラム実験を取り上げて言及した村山・大倉（2015）の研究を紹介する。

尼崎事件は，1970年から2011年の約40年間にわたり，角田美代子が複数の家族を取り込み，家族相互に暴力を振るわせ，少なくとも9人が死亡した事件である。村山と大倉は，本事件で2件の殺人，監禁死体遺棄など4件で起訴された岡島泰夫の情状鑑定（パーソナリティ，経歴，知能などから，犯行時の心理状態を明らかにする）の依頼を受けた。彼らは，これまでの心理学研究から，権威・権力構造の中に置かれた場合，人は一般に予想されるよりもはるかに服従的に振る舞うこと，与えられた役割に応じて人格がたやすく変貌しうることなどが明らかになっていると主張した。そして，ミルグラム実験[1)]を取り上げ，この実験の被験者と岡島との間に次の5点の共通点があるとした。①エージェント（代理人）状態：権力者の単なる代理人として振る舞い出す，②視野狭窄や道徳的感情の麻痺：「個人の人格性（その人本来の心理的特性）」と「状況の力」の葛藤から生じる緊張を和らげようとする調整が行われ，目の前の作業だけに注意を集中する，③注意力，感受性の偏り：権威に注意力，感受性が偏り，被虐待者の苦痛の声は不愉快な障害物でしかなくなる，④被虐待者への責任転嫁：人には自身の行為を正当化する心理的傾向があるため，被虐待者がかわいそうという感情が起きず，むしろ責任を転嫁させてしまう，⑤独特の「社会的ルール」による束縛：あらゆる社会状況は，その参加者のあいだの「いったん，特定の状況に参加することに合意したらそれに反しない」という合意のもとに成立し，自己のそれまでの行為を正当化するために，その状況から逃れられない。

岡島の場合，さらに暴力や脅迫，生理的欲求の制限，人間の尊厳を傷つける辱めなどの激しい虐待行為が長期間にわたって加えられ，無力化していった。そして，家族や友人，同僚等との人間関係を遮断される断絶化の過程が進み，その結果自然な思考や感情が麻痺し，加害者の指示にロボットのように忠実に従うばかりになった。

裁判で弁護側は，犯行時の岡島が「ロボット化」ともいえる特異な心理状態にあったと主張して，懲役7年が相当とした。一方，検察側は岡島自身にも責任があったとして，懲役20年を求刑した。判決は懲役15年であった。村山と大倉は，情状鑑定の内容は判決において十分に理解されたとはいえないことは，極めて残念であるとしている。

1）課題に失敗した「学習者」に電気ショックを与えるよう指示された「先生」役の被験者の多くは，「学習者」が苦しむ様子を見聞きしても，最強レベルになるまで電気ショックを与え続けた。

ことが明らかとなった。また，科学的証拠が用いられていた185件のうち169件で，鑑定人が検察側証人として証言しており，鑑定人に，被疑者の自白や前科記録が与えられることで，鑑定結果に予断，判断バイアスが生じた可能性を指摘している。さらに，75件で顕微鏡による鑑定（犯罪現場で発見された毛髪や陰毛を顕微鏡で比較する）が行われ，鑑定人が証言していたが，顕微鏡分析における毛髪の比較方法には信頼性がなく，鑑定者によって結果が異なることが珍しくないことを明らかにしている。えん罪を防止するには，証拠の信頼性評価において，科学的観点に基づいた客観性が十分に担保される必要がある。それに加えて，日本においては，現状の司法システムの問題を改善する必要性が指摘されている。たとえば木谷（2015）は，問題として，①自白の偏重，②客観的証拠の軽視（裏付けとなる客観的証拠が不十分でも安易に有罪認定に踏み切る，③科学的証拠の軽信（再鑑定で検証されていない検察側鑑定を簡単に信用する），④警察官・検察官による証拠の改ざん，を挙げている。

［3］法教育

2009年，裁判員制度が開始され，司法関係者に限らず，市民誰もが法的判断を下す可能性をもつこととなった。しかし，表10-3で示したように，市民の目撃証言研究に関する心理学的知識の理解度は低い。また，心理学的知識の理解が高まっても，その知識に基づいて有罪か無罪かを判断することは容易ではない（Yamasaki, 2010）。一方，法学的知識（たとえば，推定無罪の原則，黙秘権）の理解は，裁判員制度に対する消極性態度や資質能力の不安を低減させることが明らかにされている（仲，2010）。これら心理学や法学の知識の本質的理解は，時間をかけて教育を行う必要がある。とくに心理学の教育は，将来司法判断を下す可能性のあるすべての人にとって必要なものといえよう。寺田（1914）は，心理学の教育が刑事司法に関係する者には必要であると説いていた。しかし，100年以上が経過した現在，客観的証拠の軽視や科学的証拠の軽信（木谷，2015）が指摘されている。公正・公平な司法を担保するための法教育は，法律の専門家に加えて，心理学者，教育学者の協働により，その教育効果を高めることが望まれる。

[4] 法による人間の保護

これまで取り上げた研究は，被疑者の行動や，目撃者の記憶を正しく見極める方法に関する研究が中心であった。これらの研究は，「すべきでない」行為についての真実追及に関わるもので，人を公正に処罰するという法律の厳しい側面に関係するものであった。しかし，法律にはやさしい側面も存在し，私たちの平穏な生活を保護するために設けられたものも数多い。たとえば，2005 年に施行された「個人情報保護法」，1976 年に施行された「特定商取引に関する法律」が挙げられる。これらの法律は，私たちのプライバシーや消費者の利益を守るものであり，社会情勢の変化に伴い，改正が加えられてきた。近年は SNS（social networking services）上での個人情報の流出などが問題となっており，20 代以下の 26%がトラブルを経験している（総務省，2015）。また，大学生の場合，SNS 上で友人が多いほど，自分の写真や公表したくない情報を広められる被害が多い（佐藤・矢島，2017）。こうした被害が深刻になれば，個人情報を保護するさらなる法的措置が取られる可能性が考えられる。「特定商取引に関する法律」については，購入から一定期間内であれば解約できるクーリングオフ制度がよく知られている。悪徳業者はあの手この手で，価値に見合わない高値で商品を購入させようとするが，その被害者には高齢者が多い（内閣府，2017）。高齢者が被害に遭いやすい原因については，高齢者特有の，ネガティヴな感情が減少し，ポジティヴな感情が増加するポジティヴ促進効果（positivity effect; 増本・上野，2009）や，他者や自身の行動に対する信頼感の高さ（山崎ら，2014）などが挙げられている。

このように，心理学研究は，私たちの生活に支障をきたす問題やその要因を客観的にとらえることで，法律による人間の保護の有効化に寄与することが可能である。

参考図書

厳島 幸雄・仲 真紀子・原 聰（2004）．目撃証言の心理学　北大路書房

仲 真紀子（監訳）（2011）．犯罪心理学　有斐閣（Bull, R., Bilby, C., Cooke, C., & Grant, T. (2009). *Criminal psychology: A beginner's guide*. Oxford, UK: Oneworld.）

越智 啓太・桐生 正幸（編著）（2017）．司法・犯罪心理学　北大路書房

第11章 臨床心理学

谷口千枝

本章のキーワード
臨床心理学の定義　エビデンスベイストアプローチ　科学者-実践家モデル　生物-心理-社会モデル，精神分析，認知行動療法　障害　他職種との協働

臨床心理学とは，人間の行動や精神過程を研究対象として心理的な問題に苦しむ人たちの心に焦点を当てて心理的・身体的・社会的な諸問題の解決を図る理論的で実践的な学問である。より高い実証性とともに，さまざまな側面から問題をとらえることから，異なる領域の職種間での協働性が求められている（下山，2001）。

また臨床心理学は，実践活動，研究活動，専門活動の三層から構成されている。本章では，臨床心理学の理念，基盤となる理論，およびそれに基づく実践的活動について概観していく。

1．臨床心理学とは何か

[1] 臨床心理学とはなにか

日本では臨床心理学は心に問題を抱えた人に関わる学問といったイメージをもつ人が多い。しかしアメリカ心理学会（American Psychological Association: APA）は「臨床心理学とは，科学，理論，実践を統合して人間行動の適応調整や人格的成長を促進し，さらには不適応，障害，苦悩の成り立ちを研究し，問題を予測し，そして問題を軽減，解消することを目指す学問である」と定義している。つまり，人が生きるうえで日々の活動の維持，発展について科学的に探究すること，人間の苦悩の予測，改善，問題解決のための専門的な援助を実践することが特徴として挙げられる。近年，社会情勢の変化に加え，高齢化，価値観の多様化も進んでいる状況である。人の一生も生涯にわた

って成長し発達するととらえられるようになり，単に苦悩の理解や解消を目指すだけではなく，人々の肯定的な面にも目を向け，人生そのものを対象とする学問といえる。したがって臨床心理学は人間の生涯にわたってさまざまな角度から支援する学問と定義づけられる（下山，2009; 野末，2009）。

このような科学的な探究と実践活動を特徴として，臨床心理学は，アセスメントや介入など，実際にクライエントに関わる実践活動やその実践活動が有効かどうかをつねに研究する研究活動，人間関係や地域社会の中でこれらの活動を位置づけ，臨床心理学が 1 つの学問として社会的に認められるための専門活動から成り立っている。

［2］臨床心理学，カウンセリング，心理療法の違い

臨床心理学という言葉は 1896 年ウィトマー（L. Witmer）が初めて使ったものである。彼は臨床心理学が実践の学問であることを提示し，臨床心理学の創始者とされる。日本では，臨床心理学，カウンセリング，心理療法がほぼ同じような意味にとらえられることがしばしば見受けられるが，欧米ではこの 3 つが異なった目的と働きをもつものとして認識されている。

まずカウンセリングであるが，これは，ロジャーズ（C. R. Rogers）が提唱した人間性を重視する活動として幅広い領域で総合的に対人援助を目指すものである。比較的健康度の高いクライエントの問題解決のためのサポートといった意味合いが強い。次に心理療法は，精神分析など，特定のさまざまな学派があり，その学派における理論に基づいて実践することを目指すものである。実践するにあたって，その学派の理論，技法が適用できるかどうかの判断はアセスメントでなされる。独自の理論に基づくものなので，その理論技法の習得には，その学派の訓練機関で行われることが多い。

臨床心理学は，臨床の場で精神医学などの他の専門職と協働し，多角的に個人や社会が抱える問題の改善を図る学問といえる。そのため，臨床心理学を学び，実践するには他の領域についての知識等も必要であり，さらに研究する能力も求められている（下山，2009）。

［3］精神医学との違い

臨床心理学が実践的活動で対象とするのは心の問題であるが，それは精神医学と重なる領域でもあり，非常に密接な関係がある。それではこの2つの学問はどこに違いがあるのか。ここでは診断と見立ての違いを挙げることにする。

1）精神医学での診断

精神医学は精神障害などの心の病気や障害を扱い，疾病の診断をし，投薬などの医学的な治療を行って原因の排除を目指す。また精神医学は，何らかの症状や障害をもつ人を対象として，病理的基準に基づいて「診断」をし，治療を目指すものである。まず精神障害を診断する際に，どのような異常パターンが現れ，どのような症状を呈しているかでいくつかの型に分けて分類する「状態像診断」（抑うつ状態，不安状態，幻覚妄想状態など。暫定診断や初期診断に用いられることもある），また心の病を原因から分類する「伝統的診断分類」（ドイツ精神医学の影響を受けたもの，外因性，内因性，心因性に分類する）や，障害の特徴や症状から分類する「操作的診断」（DSM-5[1]，ICD-10[2]など）などがある。

なおアメリカ精神医学会（American Psychiatric Association: APA）によって発行されている精神障害の診断分類体系であるDSM-5[3]では，患者が訴える臨床症状の分類を基準に作成されており，臨床心理学と共通した判断基準として活用され，包括的に診断できるようになっており，総合的な判断の重要性が強調されている（森ら，2014a, b; 沼，2014）。

2）臨床心理学での見立て（フォーミュレーション）

臨床心理学での何らかの症状，病理といった問題の解決への流れは，まず対象となる問題は何かを見極める問題の明確化，これをアセスメントといい，問

1）Diagnostic and Statistic Manual of Mental Disorders 5th editionの略称
2）International Statistical Classification of Diseases and Related Health Problems 10th editionの略称
3）DSMの診断基準であるが，DSM-Ⅳでは多軸診断の方法をとっており，5つの異なった側面の評価をもとに総合的に診断する。DSM-5では基盤に多元的なスペクトラムを想定し，重症度を％表示している（森ら，2014a, b）

題を成り立たせているメカニズムについて仮説を立てサポートの方針を考える仮説の探索，フォーミュレーション（見立て）を経て，実際に問題解決あるいは改善するための働きかけである介入へと至るステップが基本となる。臨床心理学が扱うのは，患者・クライエントが自身の病理をいかに体験しているか，その個別の主観的世界であるため，個々の問題を多元的，相対的に見る必要がある。つまり病理的基準で判断するだけではなく，社会での適応の水準，価値的基準による判断，発達の過程，また所属する集団の中での心理的な意味も理解しなければならない。そのうえで見立てがなされ，実際の介入が行われる。

ただし，問題の多くはさまざまな要因が複雑に絡み合っているため，一度の介入で解決されることはほとんどない。通常はアセスメントと介入が繰り返し行われ，その効果を検証していく必要がある（下山，2009; 下山・中嶋，2016）。

3）精神医学や他の専門領域との協働（コラボレーション）

異職種間では「連携」，「協働」が重要である。それはともに異なった専門の分野の二者以上の援助職（当事者も加わることもある）が患者を中心として共通の目的・目標の達成のために連絡・調整を行いながら，それぞれが専門的な役割を果たすことである。「連携」は「協働するための手段，方法」であり，また「協働」は，各専門職が等しい立場で互いに情報を提供し合いながら働きかけを行っていく「計画・実行する協力行為」と定義されている（鶴・津川，2018）。これをコラボレーションという。臨床の場で「協働」するために，相互の役割の理解や尊重，情報の共有，意見の交換は必須といえる。また援助者の姿勢としては，クライエントの今後の生き方の改善，向上を目指すという共通の目的に立ってクライエントと向き合い，援助者たちが互いの専門性と立場を尊重しながら「協働」することが要求される。

[4] 臨床心理学の基本的な理念

臨床心理学が，クライエントや患者に対して，効果的な援助を提供するために３つの基本理念がある。「エビデンス・ベイスト・アプローチ」は，科学的な根拠（エビデンス）に基づいて心理的サポートを行おうとする考え方である。

「どの心理療法がどの問題に効果があるのか」，つまり心理療法の有効性に関するエビデンスを踏まえて介入し，その効果を検証する必要があることを意味する。そのため，アセスメント，見立て，介入それぞれにつねにエビデンスが求められるのである。「科学者-実践者モデル」は，臨床心理学の専門性として，「心理学の研究者としての科学性」と「心理職としての実践性」の両方が求められることを意味する。これは，もともとアメリカでの心理職の教育・訓練の理念であるが，理論と実践のいずれの場面でも，絶えず問題は何かということを客観的に分析する科学的な視点や態度が求められるということである（下山，2001; 岡村，2018)。また「生物-心理-社会モデル」とは，クライエントの問題について，生物的要因（細胞，神経など)，心理的要因（ストレス，信念，感情など)，社会的要因（家族，文化，経済など）を考慮し，それぞれのつながりにも配慮しつつ，クライエントを援助する必要があることを意味している。また，アセスメントおよび介入をする場合には，前項で述べたように医療職や福祉職などと協働してクライエントを援助していくことも含まれる（下山，2001; 小堀，2009; 岡村，2018)。

[5] 臨床心理学の理論モデル

臨床心理学は，人が生きていくうえでどう支援するのかという役割を担っていることは先に述べたとおりである。ここでは代表的な理論を挙げ，人間の本性，発達，行動などがどういう意味をもつのか，心の問題が発生する状況をどうとらえているのかを見ていきたい。なお介入における技法の詳細については，第 12 章を参照のこと。

1）精神分析学

フロイト（S. Freud）は，神経症，特にヒステリーの研究を通して無意識の働きが重要であると考えた。心の構造と機能，心の発達に注目し，心の局所論と構造論を提唱した。局所論では人の心は意識することができない無意識，意識，努力して意識化できる前意識，の三層からなっているとする（Freud, 1900）

彼は無意識に抑圧された過去の体験を強い感情とともに想起（自由連想）さ

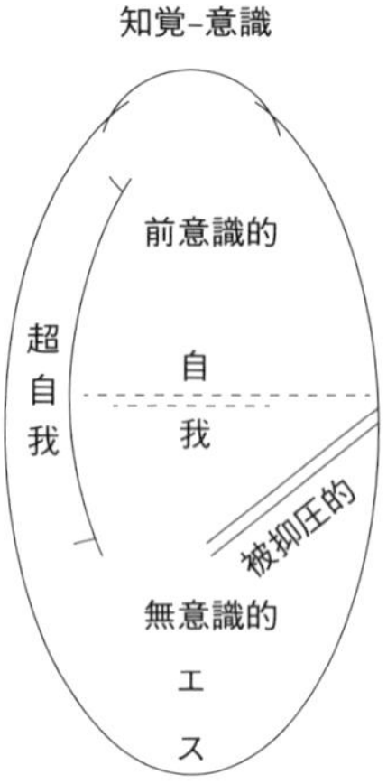

図11-1　フロイトの人格モデル（Freud, 1933）

せることにより症状を改善させることで心の問題の解決を図った。また構造論では，心はイド，自我，超自我から成り立っているとした（図11-1参照）。

まずイドは無意識的なものであり，本能的な欲動を追求するものである。超自我とは，自我の働きを監視する道徳的良心や罪悪感の役割を果たす。自我はイドの欲動満足と現実の問題，超自我からの圧力を調整する存在である（Freud, 1923）。そしてこのバランスが取れないときに心理的問題が発生するとして，そこでの葛藤を取り上げ，その個人が対処する自我の力を強化することを目指した。また，フロイトは，リビドーと呼ばれる本能的衝動（性衝動）の発達的に変遷する過程に注目した心的発達論を述べている。それは，口唇期（0～1歳），肛門期（8，9か月～3，4歳），エディプス期（3，4～5，6歳），潜伏期（6，7～12歳），性器期（思春期）というものである。この発達の各々の段階で，問題が生じることを固着といい，そこでの防衛の方法によりヒステリーなどの症状や人格の違いとして現れるとした。なお，フロイト以降は自己の精神内界だけでなく対象（対人）関係を扱うようになっている（中西ら，1997）。

2）分析心理学

ユング（C. G. Jung）はフロイトの弟子であったが，性衝動の扱いの見解の相違からフロイトと決別し，新たに分析心理学という学派を起こした。彼は人間には内向-外向の2つの構えのタイプがあるとした。外向的な構えとは，その人の関心が主に外界に向かうものである。内向的な構えとは逆に関心が自分自身に向かうものといえる。さらに「思考（対象を概念的にとらえようとする）」「感情（好き・嫌いで判断する）」「感覚（五感を通して知覚する）」「直観（ひらめきのように，無意識的な方法で対象を知覚する）」の4つの基本機能を組み合わせて人のタイプを分けた。ユングは，内向と外向が補償関係にあると考え，さらに「思考」と「感情」，「感覚」と「直観」の間にも同じ補償関係があるとしている。補償関係とは，たとえば意識的な構えが外向的な人は，無意識的な構えがそれを補償するために内向的となるような関係を意味している。

ユングは，人の心には意識のあり方の偏りを正して個性化（全体性）を実現しようとする働きがあると考え，この力こそが心の基本的な機能であるとしている。心理的問題が見られるのは，社会に対する自我の側面であるペルソナ（社会に適応するために着けている仮面）を心の全体とみなし，意識化しにくいシャドー（影：無意識）を抑圧して心の相補性（補償的に働いてバランスを保とうとする力）が崩れたときであるという（河合，1967）。

3）クライエント中心療法

精神分析，行動療法（後掲）に次いで，ロジャーズは第三世代となる人間性心理学のもとに現在のカウンセリングの基礎を築いた。精神分析，行動療法が，テストや質問で不適応状態を判断し，カウンセラーが示唆を与えるという指示的な方法をとるのに対し，ロジャーズは，そのような一方的なやり方では，クライエントが自ら問題を解決する力を奪うと考えた。そのため，問題に立ち向かうのはその人自身であるという認識のもとに非指示的療法を提案した。

クライエントが，自分の内部にもつ自己理解の大きな資源や成長する可能性をいかに発揮できるか，それを支援することがカウンセリングであるとしている。のちにロジャーズはエンカウンターグループ（集中的なグループ体験）を使って平和への活動に取り組むようになる。個人から集団，社会へと目を向け，健常な人々の人間的な成長を促進させることに関心を寄せ続けた（Rogers, 1957; 中田，2018）。

4）認知行動療法

認知行動療法は一人の創始者によって作られた理論ではなく，多数の治療体系の集まりである。認知療法と行動療法が相互の良い点を取り入れることで発展していったものである。代表的なものとして，ABC 理論として知られているエリス（A. Ellis）の論理療法，ベック（A. T. Beck）の認知療法が挙げられる。

認知療法とは物事のとらえ方に着目し，「出来事に対する不適切な認知が心

トピック 19：認知療法

エリス（A. Ellis）の ABC 理論は，出来事（A: Acting event）が，信念（B: Belief）という認知を通して，結果（C: Consequence）をもたらすというものである。その理論によると信念には合理的なものだけではなく非合理的なものもあり，たとえば，不安や抑うつ，問題行動などは，その非合理的信念（irrational belief）によって引き起こされ持続されているというプロセスを明らかにした。基本的な仮説は，出来事や刺激そのものが不安や抑うつをもたらすのではなく，その出来事のとらえ方（認知）が非合理的な信念（たとえば，根拠のない思い込み）に基づいたものであれば，そこから不安や抑うつがもたらされるというものである。支援はこの非合理的信念に対して対抗させる（たとえば，その思い込みには根拠があるかを問う）ことなどが中心となる。

一方ベック（A. T. Beck）の情報処理理論は，自己，世界，将来に関する偏った認知が，否定的な結果を導くという理論である。

認知の根底にあり，出来事を判断するよりどころとなるものが，スキーマと呼ばれる中核的思い込みであり，幼少期から作られたものである。

この情報処理理論によると，抑うつ状態は次のようなプロセスを経てもたらされる。あるネガティヴなライフイベントが起こったとき「抑うつスキーマ」が活性化し，「推論の誤り」（過度の一般化〈全か無か思考：ある一つの失敗が他の失敗へとつながるに違いないと思い込む〉や選択的抽出〈ある些細なネガティヴな評価を過度に重視してしまい，全体の評価をネガティヴにとらえてしまう思い込み〉あるいは恣意的推論〈ある一つの出来事から根拠なくネガティヴな結論を引き出す〉など）を引き起こす。それが「自動思考」（自動的に瞬間的に頭に浮かぶ考えやイメージ）となって「抑うつスキーマ」に従った抑うつ状態が生じることになる。支援はその偏った認知や推論の誤りをただすことが主となる。

の問題を生む」という理論である。また行動療法は，問題行動や症状は誤った学習（刺激と反応の結びつき）によって形成されるため，新しい適応的行動を学習させて問題行動を改善させるという学習理論を治療に応用したものである。

行動療法は一定の効果を上げたが，同じ刺激でも人によって反応が異なることを説明できないため，のちに人間の認知（思考や感情など）の要因を取り入れようとする動きが起こってきた。「刺激」と「反応」の間に「認知」を入れることで，人によって異なる反応を説明しようとする考え方である。不適応な行動のみならず，認知も治療の対象とすることで，その個人に適した精度の高い心理療法といえる。

認知行動療法は心の問題を生じさせているクライエントの否定的で不合理な信念（思い込み）や，自動思考（ある場面で自動的に頭に浮かぶ否定的な思考やイメージ）などの歪んだ認知パターンや認知スタイルに基づく不適切な情報処理が行われたとき，心理的な問題が発生すると考える。そこでこれらの不合理的な考え方や認識を合理的なものに改め，問題の解決に役立つ適切な行動を習得させることを目指す（下山，2011）。

2．臨床心理学の実践活動① アセスメント

臨床心理学の実践活動の１つであるアセスメントを取り上げる。

［1］アセスメントの目的

アセスメントとは，臨床心理学的な援助を行うために，解決すべき問題やその状況，対象者の人格，行動パターン，心理的な傾向についての情報を収集，分析し，心理学的な介入の方針を立てるために行われる。フォーミュレーションで述べたように，問題の改善が認められない場合，アセスメントも仮説の検証・再設定-介入のプロセスで繰り返される必要がある。またアセスメントは，患者・クライエントの問題となる面を拾い出すだけではなく，健康的でポジティブな部分を見つけることも大切な要素となっている。つまり問題を抱えながらも，いかに生きるかを考えるという視点があるためである（福丸，2009）。

［2］アセスメントの方法

アセスメントの方法には，面接法，観察法，検査法としてパーソナリティ検査，知能検査，発達検査などがある。

1）面接法　言語による情報収集の方法である。あらかじめ質問項目の内容，順序を変えずに実施する構造化面接，面接時の状況に応じて質問の順序，表現を変える半構造化面接，テーマに即して自由なやりとりの中で情報を収集する非構造化面接がある。

2）観察法　対象となる人が，ある環境の下でいかなる行動をするのかを査定する方法である。状況を制限しない自然観察法，制限する実験観察法がある。他に行動観察法がある。

3）検査法

質問紙法：質問の文に対し複数の選択肢から当てはまるものを回答する方法である。YG 矢田部ギルフォード性格検査，TEG（東大式エゴグラム）などがある。

投影法：パーソナリティ検査の 1 つ。対象となる人の欲求，態度，情緒的側面・不安などを測定できる。SCT（文章完成法），TAT（主題統覚検査），ロールシャッハテスト，PF スタディ，バウムテスト，HTP テストなどがある。

トピック 20：防衛機制：自我の働きとして

あなたは自分が精神的に傷つくとき，不安に駆られたとき，その傷つき，不安をどのようにとらえ，どのように対処し社会に適応しているのだろうか。フロイトによればパーソナリティの構造は，エス（イド），自我，超自我から成り立っている。その中の自我は，外界からの脅威，エスの煮えたぎる情動，超自我の締め付けを調整することで安定を保つ役割を担っている。つまり自我は，自我それ自身を守り，そうすることで社会に適応させるという機能なのである。その働きを防衛といい，その方法を防衛機制という。防衛機制にはさまざまなものがあり，無意識のうちに適応的にも不適応的・病態的にも働くことがみられている。

どのような防衛機制が使われるのか，それによって，その人の人格の特性，発達の程度や，精神病理の特徴などをとらえることにつながる。

日常生活の中でよく目にする防衛機制を以下に挙げるが，まず自分の行動について，その意味，背後にあるものに思いをはせてみることはいかがだろうか。

「昇華」　リビドー（人の活動の源となる心的エネルギー）を社会的に容認されたスポーツや芸術活動などへ変えること。攻撃的な要求をスポーツに，社会的に受けいれられないものを芸術や文学によって表現するなど。

「合理化」　自分の考え，行動，感情などが妥当なものだと思えるように合理的な理由を設定する。自己を正当化することなど。キツネと酸っぱいブドウの例。

「退行」　現在の状態より未発達な段階へ戻ること。耐えがたい状況に接したとき，以前の未熟で未分化な行動や思考や表現として現れる。弟妹が生まれたとき，上の子が赤ちゃん返りをすることなど。

知能検査：視覚，聴覚を通して得られた情報の処理，理解，記憶などの知的活動を数値化し，知能指数IQや知能偏差値ISSで表すものである。ウェクスラー式知能検査（成人用のWAIS，学齢期用のWISC，幼児用のWPPSI）。ビネー式知能検査，KABC-Ⅱなどがある。

発達検査：幼い年齢層を対象とするもので，知的問題の早期発見のため開発された検査である。新版K式発達検査，津守式乳幼児精神発達診断法，遠城寺式乳幼児分析的発達検査などがある（松原，2013）。

3．臨床心理学の実践活動② 精神疾患・精神障害への介入

ここでは臨床場面でかかわることの多い精神疾患，障害，状態について主な

「抑圧」 受け入れがたい感情，思考を無意識に追いやり，感じないようにすること。無意識的に否定的なことがらを忘れることなど。臭いものにふたをすることと言ってよい。
「反動形成」 受け入れがたい欲求，衝動などが本来の意味，方向の逆の形で表れる。本心と逆なことを言ったり，思いと正反対の行動をとる。嫌いな相手に慇懃無礼な態度をとること。
「否認」 不安を引き起こすような現実を認めない。問題が解けなかったのに「テストは簡単だった」と言い，問題が解けなかったことから一時的に目をそらし認めようとしないこと。
「分裂」 対象を良いものと悪いものとに分割する。子どもが自分の母に対して自分が愛する時は「良い母」と感じ，自分が怒っている時は「悪い母」と感じ，同じ一人の母と思わないといったこと。また，自己に対しては，自己に対する良いイメージ・悪いイメージを分割隔離して別物として，良い部分を守ろうとする。
「投影」 自分のなかの不快な感情を，実は自分以外の他人がもっていると知覚する。自分が嫌いな相手を「嫌いだ」と意識できず，相手が自分を嫌っているのだと思って恐れることなど。
「投影同一化」 主体（幼児）が自分の悪い部分を対象（母親）に投影する（投げ込む）と，その悪い部分は対象（母親）によって体験される。このまま主体（幼児）が悪い部分を再取り込みをし，悪い部分と同一化すると低い自己評価を持つ原因となる。対象が，投げ込まれた悪い部分を修正した場合，投影同一化は原始的なコミュニケーションの形となる。

ものを挙げ，介入について紹介する。

[1] 統合失調症

統合失調症は，認知，思考，感情，感覚，知覚，体調などのバランスが取れなくなる病気であり，精神病に分類される。発症の原因については神経発達，神経生化学，脳の情報処理機能などの分野で研究されているが，まだ特定されていない。何らかの素因（遺伝的要因）と後天的な要因（対人関係や生活環境によるストレス）の両者が発症に関与していると考えられている。

統合失調症の援助として，幻聴，妄想が活発な陽性症状のときは，患者・クライエントの体験していることを受け入れること，感情の平板化，意欲の低下などがみられる陰性症状のときはそのつらさ等に共感しつつ，周囲との人間関係を構築させ，安定した社会生活が送れるようにするといった心理社会的援助が必要となってくる（沼，2014; 下山・中嶋，2016）。

[2] うつ病

うつ病の主な症状は抑うつ気分，興味，関心の低下が挙げられる。また睡眠障害，倦怠感・疲労，動悸，めまいなどの身体症状も多く見られる。これは脳内の神経伝達物質の関与，また伝達物質の受け渡しの関与があると想定されている。援助として，休養を取らせる，重要な決定は延期させる，自殺しないよう気をつけるといった配慮が挙げられる。認知療法では，患者の思考の誤りに気づかせ，患者の考え方を肯定的な方向へ変えていくことを目指す。また，対人関係論では，対人関係に問題があることを気づかせ現在の生活に焦点を当て，適切なコミュニケーションのとり方などを話し合うことが援助とされる（下山・中嶋，2016）。

[3] パニック症，広場恐怖症

「パニック症」は，突然激しい恐怖，不安感に襲われ，動悸，発汗，めまい，現実感がなくなる，死の恐怖に襲われるといった症状がみられる。公共交通機関の中，映画館などの囲まれた場所などで脱出が困難な状況で援助が求められないと感じ，それをきっかけに強い不安，恐怖を引き起こす。そういった不安恐怖を感じさせる場所を回避する行動をとる「広場恐怖症」を伴う場合が多い。援助として心理教育，認知行動療法などがある（下山・中嶋，2016）。

［4］心的外傷後ストレス障害

心的外傷後ストレス障害（Posttraumatic Stress Disorder: PTSD）は死の恐怖を感じるほどの強烈な身体的精神的な出来事が心の傷（トラウマ）となり，強い恐怖を感じ続ける疾患である。必ずしも大きな災害，事故によるものではなく，命の危険を感じるような強い恐怖感を伴う体験をした人に起きやすい。症状として，フラッシュバック，回避症状（出来事を連想させる場所，行動を避ける），想起不能，否定的な認知，自己破壊行動などが見られる。援助として認知行動療法，眼球運動による脱感作と再処理法（Eye Movement Desensitization and Reprocessing: EMDR）などがある（下山・中嶋，2016）。

［5］パーソナリティ障害

パーソナリティ障害は，思考・感情・行動のパターンが平均から著しく逸脱し，その状態が長期間続き社会生活などに支障をきたしている状態といえる。精神障害の特徴とも重なる症状を示すが，別のものとして位置づけられている。DSM-5による主要なカテゴリーは以下の3つのクラスターに分けられている。A群はしばしば奇異で，普通ではない行動を示す。妄想性人格障害やスキゾイド人格障害，統合失調型人格障害の3つに分類される。B群はしばしば演技的，情緒的で突飛な行動を示す。反社会的人格障害や境界性人格障害，演技性人格障害，自己愛性人格障害の4つに分類される。C群はしばしば不安または恐怖に基づく行動を示す。回避性人格障害や依存性人格障害，強迫性人格障害の3つに分類される。援助法は種類によってさまざまであるが，力動的精神療法やすでに述べた認知行動療法などがある（下山・中嶋，2016）。

［6］自閉スペクトラム症（自閉症: ASD）

現在，原因の特定に至っていないが，何らかの遺伝的素因と環境因（周産期～発達早期の生物学的条件）の相互作用によって生じる発達障害である。コミュニケーションと相互作用や言語，認知に障害があることがわかり，治療教育的かかわりが行われるようになった。聴覚，視覚など感覚に過敏さや鈍感さがみられる。その個々の特異性に合わせた配慮を必要としている。療育の方法として，社会的スキルトレーニング（Social Skills Training: SST）に加え，自閉症スペクトラムプログラム[4]（TEACCH[5]）があるが，対象となる個人だけではなく家族の支援も重視されている（下山・中嶋，2016）。

［7］注意欠陥・多動性障害（Attention-Deficit/Hyperactivity Disorder: AD/HD）

不注意で落ちつきがなく衝動的に行動する特徴がある。そのため学校などでは問題行動ととらえられ，自己評価の低下，無気力，無意欲などの二次障害が生じることも少なくない。周囲の人々がその特徴を肯定的にとらえることで，本人の自己評価も変化していく。援助として行動療法や社会的スキルトレーニングがある。なお，DSM-5から大人のAD/HDも診断がしやすくなったが，成人の場合も子どもと同様に，周囲の理解と支援が重要である（沼，2014; 下山・中嶋，2016）。

［8］虐　待

養育者から子どもに加えられる虐待は，身体的虐待，心理的虐待，性的虐待，ネグレクトなどに類型化されている。虐待を受けた心の傷が大きいため，その結果として生命の危機，発育，感覚感受性，免疫機能，自律神経系の不調などをもたらす。また脳機能の障害から派生する精神疾患なども懸念される。心理的援助には安心，安全な環境の提供，自己評価を高める，自己感情の表現の促進，自己の連続性の保証，必要な時に助けを求められる心理的能力をつける，虐待体験を含めた自己の記憶の再統合などがある。子どもだけではなく高齢者，障害児・障害者など弱者への虐待，また虐待の世代間伝達なども含めて，一刻も早い対応や地域社会と専門職が連携しながら援助していくことが必要である

4）当事者の生活の質（QOL）向上のために，彼らの周囲の物理的環境，およびコミュニケーション環境を生涯にわたって設計し続けるプログラム。

5）Treatment and Education of Autistic and Related Communication Handicapped Children の略称

（藤田，2009; 田中，2009）。

4．他領域との協働

臨床心理学が人間の一生のさまざまな面をサポートするものである限り，複数の領域にわたって援助活動が行われるのは当然のことである。本節では臨床心理学の活動領域を取り上げるとともに，そこで果たすべき心理職の役割を説明したい。

［1］教　育

教育領域，特に，学校ではスクールカウンセラーとしての役割が大きいが，その実践活動の対象は児童生徒だけではなく，保護者や教職員なども含まれている。学校の現状や特徴を把握し，学級や教師集団，保護者，外部機関などとの多方面への連携を行いながら，児童に必要なサポートを提供することは，学校への支援や援助の質と量を高めることにつながる。

たとえば，「子どもの貧困」の問題は，子どもの健康，学力，進路などに大きく影響するが，その対策のひとつとして学校が窓口となり福祉領域，地域と連携・協働していくことが挙げられる。これは，学校のみならず，すべての子どもたちが夢と希望をもって成長できる社会の実現につながっていく（鶴・津川，2018）。

［2］医療・保健

医療・保健領域における職域は，精神科・精神保健，小児科・母子保健，高齢者医療・終末期医療・老人保健などがある。精神科・精神保健の分野では，精神疾患などの困難を抱える人に対する心理的援助，多職種チームのメンバーとして支援を必要とする人へのサポートの提供などが挙げられる。小児科・母子保健の分野では保健所，保健センターなどで，発達上の困難を抱える子どもとその家庭を対象とする心理職の支援が実施されている。また，高齢者医療・終末期医療・老人保健の分野では対象のニーズに応じて，リハビリテーション，介護と医療，緩和ケアなどが提供される。医療・保健領域ではクライエントや患者だけでなく，治療に関わる人を支援することで関係者のメンタルヘルスを向上させ，チーム医療を安定させることが極めて重要である（鶴・津川，2018）。

[3] 福　祉

福祉領域は貧困や病気，障害，人間関係などの困難さを抱えた人たちを援助する領域である。心理職の活動は，たとえば児童相談所，児童福祉施設などでの要保護児童への心理的なかかわり，家族への援助などがある。また障害児・障害者福祉領域では「自己決定」をキーワードとして，個別の支援とともに障害者と家族双方に役立つサービスの調整機能も求められる。高齢者福祉領域でも同様に，高齢者個人への心理的支援，家族に対する支援が必要である（鶴・津川，2018）。

[4] 司法・矯正

司法・矯正領域では，家庭裁判所，少年鑑別所，少年院，刑事施設などの領域で心理職が活動している。たとえば少年鑑別所では，鑑別面接，心理検査，家事問題の調査・調整，一般の外来相談などを行っている。いうまでもなく矯正教育は，罰することより矯正に主眼が置かれ，「社会復帰過程を援助する」ための処遇プログラムをもとに様々な取り組みがなされている（笠井ら，2012）。

[5] 産　業

産業領域では，企業における個人や組織全体が対象となり，心理職の活動は，メンタルヘルス向上を図ることに加えて，医学，労務，成長促進，人材開発などに関わっていくことなど多岐にわたっている。従来，産業領域での実践活動は，相談室等で個別の相談やカウンセリングを中心に行われていた。今後この領域での役割としては，①個人だけでなく，組織に対するアプローチも重要であり，②カウンセリングだけではなく，予防的な取り組みも求められ，③相談者や上司，人事労務担当者，健康管理スタッフ，家族等の関係者間のチームワークのコーディネーター役を果たすことが期待されている（新田，2002）。

参考図書

東 斉彰（2011）．統合的観点から見た認知療法の実践――理論，技法，治療関係　岩崎学術出版社

池田 健（2014）．DSM/ICD対応 臨床家のための精神医学ハンドブック　金剛出版

丹治 光浩・藤田 美枝子・川瀬 正裕・野田 正人・大場 義貴・渡部 未沙（2004）．心理臨床実践における連携のコツ　星和書店

第12章 カウンセリングの心理学

中谷桂子

本章のキーワード
カウンセラー，クライエント，心理学的援助，心理療法，カウンセリングのプロセス，治療構造，アセスメント，共感，人間的成長

カウンセリングという言葉は，現在は相談業務全般で使われており，心理カウンセリングへの関心も高くなってきた。

そこで本章では，前章の臨床心理学の実践の１つとしてカウンセリングと心理療法を紹介する。第１節ではカウンセリングと日常的な援助の違いから始まり，カウンセリングがどのようなものであるかを説明する。第２節ではカウンセリングの方法について述べ，第３節ではカウンセリングのプロセスを追っていく。そして，最後の第４節では介入のためのさまざまな心理療法の理論を紹介する。

1．カウンセリングとは何か

[1] 日常的な援助と心理学的援助の違い

私たちは日常生活において人との関わりの中で，他者に対して喜んでもらえるよう何らかの心配りや思いやりを行動に移している。たとえば道を聞かれて案内する，悩んでいる友人の話を聞く，プレゼントを渡すなど数えだしたらきりがない。また，逆に他者からそうした援助を受けることもあるため，人は相互に支え合って生きているといえるだろう。それでは心理学的な援助としてのカウンセリングと日常的な援助にはどのような違いがあるのだろうか。誰にも言えない悩みを友人に話したとして，それはカウンセリングとはどこに違いがあるのだろうか。友達との関係は相談後も続くが，カウンセリングでは問題が解決すればその時点で終了する点に違いがある。また，カウンセリングはカフ

ェや自宅などで話を聞くという日常の時間の延長ではなく，決められた時間と安心して話ができる場所という枠組みの中で行われるという点でも異なる。深い苦悩や特殊な悩みについて安心して話ができる時間と空間と専門的な知識をもつカウンセラーが必要となる。

［2］カウンセリングとは何か

1）カウンセリングの起源　カウンセリングの起源の 1 つは 20 世紀初頭のアメリカに求められる。当時アメリカは急速な工業化が進み，職を求めて都市に集まった若者が工業労働者となったが，1 年も経たずに退職する者が続出した。そこで社会運動家の一人であったフランク・パーソンズ（F. Parsons）が職業指導運動を起こし若者たちを助けようとし，職業カウンセリングを開始したことがきっかけとなっている（杉溪，1995; 渡辺，2002）。指示的な職業指導から，しだいに相談者の感情や思考など内面の話を聞くようになり，現在のカウンセリングにつながった。

カウンセリングの発達に大きな影響を与えたのは，ロジャーズ（C. R. Rogers）である（渡辺，2002）。ロジャーズについては第 2 節と第 4 節でも取り上げる。

2）カウンセリングの定義　カウンセリングは，広義には人に対するサポートを目的とした相談活動全般を示し，さまざまな場面でアドバイスを受けることが含まれる。では，狭義にカウンセリングをどう定義づけるか。立場によって異なるが，共通していることは言語的・非言語的なコミュニケーションを通して専門的立場から，個人が悩みを解決し，問題解決や人間的な成長を遂げられるように心理学的な援助をすることといえるだろう。人は他者と交わり，意見交換し，他者の考えを取り入れることで成長する。この意味でお互いの間に真の対話がなりたつところにカウンセリングは成立するといえよう（玉瀬，2018）。

3）カウンセリングの目的と効果　カウンセリングの目的はその定義と同様に，短期で問題解決を目指すのか，長期で人間的成長を促すのかなど理論的立場によって異なっている。しかし平木（1997）によれば，「クライエントの現状になんらかの効果的な変化をもたらすという共通点がある」とされている。カウンセリングは，医学的な治療とは異なり，心の問題を単純に除去すべき病気として扱うわけではない。たとえば症状があっても問題を受け入れて自分の人生をより良く生きられるようにサポートするのがカウンセリングの目指す方向といえる（高田，2006）。

カウンセリングの効果を同定するのはかなり難しい問題である。時事刻々と変化するクライエントとカウンセラーの関係性やクライエントを取り巻く人や環境の，何がどうクライエントに効果的な影響を及ぼしたのかを計り知ることは容易ではない。とはいえクーパー（Cooper, 2008）による研究では，カウンセリングを「受けた人は受けない人より，最終的に苦悩が少なくなっている」ということが示されている。

また近年，エビデンス・ベイスト・アプローチ（evidence-based approach）に基づいた介入効果の実証研究が臨床心理学の科学としての専門性を保証するものとして，すでに日本でも研究が行なわれている（第11章第1節[4]参照）。エビデンス・ベイストとは，「科学的根拠をもった」「実証に基づいた」という意味であり，各心理療法の効果が客観的にデータに基づいて検証されることが可能となっている。重要な点はすべての問題に有効な心理療法は存在しないということが実証されたことである。つまり問題や症状ごとに適切なものを選択する必要性が明らかとなったのである。これにより学派を超えた臨床心理学が統一されたといえる（下山，2010）。

4）カウンセリングの治療構造　カウンセリングには治療関係を維持するためにさまざまな取り決めがある。これは治療構造とされ，カウンセリングは外的な治療構造と内的な治療構造によって成り立っている（小此木ら，1981）。外的な治療構造として通常，時間や場所，料金などの具体的契約上の設定を行う。1回の時間，回数，期間設定の有無などの時間的な要素と面接室の椅子の配置などの空間的要素，担当するカウンセラーの存在など，これらが現実的な治療構造上の制限となるが，一方でそれが順守すべき枠組みになる。また内的な治療構造として，カウンセラーの心理的援助，治療目標の共有，倫理的配慮

(身体接触，カウンセラーとクライエントという関係以外の多重関係を避けるなど)，秘密保持の適用の例外など一定のルールがある。

2．カウンセリングの方法

本節では，カウンセラーがどうあるべきかというところからカウンセリングの方法について説明する。

[1] カウンセラーの3条件

ロジャーズはカウンセラーの3条件として「自己一致」，「共感的理解」，「無条件の肯定的関心」を挙げている。この3条件は学派を超えてカウンセラーの基本姿勢とされているものである。

「自己一致」とは，カウンセラーがありのままの自分でいることであり，安定し統合されている状態でクライエントに関わることである。「共感的理解」とは，クライエントの心の世界をカウンセラーがあたかも自分自身のことのように感じ取ることである。カウンセラーはクライエントの話す内容（言語）だけでなく，クライエントの声や表情，姿勢や仕草，あるいはクライエントと一緒にいてカウンセラーが感じる感情（非言語的手がかり）などを吟味して，クライエントについてさまざまな想像をすることによってクライエントを理解しようとする。「無条件の肯定的関心」とは，クライエントの価値観や行動がどのようなものであっても，またそれらがカウンセラーと違っていても，クライエントのありのままの姿を肯定して関心を向けることとされている。

また，精神分析の対人関係学派を提唱したサリヴァン（Sullivan, 1953）は，「関与しながらの観察」という言い方でカウンセラーの態度について述べている。上記の3条件の1つである共感的理解を促進するためには，カウンセラーはクライエントとの間で起きていることに細心の注意を払う必要がある。つまり観察をするわけであるが，同時にカウンセラーは関与者でもあり，そのようなカウンセラーの態度がクライエントにどう認知されているかも含めて認識することが望まれる。

[2] 共感について

人が悩んでいるとき求めることは，自分のことを理解し共感してくれる他者ではないだろうか。共感は日常よく使われている言葉でもあり，ほとんどの心理療法では共感は「主要な機能」であるといわれている（Berger, 1987）。先に述べたロジャーズや精神分析の一学派である自己心理学を提唱したコフート（Kohut, 1959）は，特に共感を強調している。何も考えられなくなっていたクライエントが主体的に動けるようになるのも，共感によるところが大きい。

共感は多義的な概念であり，さまざまな視点から述べられている。本節では，角田（2014）が述べている２つの共感のとらえ方を紹介する。それは，他者理解をする際の関わり手の内的な思考や感情，そして内省といった心の働きやプロセスに焦点を当てている「探索機能」としての共感と，「わかる-わかってもらう」といった間主観的な体験に重きが置かれている「わかり合い体験」としての共感である。カウンセラーが「探索機能」としての共感によってクライエントに共感しているつもりでも，クライエントがどう感じているかは実際のところわからない。ここでいう間主観的な体験とは，カウンセラーがクライエントのことをわかったと感じ，クライエントがわかってもらったと主観的に感じるというような，両者の主観の相互交流によって生じる体験を示している。

3．カウンセリングのプロセス

岩壁（2007）は，実証的な研究で支持されたカウンセリングの段階モデルを検討した結果，理論やクライエントの状況によってカウンセリングの進み方は異なるが，一般的にカウンセリングの段階モデルが妥当なものであることを確認している。岩壁が作成した「カウンセリングの６段階におけるカウンセラーの介入とクライエントの行動」という表は，いくつかのカウンセリングの段階モデルをもとに来談前段階を加えて６段階としている。これを参考に，架空の事例からカウンセリングのプロセスを説明する（表 12-1）。①「来談前」はすでに始まっている心の動きについて，②「第１段階関わり」はクライエントとカウンセラーが初めて出会う重要な段階について，③「第２段階探索」では，共同作業としての探索について，④「第３段階理解」はさらなる気づきと理解

表 12-1　カウンセリングのプロセス

Meier & Boivin (1998), Peterson & Nisenholz (1995), Vasco & Conceição (2003) をもとに岩壁 (2007) が作成したカウンセリングの 6 段階におけるカウンセラーの介入とクライエントの行動の一部を引用し筆者が加筆

段階	カウンセラー	クライエント	クライエントのつぶやき
来談前	クライエントについて情報を集めたり考えたりする。	受けることを決断してから，インターネットで情報を集めたり，カウンセラーがどんな人かを想像したりする。自分の問題を伝えるため整理しようとし始める。	カウンセリングを受けるようにという同僚の勧めに対して当初は気が進まなかった。ところが，予約の電話を入れて意外に少しホッとした。カウンセラーは落ち着いた声の持ち主だったが，果たしてどんな人なのか。うまく喋れるかと考えると，日が近づくに連れて少し不安になってきた。
第 1 関わり	(a)インテーク面接 場面構成（枠組みの説明　治療目標の設定） (b)アセスメント (c)ラポールの形成 相互調整　共感	カウンセラーがどんな人なのかと調べたり試したりして，カウンセリングの開始を決定する。	聞かれることにどこまで話すべきなのかと考えながら話した。(g)心理テストはやや緊張した。しかし，こちらが緊張しないように配慮している感じや，話したことを理解してもらえている感覚があり，気持ちが軽くなった。面接を続けようと思った。現状のしんどさを軽減することを目標とすることを話し合った。
第 2 探索	(d)作業同盟の確立 直面化や解釈を使ってクライエントの探索を深める	意識していなかったことへの気づき。 自己防衛を緩め自己開示が促進される。 問題の明確化―問題と関係する自分の行動への気づき	少し話すのにも慣れて，以前ほど緊張しなくなった。営業成績の落ち込みを必死で取り戻そうとするも結果が伴わず疲れの原因になっていたと気づく。カウンセラーから他にもないかと聞かれ，話していくうちに同期で要領のいい社員や上司に対してかなり不満を持っていることが浮かび上がってきた。
第 3 理解	理解の促進―カウンセラーの考えの開示～問題となる行動パターンや原因についての見方を示す。 今ここで起こっていることとクライエントの問題を結びつける	問題の明確化のさらなる促進 新しい見方への意欲	カウンセラーの都合で日程を変えられたことからモヤモヤして遅刻。そのことを話し合い，これまで人に不満を持つことにブレーキがかかっていたが，少しずつ感じるようになっていると変化を実感。優秀な兄と比較されいくらがんばっても追いつけない無力感，自分の頑張りを認めない親など，それらが今の職場の人間関係とも結びついた。
第 4 行動	新たな行動の妥当性の検討 行動計画を一緒に立てたり，失敗した時に練り直しをしたりする。	新たな理解から新たな行動へつなげる。 新たな行動の恩恵の明確化	自分なりにやってきたことを自分で認められるようになった頃，朝も起きられるようになり，休まず出社。親身になってくれる同僚や上司がいることにどうして気づかなかったのだろう。休んで迷惑もかけていて，自分がどう思われているか気になるが，断っていた飲み会に思い切って行くかどうかとカウンセラーと話し合った。
第 5 終結	(e)終結の準備ができたかどうか～面接プロセスの振り返りを手伝う。 何がどこまで達成されたかを話し合う。 今後の課題を同定 クライエントが気持ちを表すのを手伝う。 フォローアップの計画	面接プロセスの振り返り 自分がどのように変わっていったのか。 喪失感について話し合う（(f) mourning work 喪の作業）	やる気が出なくなるまでムキになって仕事をしていたことの意味や，さまざまな感情があることに少しずつ気づき出した。これまでとの違いを大きく感じたわけではないが，少し肩の力が抜けた。自分のためにやれることを無理せずやっていきたい。 自分のことを探求する作業は苦悩と喜びの両方があった。この期間，カウンセラーに支えられていたのかもしれない。来週からもう会わないと思うとぽっかり穴が空くようで淋しさと不安も少し。終了後のフォローアップ面接を有効に使いたい。

の促進について，⑤「第４段階行動」は理解と行動のつながりについて，⑥「第５段階終結」は終結の準備ができたかどうかについて，それぞれ説明している。

事例：営業マンとして大手メーカーに入社して３年目の経太さんは，仕事の忙しさから疲れが増して，何もやる気になれず朝も起きられずいきなり仕事を休むことが増えだした。心配した同僚からの勧めで一度カウンセリングを受けてみるということになった。

《(a)インテーク面接（受理面接）：場面構成，(b)アセスメント》　インテーク面接とは，来談者または相談しようかと考えている人と相談機関が最初に行う面接である。初回のみインテーカー（受理する人）が担当し，ケース会議でその後の担当者を決める場合と，初回の面接者が引き続き担当する場合がある。インテーク面接ではカウンセラーはアセスメントを実施し，クライエントは面接を受けていくかどうかを決める場となる（インフォームド・コンセント；説明と同意）。面接では，主訴（クライエントがカウンセリングを受けたいと思っている理由，つまり何に困っていてどうなりたいと思っているのか）や来談経緯，家族歴などを聞いていく。

第11章で説明したアセスメントは，面接，(g)心理テスト，観察法などにより，クライエントの現在の特徴や状態，そしてこれまでの経験と症状などから推測し仮説を立てることを目的とする（フォーミュレーション；第11章第１節[3]参照）。その結果，クライエントの要望と提供できることの一致を図る。

心理テストには質問紙法，投影法，作業検査法などがある。質問紙法は質問に対して「はい」，「いいえ」，「どちらでもない」といった回答から，性格などをとらえる方法である。投影法は絵や言葉などの抽象的で曖昧な刺激に対する反応から人格の傾向や心の状態を調べる方法である。作業検査法は被検者に作業をしてもらい作業成績や作業態度から性格や適性を調べるものである（職業適性検査に主に使われている）。

クライエントを多角的にとらえるには，質問紙法と投影法を適切に組み合わせるテストバッテリーが有効である。質問紙法はクライエントに検査の意図を予測され，回答を意識的に操作される恐れがあり，投影法は無意識的葛藤や防衛といったものにクライエント自身が気づく可能性があるためである。心理テストの結果は，いつどこで誰が実施するのかが影響することや，投影法は，数値で結果が出る質問紙法と違って，検査者の技能や経験の量によって，結果にかなりの違いが出やすいということを考慮にいれておく必要がある。

アセスメントは一度限りではなく，つねにカウンセラーはその仮説に疑問をもちアセスメントし続けることが重要である。

《(c)ラポールの形成，(d)作業同盟の確立》　カウンセラーはクライエントとのラポール（信頼関係）を形成していくことを心がけ，さらに作業同盟（working alliance）を形成することを目指す。作業同盟とは，グリーンソン（Greenson, 1967）が提唱した概念である。彼はカウンセラーからの一方的な関わりではなく，クライエントと共に治療目標を共有し，協働し，問題解決の過程にクライエントが能動的に関わることが重要だと考えている。

《(e)終結について》　クライエントとカウンセラーが合意のうえで終了することが終結である。長期間の面接の場合は特に終結までの回数を取り決めるなどして，終結を重要視する（(f)喪の作業）。クライエントが新たな気づきを得て新たに歩を進めることが見えたら，その先はクライエントにまかせるのがよいからである。もちろん，スムーズな終結ではなく何らかの理由で中断することも起こってくる。また，一度終結に至ったケースであっても，再度クライエントがカウンセリングを求めることもある。

4．介入のための理論

同じ症状や問題でも心理療法の各理論によってとらえ方が異なる場合がある。本章では多くの心理療法の中でも代表的なものを挙げて，実際の介入方法を中心に概説する（第7章，11章も参照）。

[1] 精神分析療法

精神分析は19世紀末ウィーンの精神科医であったジークムント・フロイト（S. Freud）が創始したものである。彼は人の心の中には意識していない無意識の部分があると主張した。無意識の中にある感情や欲求が人の行動を決定しており，それらの抑圧されたものを解放させることによって症状が解消できるのではないかと考えた。フロイトは患者を寝椅子に寝かせ，思い浮かんだことをそのまま言葉にしていく自由連想法を用いたが，カウンセラーはクライエントが抑圧している意識できない感情や事柄などの内容を明確化し，重要な問題点を直視するように促す。この行為が「解釈」というものであり，「解釈」を通して無意識と意識をつなげるような言葉を用いて両者の橋渡しを行うことが精神分析の特色として挙げられる。このような面接を進めていくとカウンセラーとクライエントの間にさまざまな問題が生じてくる。「転移」はクライエントが過去に両親などに抱いていた欲求や幻想をカウンセラーに向けるようになることである。つまりカウンセラーに好意をもったり（陽性転移），敵意を抱いたり（陰性転移）するのである。カウンセラーはこのような感情を分析することで無意識に抑圧された感情を明らかにする。面接のキャンセルや遅刻をしたり，クライエントが話の途中で沈黙したりすることで治療を妨げようとする「抵抗」を分析していくことによってカウンセラーは抑圧された無意識を明らかにし，その内容を「解釈」する。また，フロイト（1900）は「夢は無意識の王道である」とし，特にクライエントの夢分析に力を注いだ。現在の精神分析では座ったままに対面法で行われる。

［2］来談者中心療法

来談者中心療法はカール・ロジャーズ（C. R. Rogers）によって創始されたもので，精神分析や行動主義に対するアンチテーゼとして生まれた人間性心理学がベースになっている。現在わが国ではカウンセリングを受けに来る人をクライエントと呼ぶが，それはロジャーズが精神分析のような医学モデルに対して反発をもち，患者という呼び方を，自発的にサポートを受ける人という意味のクライエントと言い換えるようになったことが始まりである。ロジャーズは，人は誰でも受容され，思いやりに満ちた雰囲気のなかでは自己を成長させ，問題を解決できる力をもつと考えた。カウンセラーはクライエントに指示を与えず受容的に話を聞いていくことから，非指示的カウンセリングという言い方もされている。

ロジャーズは，自己概念と経験の不一致を不適応の状態とみなし，カウンセ

トピック 21：交流分析

交流分析は TA（transaction analysis）と略して呼ばれ，エリック・バーン（E. Berne）により創始された自己分析や対人関係の分析の方法であり，わかりやすさや使いやすさによって臨床現場だけでなく，教育や産業分野などでも幅広く利用されており，精神分析の口語版ともいわれている。

エゴグラムはエリック・バーンの高弟であるデュセイ（J. M. Dusay）が最初に考案したもので，新版 TEG II（東大式エゴグラム）をはじめ 10 数種類以上のものがあり（東大医学部，2002），現在でもよく使われている。このエゴグラムのベースになっているのが交流分析（以下 TA）である。

TA の基本は，考えたり感じたり行動したりする心の状態を自我状態とし，自我状態には構造モデル（心のあり方）と機能モデル（心の働かせ方）があるとされる。構造モデルは「親（Parent）: P」「大人（Adult）: A」「子ども（Child）: C」の 3 つに分類される。P は教えられた心，A は考える心，C は感じた心というように理解するとわかりやすい。機能モデルでは P は「批判的な親 Critical Parent: CP」と「養育的な親 Nurturing Parent: NP」に，C は「自由な子ども Free child: FC」と「順応した子ども Adapted Child: AC」の 2 つに分けられ，A は大人の自我状態の 1 つのみである。この自我状態は言葉だけではなく，表情や態度などの非言語にも表れるという。それぞれ良い面，悪い面の両方に機能する場合がある。たとえば CP が良い面として機能したら，責任感がありリーダーシップを発揮することができ，悪い面として機能したら人に対して批判的で権威的な態度をとるかもしれない。

TA は，①自我分析（自我状態の分析でエゴグラムのもとになっている），②交流分析（人と人との間で起きていることを分析），③ゲーム分析（繰り返すパターン化された交流を分析），④脚本分析（無意識のうちにもっている信念のようなものを分析）という 4 つの分析が理論の中心である。TA の理論を通してこれまで意識してなかった自分の思考パターンや信念に気づきそこから解放されれば，とても柔軟に楽に生きていけるのではないだろうか。TA が目指すのは，日常場面で 5 つの機能モデルを場面や状況に応じて，自由に使い分けることではないだろうか。

リングによってこれらが一致していく過程には，カウンセラーの基本姿勢である 3 条件（第 2 節）が必要になることを強調している。

［3］認知行動療法

第 11 章で紹介した認知行動療法は行動療法から発展したものである。行動療法に認知的要因を導入したのが社会的学習理論を提唱したアルバート・バンデューラ（A. Bandura）であり，アーロン・ベック（A. T. Beck）の認知療法もバンデューラの影響を受けたとされている（東，2011）。

認知行動療法は，情動，行動，認知の問題に焦点を当て，技法としてこれまで実証的にその効果が確認されている行動的技法，認知的技法を効果的に組み合わせて用いることによって問題の解決を図ろうとする治療アプローチである（坂野，1999）。たとえば，セルフモニタリングは，クライエントが自分の日常生活を観察記録することで，自分の感情や思考のパターンに気づき，認知の歪みの修正を促すよう働きかけるものである。

また認知的再体制化は，クライエントが自分の信念や考え方の不合理性に気づき，これらの認知が不適応行動を起こしていることを理解し，合理的な認知への変容を目指す技法のことである。

[4] 家族療法

家族療法は家族のメンバーが同時に面接を受けながら，短期に具体的な問題解決を目指す。家族を１つのシステムとしてみなして，注目するのは現在の家族の状況である。問題の原因を幼少期の家族関係に求めず，今の家族関係の中でどのようにして問題が強化（第４章の学習を参照のこと）されていったかというように，個人より個人と個人の相互作用をみていく。カウンセラーはその家族を十分に観察し，家族のメンバーの人間関係や出来事に注目しながら，家族システムの特徴を理解し，家族の構造を変化させたり，メンバー間のコミュニケーションとその悪循環に焦点を当てたりしながら問題を解決することを目指す心理療法である。

[5] アサーション・トレーニング（assertion training）

私たちは思っていることを伝えようとするとき，もしそれを言ってしまったら相手がどう思うかと遠慮して，言いたいことを我慢することがある。これを非主張的自己表現という。一方，相手の言い分を聞かず，自分の主張ばかりをすると自分は満足したとしても相手にストレスを与えることがある。どう伝えるのが良いのか。適切な自己表現（アサーション）とは，自分と相手の気持ち

トピック 22：システムズ・アプローチ

家族療法の中心的なアプローチであるシステムズアプローチについて，ここでは取り上げてみたい。

システムズ・アプローチは一般システム理論の考え方を心理学に応用したものであり，一般システム理論は相互作用や円環的思考法を特徴としている。家族のメンバー同士の相互作用の連鎖やパターン，ルールのあり方が家族のシステムであり，家族システムはそれぞれの家族メンバーに影響を与え，また家族メンバーが家族全体にも影響を与える。これが円環的思考法である。それに対して直線的思考法は，原因と結果という直接的なつながりを意味している。たとえば子どもが登校拒否という結果になった場合に，その原因をお母さんに求めてしまうようなことである。ちなみに家族療法では，問題や症状を抱えた家族メンバーは「患者と認識された人（IP: identified patient）」と呼ばれている。

子どもの登校拒否の原因をお母さんに求めていた先の例もその１つであるが，普段私たちは，誰かとなんらかの出来事について話しているとき，その原因や問題とされたものが真実であると考えがちである。しかし東（2013）は「いかに真実のようにみえても，それはひとつのフレームに過ぎない。そして，多くの人が同じフレームを心に描いて言葉にすることで，社会的に存在感をもつフレーム（筆者注：社会的構成）ができあがる」という社会構成主義（社会的に構成された現実）について述べている。システムズ・アプローチの考え方はこの社会構成主義がもとになっており，会話という相互作用によって現実をつくり変えることを目指す。具体的には，相手に合わせるというジョイニングと相手の認識の枠組みを変えるためのリフレーミングを行き来しつつ，少しずつ新しい現実をつくっていくカウンセラーとクライエントの共同作業のプロセスがそれであり，これを治療的会話と呼ぶ。リフレーミング，つまりフレームを変えてみると，物事は違って見えるようになる。子どもが登校拒否をした場合，当初は問題児だと思っていたのが，これをきっかけに今まで話し合うことがなかった家族の会話が増えてきたことによって，実はバラバラだった家族をまとめるために，子どもが登校拒否になったと考えることもできる。このようにリフレーミングによって，現実の意味をとらえ直していくことは，人生の可能性を広げ，家族や職場の人間関係がより良いものになるのではないだろうか。

を尊重して意見を伝えたいとき，なるべく率直にその場に適した方法で自分の考えを伝える自己表現のことである。このようなアサーションの形を理解したのちに，具体的な場面でどのような表現が良いかを考えることや，ロールプレイ（カウンセラーがクライエントの行動よりも有効な方法を示して実際に訓練させる）を実践するなどして正しい自己表現を学習させていく。アサーション・トレーニングは，現在は社会的スキルの一部として扱われるようになっている（三田村，2008）。

［6］遊戯療法（プレイセラピー）

遊戯療法は子どもを対象とした心理療法の総称であり，言葉だけでは表現することが困難な子どもに，遊びを通して自己表現やコミュニケーションを促すことで子どもとカウンセラーが対話することにより，子どもは人とかかわる喜びやうれしさ，達成感が得られ，自分自身で問題解決に取り組んだり，遊びそのもので癒されたり，発達を促進させていくことを目指すものである。遊戯療法は，情緒的な問題や心身症的な問題まで幅広く用いることができる。つまり遊びのなかで子どもの無意識の世界（苦しみや困難）に目を向けていくことが大切なのである。

［7］森田療法

日本独自の心理療法として森田正馬が考案したものである。森田療法はマインドフルネス（今現在起こっている経験に注意を向ける心理的な過程のこと）と同様に東洋思想がベースになっていることや，行動療法の第三の波といわれている Acceptance and Commitment Therapy（ACT）との類似性の高さなどから現在再注目されている（園田ら，2017）。園田ら（2017）によれば，森田療法と ACT の共通点は精神病理と治療過程を対応させているところであり，どちらも精神病理について回避行動ととらわれという観点からとらえており，治療過程では受容と目的に沿った行動を強調している。

森田療法は，神経症を「神経質」と「ヒステリー」に分け，特に「神経質」という症状に効果があるとされる。神経質な患者は症状に「とらわれている状態」であり，「かくあるべし」という心の呪縛の結果であるとする。森田療法では入院による治療が中心である。「導入期」に面接を実施し治療目標を決め，第 1 期「絶対期」は約 1 週間独りで個室に横になったまま安静にして過ごす。第 2 期「軽作業期」は身の回りの整理整頓や庭の散歩など，患者自身が気づいたことを行う。第 3 期「作業期」は他の患者との共同作業が中心となり，小動物の世話，園芸，木工，料理などを行う。第 4 期「社会復帰期」は外出も許可される。職場や学校に通いながら不安や葛藤に対処する方法を学習しながら，不安や症状などのとらわれをあるがままに受け入れていく。なお外来では「日記」による指導を行うものが多い。

参考図書

池田 久剛（2003）．カウンセリングとは何か［理論編］　ナカニシヤ出版
氏原 寛・杉原 保史（1998）．臨床心理学入門――理解と関わりを深める　培風館
金沢 吉展（2007）．カウンセリング・心理療法の基礎　有斐閣

第13章 文化の心理学

木戸彩恵

本章のキーワード
文化心理学，比較文化心理学，文化的自己観，記号，文化的無自覚，カルチャーショック

私たちは生まれた瞬間から，文化を身に纏いながら生きる存在である。衣食住のいずれも文化が関わっている。たとえば，言葉や教育なども文化である。これら，私たちの周りにある文化は水や空気のように「当たり前」に存在しており，普段の生活の中で私たち自身が文化と関わりながら生きているという実感を持つことは滅多にないといえるだろう。本章では，このように身の周りに当たり前に存在する文化をとらえるための心理学について説明する。

1．文化とは何か

「文化」という言葉には，伝統や古典などといった言葉が結びつきやすい。多くの人がイメージする伝統に則り継承される文化は，メインカルチャーと呼ばれるものであり，文化の１つのジャンルにすぎない。文化には，メインカルチャーに対して大きな文化に位置づけられつつも，異なる表現様式をもつサブカルチャー（下位文化）や，メインカルチャーの支配的な体制への反発をもとに発生するカウンターカルチャー（対抗文化）なども存在する。

しかし，近年では，従来的に棲み分けられてきたこれらの文化が融合することが多くなり，文化の境界が薄れる傾向がみられる。具体的には，ファッションの世界では，メインカルチャーであるハイブランド（主に富裕層に向けた比較的高価なファッションブランド）とサブカルチャーやカウンターカルチャーであるストリートブランド（ストリートに屯する若者から自然に生まれたファ

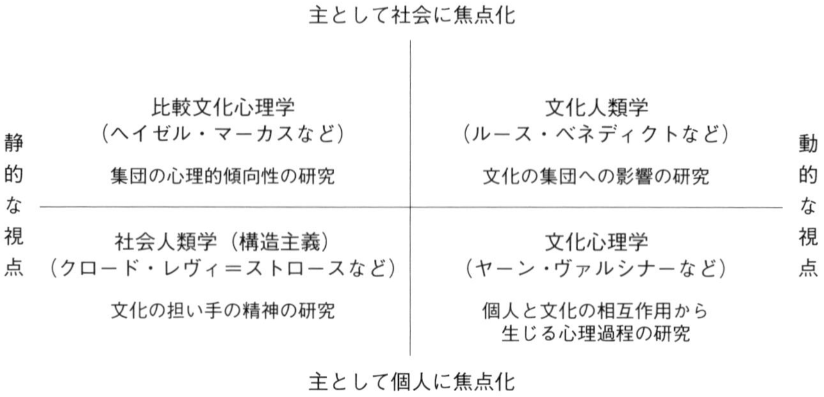

図 13-1　文化に関わる心理学および近接する研究領域（Valsiner（2014）を参考に作成）

ッションブランド）のコラボレーションが行われているし，アートの世界では，メインカルチャーを発信する施設である美術館でサブカルチャーであるマンガ・アニメの展示が行われることも増えてきた。

メインカルチャーとその他のカルチャーの融合や接触は，新しい文化を生み出すだけでなく，私たちに異なる文脈に置かれた文化に触れ，新たなものの見方をもたらすきっかけを与える。これまで「文化」として認識されていなかった身近なものが，文化とみなされるためのきっかけになる場合もある。

心理学あるいは心理学の近接領域において文化を扱う研究の範囲は，「社会への焦点化-個人への焦点化」と「動的な視点-静的な視点」の軸に基づき，大きく 4 つに区分できる（図 13-1）。

「社会への焦点化-個人への焦点化」の軸について，社会への焦点化は，文化比較に関心を寄せる立場である。特定の社会，たとえば，自己について独自性を重視する前提をもつ文化と協調性を重視する文化では，人々の社会行動がどのように違うのか，さらに，そうした差異が，他の社会現象や社会行動にどのように影響するかに焦点を当てた研究を行う。一方，個人への焦点化は，個人がいかにして文化的存在になるのかに焦点を当てた研究を行う。たとえば，集団的自己や相互依存的自己はどのようにして形成されるのかといった問題を，特定の個人のあり方に焦点を当てて研究する。

「動的な視点-静的な視点」の軸は，動的な視点は文化と個人が関わり合うな

トピック 23：カルチャーショック

みなさんにとって，高校から大学への入学はカルチャーショックを伴うものではなかっただろうか？　多くの大学では，すべての科目をクラス単位で受講することは少ないし，制服を日常的に着用することもないだろう。友人との関係も，高校までと比較して自由であり，新入生の間はそれまでの学校生活とのギャップにとまどうことも多かったのではないだろうか？

カルチャーショックは特別な経験ではない。たとえば，海外への留学を経験する場合，語学面の問題など，自分自身が想定している以外にもカルチャーショックが生じることもある。また，先ほど挙げたように大学への進学など，比較的小さな生活環境の変化でもカルチャーショックは起こりうる。カルチャーショックは，これまでと異なる文化において行動の手がかりの有効性が失われ，好ましい結果が伴わなくなり，環境へのコントロールを失うとき，あるいはコントロールできないと感じるときに現れる（松見，2017）。つまり，カルチャーショックとは自文化から異文化へ出ていったときや，異文化が侵入してきたときに，双方の文化接触が生じ，そこにある方向への変化が起る前に，経験されるものである。これは文化現象であると同時に，それぞれの文化に馴染んだ個人の心身に現れる個人現象でもある。またその個人が集まっているときには集団現象として立ち現れることもある（星野，2010）。

カルチャーショックは，一般的に，ネガティヴな現象とみなされやすい。たとえば，タフト（Taft, 1977）はカルチャーショックを何らかの感情的障害の状態とし，緊張，喪失感，被剥奪感，劣等感，混乱，驚き・不快・不安憤慨嫌悪の情，不能感が生じると考えた。また，ガスリー（Guthrie, 1975）は増大する焦燥感，易怒感，憂うつ，食欲不振，睡眠不足（および不眠症），不定愁訴（不明確な身体症状）を伴う文化疲労ととらえた。一方で，必ずしもネガティヴな現象ではないとする主張もある。ベネット（Bennett, 1977）は，人生における転機に起こりうる何らかの「ショック」とし，転勤や転居，結婚などのライフイベントに伴い経験するものとしている。また，アドラー（Adler, 1975）は，進化論的な観点から，カルチャーショックを文化学習・自己成長の一過程とみなしている。

カルチャーショックの理論には諸説あるが，現実に私たちを取り巻く世界にはカルチャーショック防止装置も準備されている。たとえば，大学入学にあたってはさまざまなオリエンテーションが準備されている。また，海外旅行にあたっては個人旅行の選択肢のみでなく団体旅行も準備されている。カルチャーショックは異文化適応過程で多くの人に経験される。ショックを受けている意味や価値観の変容を自分なりに考えてみることも，個人の文化変容のプロセスにとって重要なことといえるだろう。

かでの文化あるいは個人の変容のダイナミズムをとらえる視点である。たとえば，文化移行や変化を前提に，そのあり方やプロセスをとらえる研究がこれにあたる。一方，静的な視点は，文化を容器のようなものと考え，1つの文化に個人が留まり，文化からの影響を一方的に受けることを前提とした視点である。文化からの影響が人々の認識に与える影響などをとらえる研究がこれにあたる。

本章でいうところの文化心理学とは，「個人に焦点化」し「動的な視点」をとらえるために記号的媒介を重視する心理学の一領域である。心の働きの結果として創出される意味づけ，道具，シンボルなどを扱う。次節では，社会への焦点化と静的な視点を特徴とする比較文化心理学と文化心理学の研究例について言及することから，それぞれの研究方法の特徴を述べる。

2．比較文化心理学と文化心理学

[1] 比較文化心理学

比較文化心理学（cross cultural psychology）の特徴は，人が文化に属する（person in the culture）とする考え方にある。比較文化心理学では，国や地域が文化の範囲として設定され，人は属する文化から影響を受ける存在とみなされる。そのため，私たちの心理的傾向性は，ある文化からの影響を受けた結果として決定づけられると考えられている。比較文化心理学の枠組みでは，人の心の基礎的なプロセスが普遍的であることを実証することがその最終的な目的であるとされることから，心の基礎的なプロセスは人類に普遍的に備わっているという前提に立つ（北山，1997）。

比較文化心理学の代表的な研究として，マーカスと北山が中心となって取り組んできた文化的自己観の研究がある。文化的自己観とは，ある文化の中で歴史的に形成され，社会的に共有された自己，あるいは人一般についてのモデル，通念，あるいは前提のことである。それは，集合的，歴史的，発達的プロセスを通じて社会的現実と心理プロセスを構成する一要因として個人に影響を与える（北山，1997）。文化的自己観の研究では，日本における自己と文化の相互構成システムとして，相互協調的自己が想定される。これに対して，欧米における自己と文化の相互構成システムとして，相互独立的自己が想定される。

欧米のような相互独立的自己観が支配的な文化では，自分の内面に望ましい属性を見出し，それを確認することが，人々の自己定義そのものに関わるとされる。それは，自己とは他の人や周りの事々と区別され，切り離された実態であるという前提に由来する自己定義である。「我思う，ゆえに我あり」という言葉に代表される知的合理主義，ルソーに始まるロマン主義における「自然な自己」の概念，社会的交換や社会的契約の概念化から派生する古典的経済学の理論など，西洋の人間観の諸側面にこの自己観を見出すことができる。相互独立的自己観が支配的な文化では，自らの望ましい属性に注意を向け，それについて考えをめぐらせ，表出するといった心理的慣習が成立する。一方で，日本のような相互協調的自己観が支配的な文化では，意味ある社会的関係の中に自らをはめこむことが，自己定義そのものに関わるとされる。相互協調的自己観とは，自己とは他の人や周りの事々と結びつく高次の社会ユニットの構成要素となる，本質的に関係志向的実体であるという自己観に基づく文化的前提である。この自己観は，たとえば仏教における慈悲の概念，儒教における役割の教えなどの思想にも反映されている（北山，1997）。そのため，他者の期待に応え，社会における自らの役割を果たすことが重視される。

より近年の研究では，結城ら（Yuki et al., 2007）が行ったエモティコン（キーボード文字のさまざまな組み合わせによって形成される表情の表象であり，書き手の感情や意図する口調を伝えるために使用される。1990 年代より，emotion と icon の造語として使用されるようになった絵文字，顔文字のこと）の研究を比較文化心理学の研究として挙げることができる。この研究では，エモティコンを通して日米の表情の文化差について考察を行っている。結城らの研究の結果から，米国では口元が顔文字の表情を読みとる際に注目されること，これに対して，日本では目元が表情を読み取る際に注目されることが明らかになった。実際に使用される欧米のエモティコンでは, :-(　,　;-D というように口元で表情に変化をつけているものが多く認められる。一方,「日本では目は口ほどにものを言う」という諺があるように，目元を強調するエモティコンが多く認められる。興味深いことに，日本のエモティコンで頻繁に使用される(^_^）の表情は，日本人にとっては目の表現によって幸せ（happy）な表情と認識されるが，米国人にとっては口の表現によってニュートラルな表情と認識されるのである。

多くの心理学の研究は普遍的な知見を目指してきた。一方で，比較文化心理学の領域では，文化的な差異を見出し比較することで，ある地域で実施された研究が一概に他の地域で一般化できないことを示してきた。また，文化的な表象の仕方が必ずしもユニバーサルなものではないことも証明してきた。比較文化心理学とは，文化的特性と人々の心の志向性について，文化を媒介変数として組み込むことで理解しようとする心理学の領域である。

［2］ 文化心理学

文化心理学（cultural psychology）は，文化が人に寄り添う（culture belongs to the person）と考え，自己形成の背景に文化があると考えるのではなく，自己と文化の相互関係性を考える心理学の領域である。上村（2000）は，他者と自己との関係のつくり方や社会への適応のあり方はそれぞれの文化に固有なものがあると述べ，その分析には，歴史的な背景や社会的な意味との関係からのアプローチが必要であることを指摘した。こうした指摘に加えて，現代社会を生きるうえで，人はいくつもの社会・文化的文脈と出会いながら発達する。具体的には，ある地域から別の地域へと移り住むような社会的流動性の高さや，ネットワーク環境の充実による異なる世界との出会いが想定される。現代社会においては，従来的な1つの文化で生きるという想定は困難といえる。人々が多様な文化と関わると想定し，文化と人が相互作用し，互いに影響を与え合うと考える比較的新しい心理学の領域が文化心理学である。文化心理学では，第1に他の文化と比較しなくても文化の理解が可能と考える点，第2に文化とともに変容していく人をとらえる点にその特徴がある。すなわち，個人の「道具」として文化をとらえ，文化が個人を変容させ，それと同時に文化も個人により創出されると考える。

学術的な文化の定義は数多あるが，本章では，文化心理学におけるヴァルシナー（Valsiner, 2007）の定義に沿い，特定の行為を意味づけ促進／抑制する文化を「記号の配置」と考える（詳細については，第3節を参照されたい）。文化は，それと関わり合いながら生きる人の動的な精神と環境（社会・文化的システム）の間主観性の中にあるものである。間主観性は，それぞれの人が育ってきた発達的，文化的な文脈が異なることから同じ状況に対して異なる解釈も生まれうる。文化の共有は，２人以上の人の間での主観的な認識が共有されている，あるいは共有可能な場合に成り立つものである。

文化心理学は，制度や特殊性の中で媒介された行為や発達過程における社会的相互作用について扱う活動志向的な流れをくむものと，文化的道具としてのことばや記号について扱う記号志向的な流れをくむものとに分けて考えることができる。前者の活動志向的な流れをくむ文化心理学は，人間と対象との関係を包摂的な社会的な関係性の中で考えるものである。具体的には，エンゲストローム（Engeström, 1987）が提唱する活動理論を用いた研究やロゴフ（Rogoff, 1988）が実施したコミュニティの社会文化的活動への参入研究などを挙げることができる。

エンゲストロームの活動理論は，後述するヴィゴツキー（Vygotsky, 1978）の記号の心理学を拡張した活動システムモデルの提案である。エンゲストロームは，集団で行う活動を共同体のメンバー間での異なる行為の分業が可能にさせると考える。その活動の背景には，参加者間での相互作用を規制するルールが存在することが想定されている。活動理論の応用範囲は幅広く，アクティブラーニングなど，創造的な学習活動などをとらえる際にも活用される。

ロゴフのコミュニティの社会文化的活動への参入研究は，学習の成果を能力ではなく状況との関わり合いのなかで生じると考える。正統的周辺参加（legitimate peripheral participation）という概念を通して，学習が社会的な実践共同体への参加の度合いを増すこととする考え方である。社会文化的活動への参入は，熟達者の側の足場かけ（scaffolding）が初心者の学習を援助し，初心者の側がその援助に対して適切に応答することによって成り立つ。たとえば，言葉の発達を考えた場合，子どもが関心を示している場面に対して大人が言葉かけをすることで，子どもの注意を促したり，子どもがその場面にふさわしい言葉を学習したりすることができる。ロゴフは，人間はコミュニティの社会文化的活動への参加の仕方が変化することを通じて発達し，コミュニティもまた変化すると考え，それを学習に関連する一連の研究を通して主張してきた。

後者の記号志向的な流れをくむ文化心理学は，人と対象を媒介するものを記号（sign）としてとらえる。記号の心理学については次節でより詳しく述べるが，状況や発達の段階に応じて私たちの行為が媒介を通してどのようにガイドされるか，また，その媒介の機能や意味を考える心理学のあり方である。現在，文化心理学の第一人者として理論を牽引しているヴァルシナーは，記号は未来と向き合う何らかの機能をもち，過去の状態から何か新しいことへと導くものであるとする。つまり，過去-現在-未来の関係性の中で，記号に対する価値づけがなされた結果，社会・文化的文脈にすでに配置されている記号が眼前に立ち現れるようになると考えるのである。

ヴァルシナーは，文化心理学を考えていくために以下の 4 つの視点が大事だと主張する。第 1 に，文化はコーディネートされていることである。文化心理学では，人の経験における個人領域と社会領域の発達を両面から扱う。第 2 に，共同構築され，伝達されるものであることである。双方向のコミュニケーション行為の過程を通じて，世代間，同世代の人々の間で新たな形に再構築される文化に着目する。第 3 に，学習されたものであることである。人は積極的にメッセージを解釈しようとする。それは文化に対して記号を通したコミュニケーションをしようとすることであり，新たな内的な精神パターンでそれらを再構築しようとし，それらのパターンを他者が接触できる領域に動かす。そして，最後に，シェアされると同時にコーディネートされたものであることである。異なる行為主体，人や社会制度が互いの経験を規定するが，その境界は不明瞭であり，文化は融合していくことができるものと考える。

記号志向的な文化心理学の研究として，ヴァルシナー（1997）は幼児の食事場面における親子のコミュニケーションを観察した。大人が目的をもって子どもの活動を制限したり促進したりすることが，子どもの活動や認識をコーディネートすると考え，乳幼児が親から食べさせてもらう初期から，ひとりで食事ができるようになっていくプロセスを長期に渡って観察した。食事場面は，子どもが食べ物や食器を文化的に適切なやり方で扱えるようにするという目標を大人が子どもに対して伝達するように構成されている。大人の役割は，子どもに対して言葉をかけたり，子どもの手や顔を拭いたり，場所を移動させるなどの介入をしていくことである。こうしたコミュニケーションを通して，自立して食事をとるという学習が成立する。つまり，食べることにかかわる共同行為が，大人から子どもへとシェアされることにより，子どもの文化的意味システムの構築とその環境における適切な行動様式の獲得が可能になるのである。ヴァルシナーはこの研究で食器や家具の役割に着目した。子ども用にデザインされた食器や家具の役割を文化心理学的な立場からとらえると，第1に，これらは子どもの食事行為を制約し，食卓において社会化した行為者となれるような枠組みをつくる。第2に，文化的価値観に基づく，食事時の楽しい感情表現を間接的に促進するような特徴をもつ。ヴァルシナーは，食べることにかかわる大人との共同行為が，子どもの文化的意味システムの構築とその環境における適切な行動様式としてシェアされていることを明らかにした。

その他の例として，筆者が行った女子大学生の化粧行為を対象とした記号の発生についての研究もある（木戸，2012）。日本の社会文化的文脈で育つ女子学生には，化粧行為に向かわざるをえなくなるよう方向づける社会的な力が多く認識されている。そうした文脈の中で，化粧をしないという選択が非常にしづらい状況がコーディネートされている。そのため，多くの日本の大学に通う女子大学生は化粧をすることを「当たり前」のこととして認識し，その認識が共同構築されている。つまり，化粧行為は「大学に向かう自分」をつくり出す記号となるのである。一方で，米国では必ずしもそうとはいえない。むしろ大学に行くのに化粧をするのは不適切とする認識が共同構築されている。米国の大学生は，週末やパーティなど，特別な時にのみ化粧をするため，日本人の留学生は認識や行動の違いに気づいた時に，振る舞い方を迷うことがある。

これには，記号の働きの違いが影響している。後述する文化的無自覚の1つの例として挙げることもできるが，文化集団の差の意識化が行われ，自文化への気づきを得る過程とみなすこともできる。個人の行為（ここでは化粧）は文化的な行為として位置づけられ，他の文化集団（ここでは米国の大学生）の文化実践とみなされるからである。このように，集団間の差の意識化が生じた時に，文化実践をすり合わせるための価値観・意味の問い直し過程が出現する。こうした変容過程が生じる背景には，生まれ育った文化に対しての気づかなさがある。これを「文化的無自覚（core-blindness）」と呼ぶ。たとえば，子どもの頃，七五三などの通過儀礼や発表会の舞台などのハレの日に，その日だけ特別に，かつ，本人が望む・望まないにかかわらず半ば強制的に大人から施される「受身的化粧」を経験することがある。受身的化粧として施される化粧は，

トピック 24：お金の使い方

子どものお金との付き合いは，「おこづかい」を用いて市場に参入することで始まる。あなたは子どものころ，おこづかいをどのようにもらい，どのように使っていただろうか？　文化心理学の観点からみると，お金はモノやサービスの交換手段や価値基準として，また，その価値の蓄積や保存手段として所有者と商品との文化的媒介機能をもつ。子どもはおこづかいを通してその社会経済的機能を理解し，自身の欲求を適切にコントロールしながら，お金を使用するスキルと社会的自我を獲得する（竹尾ら，2005）。

日本では多くの場合，おこづかいは親によって定期定額と決められていて，子どもは一定の額のお金を計画的に使うことを通してお金の管理方法を学習する。日本ではおこづかいは自分のために使うことが一般的である。親は子どもが友達と遊びに行く時に自分のお菓子は自分で買うように注意をする。おこづかい使用のルールとして，お金の貸し借りや，子ども同士のおごり合いは厳しく禁止されることが多い。皆さんもおそらく同じように教育されてきたのではないだろうか。その理由は，日本の親はおごり合うことで友達との関係性が悪くなると考えるからであり，おごりに対して非常に否定的な態度を示す傾向がみられる。

一方で，日本のおこづかいのルールが他の文化集団でも同様に機能しているわけではない。中国の朝鮮族では，自分のおこづかいで「学校の納付金を払う」「市場に行って食材を買う」など，親のためにお金を払う現象がみられることもある。また，日本では禁止されているおごり合いは，韓国では容認されている。韓国では，子ども同士のコミュニケーションの媒介として，おごり合うことで継続的な関係性をつくることができると考えるからである（呉ら，2012）。

おこづかいによって培われたお金の使い方のルールは，大人になった私たちの生活にも影響を与える。たとえば，日本に留学にきた韓国人学生は日本の割り勘文化に対して戸惑いを覚えることがあるという。本人が関係性をつくるためにおごりたいと考えていても，それを拒否されるからである。その結果，おごらせてもらえない状況にカルチャーショックを覚え，日本人との対人関係に距離を感じることになる場合もある。留学や国外での生活が身近になった今，私たちは多くの文化に出会い，些細な違いに直面するだろう。それに対して，文化心理学の観点から現象の理由を考えると，新たな示唆を得ることができるのである。

図らずも子どもにとってそれまで禁止されてきた行為により興味をもたせるきっかけとなる。その後，子どもが大人の持っている化粧品をこっそりと使い「化粧の試用」を始めることもある。「化粧の試用」は，社会化の先取りと位置づけられるものであり，化粧を遊び感覚で用いることで，大人の女性の行為を真似るという学習ができるようになる。そのための装置として，近年では，子どもが用いても安全なキッズコスメなどが販売されるようになった。

先に述べたように，人の文化への参入は，コーディネートされたものであるがゆえに通常は無自覚に行われる。その際，社会文化的アプローチの概念を借りると，文化的行為への参加は，他者の活動の流用・収奪のレベルであるアプロプリエイション（appropriation）から，導かれながらの参加（guided participation），そして，熟達（mastery）へと発展する。無自覚になされることは，「熟達」の結果と考えることができ，無自覚化による「素早く」「高度な」判断や行為が可能になったともいえる。一方で，特定の状況になじむあまり，「視野の偏狭」や「過剰学習」という弊害が起こることがある。文化的行為の中には，特定の行為になじみすぎているあまり，「しなければならないもの」あるいは「してはならないもの」と考えてしまい，義務や禁止を認識してしまう場合も少なくない。文化心理学では，本節やトピックに挙げた研究の他，理論・実践研究ともに多様な研究が蓄積されており，それぞれの研究において，特定の文化現象が生じる理由に迫る試みが実践されている。

3．文化心理学における記号

文化心理学では，①制度や特殊性の中で媒介された行為，②発達過程としての社会的相互作用，③文化的道具としての語りを扱う手法に基づく研究が行われている（上村，2000）。これらの研究に通底しているのはゲシュタルト心理学者ケーラー（Köhler, 1917, 1921）のチンパンジーの洞察学習の実験（手の届かない高所にあるバナナを，そこにある箱や棒などの物＝記号を駆使して手に入れる例：物＝記号をその場の文脈に結びつけた）から着想を得た，ヴィゴツキーの「記号」という概念である。ヴィゴツキーの記号論においては，主体から対象への働きかけにおいて，主体が対象に働きかける場合，必ず記号が媒介すると考える。これを，ヴィゴツキー・トライアングルと呼ぶ。ヴィゴツキー自身は，主に言語に着目して研究を行ったが，その後の研究の展開の中で記号の範囲は行為や物にも拡張されている。

ヴィゴツキーの影響を受けた文化心理学の1980年代以降の簡単な展開を述

べると，はじめに，コール（Cole, 1996）による文化を「人間が作り出した人工物（artifact）」とみなす考え方が文化心理学に影響を与えた。人工物とは，他者や対象物と相互行為を行うために用いられる，社会システムや制度，テクスト，慣習など，過去から現在までの人々の経験の集約である。ここでいう人工物とは，道具・設備・社会組織・制度・文書情報・常識などであり，単なる物質に限られない（高取，2000）。コールの理論では，人の特性が，歴史的に蓄積されていく人工物のシステムである文化のなかでつくられるとする前提のもと，個人の学習と周囲の状況の影響の関わりが考えられた。その後，ワーチ（Wertsch, 1991）により，媒介的手段を用いて活動する人間（agent-acting-with-mediational-means）として，人の経験は文化的道具（cultural tool）と切り離すことができないものであり，つねにそれらは緊張関係の中で同時に作用している点を強調した理論がつくられた。ここでいう文化的道具には，物質的な道具のほか，言語，記号などが含まれる。媒介手段と人間の経験が蓄積され，次世代の成員がそれを内化し（internalize）発達していくとする考え方から，文化心理学と発達心理学の融合の試みが行われた。ワーチは，文化的道具の固有の使用に着目し，人の社会化のプロセスや教育・学習過程の中での子どもの認識構造を理解することを目指したのである。より近年では，ヴァルシナーによる展開として，人の行為・行動の促進と抑制に関わる記号があることが指摘されている。記号は状況に応じてそのどちらにもなりえること，時間的経緯の中で変容していくことを明らかにするアプローチ（たとえば，複線径路・等至性アプローチは，人の発達的変化を時間的変化と文化的文脈という複線でとらえる）が開発されており，文化心理学の枠組みをより動的なものへと進化させている。

以上のように，文化心理学の枠組みとして，記号を通して事象のあり方を考えることは，人を裸で自然と向き合う存在としてではなくて，さまざまな人工物を身にまといつつ自然に相対する存在としてとらえていることを意味する（高取，2000）。これは，人がある行為をできる／できないという「機能」について考えるだけでなく，良い／悪い，あるいは，正しい／正しくないという「価値」や「意味」について，ひいては人の認識について考えることにつながる。記号は社会・文化的文脈においてさまざまに配置されている。それをいかに選び取り関わっていくかによって個人の文化が形成されると考えるのが記号の心理学としての文化心理学といえる。

4．文化とともにある人を理解するために

ここまで繰り返し述べてきたように，文化は水や空気のように当たり前と感じ，他の社会・文化的文脈に触れることがない限りにおいて，それに気づかないことも少なくはない。このような自明とされる事象を明らかにするために，文化心理学では，文化を「記号の配置」としてとらえてきた。私たちの周りに附置されている一つひとつの記号は，私たちの文化的な生活を成り立たせるために不可欠なものである。多様に附置されている記号の中から自らが必要とする記号を選び取り，さらに集合的文化と個人文化を擦り合わせることから，個人の文化が創出されるのである。こうした立場から文化心理学では，文化を創出する存在として人を理解するために，さまざまな記号と人の関わり方をとらえようとする試みを行ってきた。文化心理学が重視するのは，人と文化の関わり方やそこに生じる心理変容の過程である。

文化心理学は，ヴント（W. Wundt）の民族心理学の構想以後，ヴィゴツキーの記号の心理学に着想を得て，文化心理学や社会文化的アプローチとして発展してきた。そして，現在ではとりわけ時間的経緯や動的な関係性の中に人を位置づけ，その変容をとらえるための試みに注意を向けている。これは，社会的流動性が高まった現代社会の要請に沿う人間理解の試みであり，文化の中にいる人というとらえ方を，文化とともに生きる人というとらえ方へと変える，心理学における動的な人間理解への転換である。今後，この分野が大きく発展していくことが期待される。

参考図書

有元 典文・岡部 大介（2013）．デザインドリアリティ［増補版］――集合的達成の心理学　北樹出版
山本 登志哉（2015）．文化とは何か，どこにあるのか――対立と共生をめぐる心理学　新曜社
ヴァルシナー，J.（2013）．新しい文化心理学の構築：〈心と社会〉の中の心理学　新曜社

第14章 進化心理学

熊木悠人

本章のキーワード
自然淘汰，適応，ティンバーゲンの4つのなぜ，進化適応環境，包括適応度，互恵的利他主義，フリーライダー，間接互恵性，社会脳仮説，文化，模倣，教育

私たちは，甘みの多い食べ物を美味しく感じ，苦い物はまずく感じる。パートナーが自分以外の異性に惹かれているように見えると，嫉妬心を抱く。私たちが感じるこのような感情は，進化の過程で獲得されてきたものである。本章では，「進化」という視点からヒトの心に迫る進化心理学という分野について紹介する。

第1節では，進化心理学という学問と，その基礎となる進化の理論について解説する。第2節では，「ヒト」という動物種の心の進化の背景を論じる。第3節では，進化心理学の重要トピックである利他行動の進化について，主要な学説を紹介する。第4節では，「ヒト」という動物種の独自性，すなわち，「ヒトらしさ」はどこにあるのか，また，それはどのように進化してきたかを論じる。第5節では，進化心理学をより正しく理解するため，よくみられる進化心理学についての誤解について解説する。

1．進化心理学とは何か

[1] 遺伝子と自然淘汰

ヒトは，哺乳類の中の霊長類と呼ばれるグループに属する動物の一種である。ダーウィン（Darwin, 1859）は，主著『種の起源』の中で，自然淘汰という概念を提唱した。生物の集団の中には，さまざまな遺伝子を持つものがおり，ときには，突然変異によって新たな遺伝子が現れることもある。遺伝子の中には，食物の獲得や捕食の回避など，生存や繁殖に有利になる形質を発現させるものがある。生存や繁殖がうまく行える状態を適応的である（あるいは適応度が高

い）という。そして，適応的な形質を発現させる遺伝子を持つ個体は生き残って子孫を多く残し，そうでない個体は生き残れず子孫を残せない。こうしたことが何世代にも渡って繰り返されることで，適応的な遺伝子を持つ個体が増えていく。こうして，生物の集団内で特定の遺伝子を持つ個体の割合が変化していくことが，進化なのである。どういった形質が適応的であるかは，それぞれの生物が生活する環境によって異なる。たとえば，寒い地域に住む動物にとっては，体温を保つのに役立つ厚い毛皮や皮下脂肪は適応的かもしれないが，暑い地域に住む動物にとってはそうではないだろう。

自然淘汰によって進化するのは，身体的な特徴だけではない。食べ物をじょうずに見つけたり，捕食者を避けたりといった生存に有利な行動，あるいは，配偶者を見つけて子孫を残すといった繁殖に有利な行動，そして，それらの行動を支える認知や情動といった心のはたらきも，自然淘汰を通して進化してきたのである。

[2] ティンバーゲンの4つのなぜ

進化生物学者のティンバーゲン（Tinbergen, 1963）は，動物行動の説明には4つのアプローチがあることを提唱した。すなわち，①至近メカニズム，②機能，③発達，④系統発生による説明である。これらは，「ティンバーゲンの4つのなぜ」などと呼ばれている。至近メカニズムによる説明とは，ある行動の直接的な原因に関する説明であり，機能による説明とは，ある行動が生存や繁殖にどのように適応的であるかという視点による説明である。発達による説明とは，個体の発達の視点からの説明であり，系統発生による説明は，進化の過程についての説明である。たとえば，「なぜ，甘いお菓子を食べたくなるのか」を考えると，いくつかの回答が用意できる。たとえば，「お菓子に含まれる糖分を舌で感じ，その情報が脳に伝わると美味しいと感じられるから」といった回答が考えられる。これは至近メカニズムによる説明である。他方，「糖分を摂取することで生存に必要なエネルギーが得られるから」というような回答も有りえるだろう。これは，機能による説明である。「成長の過程でお菓子が美味しいことを学習したから」は発達の視点からの回答であるし，「ヒトの祖先が糖分を含む甘い食物を好む性質を獲得したから」というのは，系統発生

トピック 25：性淘汰と配偶者選択

生物の持つ特徴の中には，自然淘汰では説明できないものもあった。たとえば，クジャクのオスが持つ優美な飾り羽は，生存という観点からは何の役にも立たない。では，なぜ飾り羽が進化したかといえば，メスが立派な飾り羽を持つオスを好んでいたためと考えられる。ダーウィンは，このような繁殖競争によって起こる淘汰を性淘汰と呼んだ（Darwin, 1871）。性淘汰には，同性間競争によるものと配偶者選択によるものがある。同性間競争とは，異性との配偶機会を巡る同性間の争いを指し，配偶者選択は，クジャクの羽のような異性による選り好みを指す。異性に好まれる資質を持っていれば繁殖の機会が増え，多くの子孫を残せる可能性が高まる。

妊娠，出産，子育てなどの繁殖に伴うリスクやコストは女性の方が男性よりも大きい。そのため，一般的に女性の方が配偶者選択には慎重である。また，配偶者に対して求める資質も男女によって違いがある（Buss, 1989）。たとえば，男性は若い女性を好む傾向があるが，これは若い女性を配偶者としたほうが，繁殖に有利であったからと考えられる。他方，女性は男性の経済力を重視する傾向があるが，これは女性が子育てを成功させるためには，男性からの投資が重要であったからと考えられている。

また，嫉妬の感情について男女差があることも知られている（Buss et al., 1992）。嫉妬には，配偶関係を維持し，生殖や子育てを成功させる機能がある。男性からすると，配偶者が不倫をすることは，知らず知らずのうちに他人の子どもを育てるというリスクを背負うことになる。女性からしても，配偶者の心が他の女性へと向いてしまうと，子育てに必要な投資が得られなくなってしまう。嫉妬の感情は，これらの事態を防ぐことに役立っているのである。

による説明となる。他の多くの心理学の分野では，至近メカニズムや発達に着目しているのに対し，主に機能の面から，心にアプローチするのが，進化心理学である。

[3] 進化心理学の成立の背景と意義

進化心理学は，1990 年頃に成立した新しい分野であり，適応という観点から心や行動を解明するという新たな視点を心理学にもたらした。進化心理学の成立の背景には，ドーキンス（Dawkins, 1976）の『利己的な遺伝子』などに代表されるような進化生物学の発展と普及があった。また，ヒトとヒト以外の動物，特に霊長類との比較を行う比較認知科学の知見も，ヒトの心の進化を考えるうえで重要である。近年では，進化の視点と発達の視点をあわせて，ヒトという動物種の本質に迫ろうとする研究も増えてきている（たとえば，Bjorklund & Pellegrini, 2002）。

古来より，ヒトは「人間とは何か」を考えてきた。進化心理学は，ヒトという動物種がどのような進化の過程を経て現在のような心のはたらきを持つに至ったのかを明らかにすることで，「人間とは何か」について，より深く，新しい理解をもたらすものであるといえるだろう。

2．ヒトの進化

[1] ヒトの系統発生

この節では，対象をヒトに絞り，心の進化について論じていく。そこでまず，ヒトはどのような過程を経て進化してきたのかについて見ていくことにする。現在生きている中で，ヒトと最も近い動物種はチンパンジーである。ヒトとチンパンジーとの共通祖先は，今からおよそ 600 万年前に分かれ，その後，両者はそれぞれの環境に適応して進化してきた（図 14-1）。そして，約 20 万年前のアフリカで，現代人の直接の祖先であるホモ＝サピエンスが誕生し，後に彼らの中の一部の集団がアフリカを出て，全世界へと広がっていったのである。

[2] 進化適応環境

それでは，私たちの祖先が適応してきた環境はどのような環境だったのだろうか。ヒトは今から約 1 万年前に農耕定住生活を始めたとされるが，それ以前の数百万年の間，狩猟・採集を中心とする生活を送ってきた。したがって，現在のヒトという動物種が持つ心的な特徴のほとんどは，狩猟・採集生活を通して獲得されてきたものと考えられる。ある生物種において，淘汰圧がかかった環境のことを，進化適応環境（EEA: environment of evolutionary adaptedness）と呼ぶ。多くの生物では，現在その生物が生きている環境が，ほぼそのまま進化適応環境であると考えて問題ないだろう。だが，ヒトの場合，農耕を開始する以前の環境を進化適応環境として想定する必要がある。

現代では，家族，学校，会社，国家などさまざまなレベルで集団に所属し，

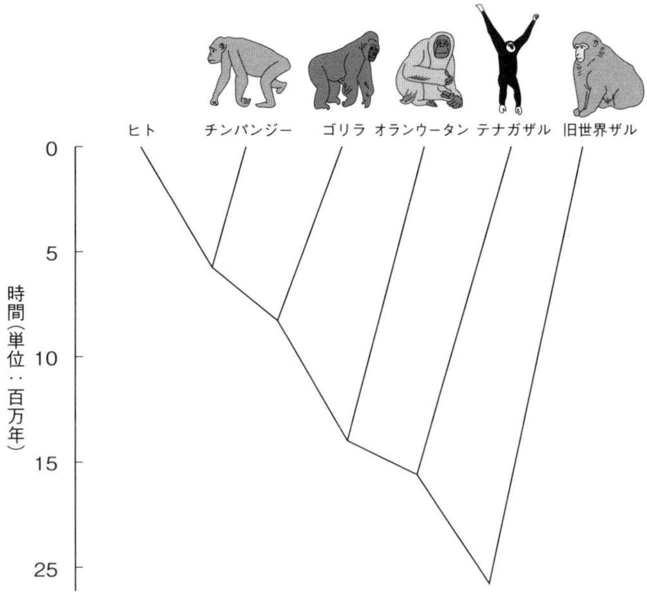

図 14-1　ヒトの系統発生（Cartwright（2001）をもとに作成）

数え切れないほど多くの人々との関わりのうえに，生活が成り立っている。一方，私たちの祖先は血縁関係を基礎とした集団で生活し，狩猟と採集によって生計を立てていたと考えられている。こうした環境に適応して進化してきた心が，現代を生きる私たちの中にも生きているのである。

ヒトが進化してきた進化適応環境が現在と大きく異なるということは，裏を返せば，進化によって獲得されてきた私たちの心は，必ずしも現代の環境で適応的とは限らないということでもある。たとえば，私たちは糖分や脂質を多く含む食物を好む。この傾向は，エネルギー価の高い食べ物が手に入りにくかった時代には適応的だっただろう。しかし，食料が豊富になった現代では，こうした食物を見境なく食べると肥満や成人病の原因となり，必ずしも適応的とはいえない。進化は，世代間で遺伝子が伝えられることによって起こるため，長い時間がかかる。それに対し，現代の私たちを取り巻く環境は，数年，数十年という短い時間で大きく変化するため，心の進化が環境の変化に進化が追いつかないのである。

3．利他行動の進化

自らコストを払って他者の利益になることをする行動を，利他行動（altruistic behavior）といい，さまざまな動物種において観察される。自然淘汰の考え方では，自らの適応度を下げる行動は進化の過程で淘汰されて生き残らないはずなので，利他行動の存在は，一見，自然淘汰と矛盾しているように見える。それでは，なぜ，利他行動は進化したのであろうか。

［1］包括適応度

ハミルトン（Hamilton, 1964）は血縁淘汰説（kin selection）によって利他行動がなぜ進化したかを説明した。この説は，それまで個体単位で考えられてきた適応度を遺伝子単位で考えるようにした。仮に，利他行動を行う個体をA，その受け手をBとする。利他行動を行うことでAの適応度は減少するが，Bの適応度は上昇する。ここで，AとBに血縁関係があり，両者は同じ遺伝子を共有していたとする。上昇したBの適応度が減少したAの適応度を上回れば，遺伝子自体の適応度は上昇するので，個体に利他行動を起こさせるような遺伝子は進化しえると考えられる。このように，個体単位ではなく遺伝子単位で考える適応度のことを，包括適応度（inclusive fitness）という。当然，親子や兄弟姉妹などの近縁では，高い割合で同じ遺伝子を有しているため，利他行動は起こりやすい。アリやミツバチは，自分の子どもでない卵や幼虫を，守り，育てるという利他行動を行う。働きアリや働きバチが育てる幼虫は，彼らと同じ母親（女王アリや女王バチ）から生まれた兄弟姉妹であり，高い割合で彼らと遺伝子を共有している。つまり，自らの兄弟姉妹である幼虫を育てることは，自らの遺伝子と同じ遺伝子を残すことにつながるのである。アリやミツバチの利他行動は，このように，包括適応度の考えによって説明できる。

［2］互恵的利他主義

しかし，利他行動は，血縁関係がない個体の間で行われる場合もある。そういった利他行動の適応的意義を説明したのが，トリヴァース（Trivers, 1971）の互恵的利他主義（reciprocal altruism）である。これは，２個体の間で互いに助け，助けられることで双方の適応度が高まれば，血縁がなくとも利他行動が進化しえるという理論である。このような関係が成り立っている例としては，チスイコウモリの例が有名である（Wilkinson, 1984）。チスイコウモリは動物の血液を食物としているが，血液はたくさん手に入る日もあればまったく手に入らない日もある。そこで，その日，多くの血を手に入れた個体が手に入らなかった個体に対して血液を分け与える。血液を恵んでもらった個体は，恵んでくれた個体がお腹を空かせているときには，自らが手に入れた血液を分け与える。このようにすることで，どちらの個体とも，自らの食物の獲得にのみ依存する生活より，確実に食物を得られるようになる。

しかし，他の個体から恵んでもらうばかりで，自分は恵まないという個体が集団の中にいれば，その個体はもらう一方になるため，きちんとお返しをする個体よりも得をすると考えられる。このような個体はフリーライダーと呼ばれる。互恵的利他主義が成立するためには，利他行動をする側が，きちんとお返しをくれる相手を選んで利他行動を行い，フリーライダーを排除する仕組みが必要となる。

[3] 間接互恵性

互恵的利他主義は，血縁関係のない個体への利他行動の説明を可能にしたものの，互いに付き合いのある個体間での利他行動しか説明できないという限界がある。しかし，電車の中で見知らぬお年寄に席を譲るように，ヒトは，付き合いのない，見知らぬ他者に対してさえ，利他行動を行う。見知らぬお年寄に席を譲っても，そのお年寄と再び会う保証はなく，お返しはほとんど期待できない。それでは，このような見知らぬ他者への利他行動はなぜ進化したのだろうか。これを説明したのが，間接互恵性（indirect reciprocity）である（Nowak & Sigmund, 1998）。間接互恵性は，「情けは人の為ならず」という言葉で言い換えることもできよう。他者に利他的に振る舞うと，それを目撃した第三者によって，行為者の評判が高まり，行為者はその評判を知った他者から利他行動を受けられるようになる。その結果，利他的に振る舞った個体は長期

トピック 26：裏切り者検知と領域固有の認知機能

進化心理学の成立と普及に重要な役割を果たしたのが，4 枚カード問題と呼ばれる推論の問題（第 3 章トピックス 4 参照）を用いた一連の研究である（Cosmides & Tooby, 1992）。コスミデスらは，論理構造が同じであるにもかかわらず問題の内容によって正答率に差が生じるのは，社会契約を守らない「裏切り者」を検知することに特化した認知機能が進化してきたためであると考え，4 枚カード問題を用いた一連の研究を行った。

たとえば，コスミデス（Cosmides, 1989）では，実験参加者にとって馴染みのない「キャッサバを食べているなら，顔にタトゥーがなければならない」という命題を用い，そこに異なる 2 通りの文脈を付与した実験を行った。一方の文脈では，キャッサバは価値が高く，モロの実は価値が低いとされ，かつ，顔にタトゥーがあるのは結婚している証であるとされる。この場合，結婚して義務を負う人だけが，価値の高いキャッサバを食べられるという社会契約の文脈となる。もう一方の文脈では，キャッサバとモロの実の価値は同じで，単に生息地が異なるだけとし，社会契約ではない文脈にした。その結果，問題文は同じであっても，社会契約の文脈が与えられたときには，正答率が大幅に上昇した。

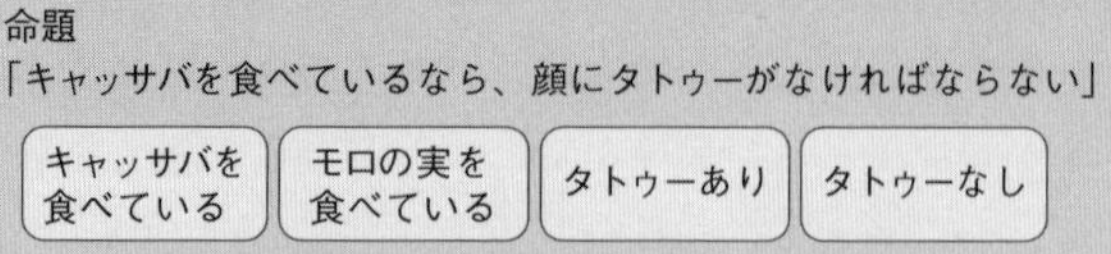

図 14-2　Cosmides（1989）で用いられた問題の例

4 枚カード問題では，論理構造が同じであっても，問題の内容が社会契約を含むか否かによって，正答率に大きな差が生じる。これは，社会契約に関する問題を解くとき，一般的な推論能力ではなく，裏切り者を検知するという領域固有の認知機能を使っているためと考えられる。このように，進化心理学では，生存や繁殖に関わる個々の問題に対処するため，領域固有の認知機能が進化してきたと考えることが多い。

的には利益を得ることになるのである。そのため，間接互恵性が成立する社会の中では，自らの評判を高めることは将来の利益につながる。そこで，他者に見られているときには利他的になったり，規範の逸脱が減ったりということが起こる。このような行動は評判操作（reputation management）と呼ばれる。間接互恵性という評判を介した互恵性によって，私たちは，広い範囲の人々と，協力関係を築いているのである。

4.「ヒトらしさ」はどこにあるか

[1] ヒトの脳の大きさと社会脳仮説

現在，ヒトはアラスカのような寒冷地からアフリカの熱帯，砂漠や山岳地帯まで，地上のいたるところで生活している。なぜ，ヒトはこれほど幅広い環境に適応することができたのであろうか。

他の動物種と比較して，ヒトは体重の割に脳が大きく，ヒトの脳容量はチンパンジーの約3倍もある。そのおかげで，ヒトは高い知的能力と柔軟な思考力を持ち，異なる環境で直面するさまざまな問題に対処することができた。これが，世界中にヒトが生息域を広げることができた1つの理由であろう。それでは，もともと，なぜヒトの脳はこれほど大きくなったのであろうか。多くのエネルギーを消費する器官である脳が飛躍的に大きくなった背景には，何らかの強い淘汰圧があったはずである。そこには，捕食者の回避や食物の確保という事情も当然あったであろうが，中でも注目されるのは，社会生活の複雑さや他者との駆け引きが淘汰圧として働いたことが，脳容量の増大をもたらしたとする考え方である。この考え方は，社会脳仮説（Dunber, 1998）またはマキャベリ的知性仮説（Byrne & Whiten, 1988）などと呼ばれている。発達心理学でよく扱われている「心の理論（第6章トピック10参照）」に関する議論は，もともとチンパンジーの研究から始まった（Premack & Woodruff, 1978）。チンパンジーが心の理論を持つかが大きな関心事となるのは，他者の心を読む能力が，それだけヒトで際立っているからでもあろう。物語の主人公の心情を想像して涙したり，あるいは，電話口で別人になりすまして巧妙にお金をだまし取ったりするのは，他の動物ではみられない行動である。

社会脳仮説を裏付ける根拠として，ダンバー（Dunber, 1992）は，霊長類では大脳新皮質の大きさと集団サイズが相関することを見出した。つまり，新皮質の大きい種ほど，大きな集団で生活しているというのである。これをもとに，ヒトの集団サイズを推定すると約150人となり，これがヒトの本来の集団のサイズであるということになる。ダンバーによると，この150人という数字は，石器時代の住居跡から推定される共同体や，現在も狩猟採集を続けている人々の共同体のサイズともおおよそ一致する。さらに，定期的に会う友人の数やSNS で定期的にやりとりする相手の数もおおよそ 150 人程度であるという(Dunber, 2014)。

[2] 脳の可塑性

単に脳が大きいというだけではなく，可塑性が高いことも，ヒトがさまざまな環境に適応することを可能にした重要な要因の 1 つである。ヒトの新生児の脳は成人と比べてとても小さく，他の霊長類と比較しても，ヒトの脳は生後に大きな成長を遂げるようになっている。そのおかげで，生後の環境に応じてさまざまに成長できる余地，すなわち可塑性が生まれる。このおかげで，ヒトは，地球上のさまざまな場所に適応した発達が可能になったと考えられる。

ヒトは，他の哺乳類と比べて体の大きさの割に胎児期が短く，新生児はより未熟な状態で生まれてくる。ポルトマン（Portmann, 1951）は，このことを指して，ヒトは「生理的早産」で生まれてくるとした（第 6 章第 3 節[1]参照）。サルの赤ちゃんは自力で母親につかまることができるが，ヒトの赤ちゃんはもちろんそのようなことはできない。未熟な状態で生まれてくることは，高い可塑性をもたらす一方，他の哺乳類の動物種以上に，大人からのケアを必要とするということでもある。ヒト以外の霊長類では，母親がほぼ 24 時間赤ちゃんを抱っこして面倒を見る場合が多い。ヒトの場合は，母親だけでなく，父親や祖父母，その他の周囲の大人など，さまざまな人が養育に関わることで子どもが育っていくのである。

[3] 文化と模倣，教育

文化の存在は，ヒトという動物種の重要な特徴の 1 つである。文化とは，遺伝以外の手段によって世代間伝達される，思考や行動様式であると定義できるだろう。ヒトは，生物学的な意味での大人になる，つまり性成熟するだけでは，一人前とはいえない。ヒトが社会の中で生きていくには，さまざまな知識・技能や社会の慣習・ルールなど，多くの文化的な事柄を学んでいく必要がある。

文化を学ぶ過程においては，観察・模倣による学習や教育が重要な役割を果たしていることが多くの研究者から指摘されている（たとえば，Tomasello,

1999)。ヒトの模倣能力は，他の動物種と比較してとても優れており，模倣による学習や教育は，学習の効率を格段に高める。私たちは，前の世代の人が何十年もかけて磨いた技術や，発見した知識を，模倣や教育を通してきわめて短時間で学ぶことができる。高い模倣能力や教育によって，他者の持つ知識や技術を短時間で学ぶことができるおかげで，ヒトは前の世代の人々が築いてきたことの上にさらに文化を積み上げることができるのである。もし，模倣や教育による学習がなければ，前の世代の人々と同等の技術や知識を獲得するのに一生かかってしまい，それ以上新しい知識や技術を積み上げることはできない。このような視点に立てば，模倣や観察を通した学習，そして，教育こそがヒトらしさを作り上げるということもできるかもしれない。

5．進化心理学を正しく理解するために

進化心理学に対しては，これまで多くの批判がなされてきたが，それらの批判の中には，誤解に基づくものも少なくない。そこで最後に，よくある進化心理学への誤解について，いくつか紹介したい。

[1] 機能と至近メカニズムの区別

第1節において，「ティンバーゲンの4つのなぜ」を紹介した。そこで，至近メカニズムと機能について解説したが，この両者を混同するという間違いがある。機能の観点からいえば，甘い物を好むのはそれによって必要なエネルギーや栄養素を摂取するためである。これを聞いて，「私は甘い物が好きだから食べているのであって，エネルギーを摂取するために食べているのではない」と思う人もいるかもしれない。しかし，「甘い物が好きだから食べる」は至近メカニズムの説明であり，機能とは分けて考えるべきである。そもそも，私たちは機能をすべて理解して行動を決めているのではない。栄養に関する知識がなくても，空腹を感じ，栄養のあるものを食べたくなるよう進化してきたのである。

[2] 群淘汰の誤り

淘汰は遺伝子の単位で起こるものである。したがって，ある行動の機能を，「種の保存のため」であるとか，「集団の利益のため」というように説明するのは適切ではない。種や集団の単位で適応や淘汰を考える考え方は群淘汰と呼ばれるが，現在では原則として誤りであるとされている。たとえば，第 3 節では，利他行動の進化について扱った。互恵的利他主義や間接互恵性による協力関係が成り立つことは，集団にとっても利益となるように思われるかもしれない。しかし，これらが機能の説明として成り立つのは，利他行動をすることが，個体，ひいてはその個体の遺伝子にとって利益となるからであり，集団の利益となるからではない。

[3] 自然主義的誤謬

最後に，自然主義的誤謬について述べる。自然主義的誤謬とは，ある行動や心理的な傾向が自然である，適応的であるということと，それらが善いことであるということの混同を指す。進化の観点から見れば，暴力行動などにも一定の適応的な意味があると考えられるだろう。しかし，そのように言ったとしても，それは，暴力が善いことであるとか，暴力は仕方ないことだということを意味しているわけではない。進化心理学が行うのは，「善い」，「悪い」のような価値判断ではなく，あくまでも現象の説明なのである。

参考図書

カートライト，J.（著）鈴木 幸太郎・河野 和明（訳）(2005)．進化心理学入門　新曜社
長谷川 寿一・長谷川 眞理子 (2000)．進化と人間行動　東京大学出版会
バス，D. M.（著）狩野 秀之（訳）(2000)．女と男のだましあい――ヒトの性行動の進化――　草思社

第15章
脳の生理と障害の心理学

富高智成

本章のキーワード
生理心理学，神経心理学，高次脳機能障害，神経科学，脳機能イメージング，パペッツ回路，認知症，神経心理学的検査

本章では，脳の生理と障害から心にアプローチする神経・生理心理学について学ぶ。第１節では，脳から心を研究するための前提として，主にその背景，脳の構造，脳の形と活動の測定方法を紹介する。第２節では自動性が強く身体との関わりが直接的な感覚・知覚，運動・行為，睡眠・ホメオスタシス（恒常性），第３節では意図性が強く身体との関わりが間接的な注意，記憶，遂行機能，言語，社会的行動に関する脳の生理と障害を紹介する。第４節ではこれらの障害を扱う臨床現場での必要な知識の一部を紹介する。本章はこれまでの章のテーマについて脳を通して説明する部分が多くある（感情と脳に関しては第８章第４節参照）。

1．脳から心へのアプローチ

この節ではまず，脳を通して心の働きを検討する心理学とその利点を紹介する。続いて，この分野を学ぶうえで，前提となる知識である脳の構造とその名称，脳の測定法を概観する。脳の構造や測定法に関しては，聞きなれない言葉が多く登場するので，少しずつ理解してほしい。

[1] 脳と心理学

心理学が目には見えない心というものを知るために，人の行動や内観（自分の心の状態を省みること）に対して，実験，観察，調査などを行ってきたのは第１章で解説したとおりである。しかし，心の働きは行動を伴わない場合や内

トピック 27：身体の生理と障害の心理学

本章では，脳の活動や損傷，障害から心を検討する方法や研究を紹介しているが，身体的な反応などから心を研究することも重要である。

生理心理学では，人の生体反応から心の状態を検討する研究が古くからさかんに行われており，生体反応から自律神経の状態や環境情報に対する認知や感情などを検討することができる（第 8 章参照）。測定する生体反応として体温，皮膚電位，表情筋，脈波，血圧，呼吸，眼球運動などを対象としてきた。これらの測定は，対象に合わせて筋電図，ポリグラフ，心電図，アイカメラなどが用いられる。また，神経心理学では，脳神経の損傷と身体の麻痺や不随意運動（意図にそぐわない運動）などの身体に生じる障害が検討されている。さらに，臨床心理学的な観点から呼吸や身体動作を操作することにより脳や心の状態を変化させるといった研究も進んできている。

観できない場合もある。それに対し，脳の活動はほぼ必ず伴う。脳の活動を研究対象とすることで，心理学はこれまでとらえられなかった広い心の働きも検討できるようになった。

脳から心を解明しようとする心理学には主に生理心理学と神経心理学がある。生理心理学は脳の生理学的データに基づいて心の解明をしようとするものである（トピック 27）。脳を扱う生理心理学では，動物の脳に刺激法（特定の脳部位に電気刺激を与える）や損傷法（特定の脳部位に損傷を与える）などを施すことにより生じた行動の変化などを検討してきた。神経心理学は医学に端を発するもので，人間を対象とし，一度獲得された心理・行動的機能の脳損傷による障害（高次脳機能障害）から，脳と心の関係を検討するものである。

生理心理学と神経心理学は，神経科学に含まれることもある。この領域では 1990 年代以降の脳機能イメージング技術の発達により，脳を侵襲すること（生体を傷つけること）なく，もしくは少ない侵襲で生理的な変化を測定することができるようになった。これにより，脳に関する研究が一般の人々にも関心をもたれるようになってきた。つかみどころがない心の働きが，脳の活動を示した脳機能画像を通して目に見えるようになり，データの難解な解釈をしなくても，説得力のある説明をできるようになったためである。

［2］脳の構造

脳の解剖学的な方向を規定するために，前-後（吻-尾），背-腹（上-下），内-外という言葉が使われる（図 15-1）。

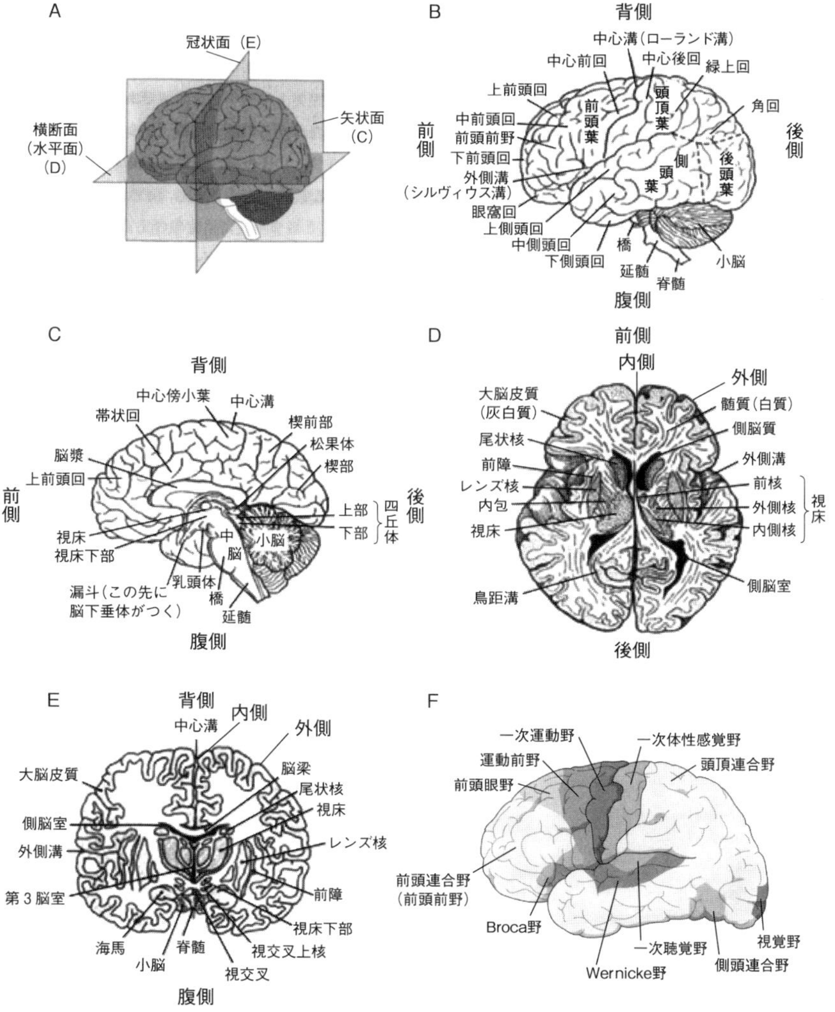

図 15-1　脳における断面（A）（嶋田（2017）を一部改編）；**ヒトの脳の左脳表面（B），脳梁で切断した矢状面の右脳（C），水平面（D），冠状面（E）**（古川（1998, 2012）を一部改編）；**大脳表面の機能的的分類による名称（F）**（近藤，2014）

神経系は大きく分けて末梢神経系と中枢神経系の２つに分けることができる。末梢神経系とは中枢神経系と体の各部位をつなぐ神経系のことであり，中枢神経系とは脳と脊髄をまとめた名称である。

末梢神経は体性神経と自律神経に分けられ，体性神経は感覚神経と運動神経，自律神経は交感神経と副交感神経に分けられる。

中枢神経は，大脳・小脳・間脳・脳幹（中脳・橋・延髄）・脊髄に分けることができる。大脳は，大脳皮質と大脳白質，大脳基底核（皮質下組織）に大別される。大脳皮質と大脳基底核には神経細胞体が多く存在し，大脳白質には神経線維が多く存在する。主に神経細胞体は情報という刺激により興奮し，神経線維はその興奮を伝えるという役割を担う。

大脳の表面は大脳縦裂を中心にほぼ左右対称に分かれており，外側から見た場合，その表面（皮質）には複雑な皺が見られる。この皺を作っている溝の部分を「溝（こう）」もしくは「裂」という。特に大きな溝として中心溝（ローランド溝）と外側溝（シルヴィウス溝）があり，それらと頭頂後頭溝，後頭前切痕により，大脳の表面は前頭葉，頭頂葉，側頭葉，後頭葉に大別される（図15-1B)。それぞれの葉にも「溝」があり，「溝」に挟まれて盛り上がっている部分を「回」という。さらに大脳を大脳縦裂で左右に切り分けた断面にも複雑な構造が見られる（図15-1C)。また，左右の大脳それぞれの深部にある辺縁系には海馬，扁桃体，帯状回，脳弓，乳頭体などが，基底核には尾状核・被殻・淡蒼球・黒質などがある（図15-1D，E)。以上の名称は基本的に構造的な分類に基づいているが，脳の表面に関しては機能的な分類による名称が使われることも多く，脳領域の機能的な分類として，「その機能の名称や大まかな部位の名称」+「野」で脳の部位を示す言葉もよく用いられる（図15-1F)。

［3］脳の測定

脳の形態や機能の測定は，放射線や磁気，近赤外線などを用い，さまざまな生理学的データを計測することで行われる。これにより，脳の形の測定を目的とした形態画像や活動の測定を目的とした機能画像が作成される。

形態画像は臨床において脳損傷の状態や認知症などによる脳の形態の変化を見るためなどに撮影されることが多い。CT（computed tomography: コンピュータ断層撮影）は撮影時間が短く，脳出血などの診断に有用であるが，基本的には横断面（水平面）の画像しか撮影できない，X線の被ばくがあるなどのデメリットもある。MRI（magnetic resonance imaging: 磁気共鳴画像法）は，撮影に時間がかかるなどの短所があるが，被ばくはなく，横断面（水平面），冠状面，矢状面の撮影が可能である（図 15-1A）。MRI は，撮像条件により脳の構造が見えやすい，病巣の広がりが見えやすい，脳室の周辺の病巣が見えやすい，超急性期の脳梗塞を検出しやすいなどの特徴をもつ。

機能画像は，研究目的では特定の心的活動に対応する脳活動を観測するために用い，検査目的では脳の形態の変化が目立たないタイプの神経の変性や認知症，てんかん，睡眠障害の診断などに用いる。以前より用いられてきた脳波計（第２節）に加え，近年では，fMRI（functional magnetic resonance imaging: 機能的磁気共鳴画像法），PET（positron emission tomography: 陽電子断層撮影法），NIRS（near-infrared spectroscopy: 近赤外線分光法）などの多くの方法がある。fMRI は，高い空間分解能[1]をもち，脳の深部まで測定が可能である。研究目的で用いられることがほとんどである。PET は，空間分解能が高いが，時間分解能[2]が低く，微量ながら放射線による被ばくがある。検査目的で用いられることが多い。これらの装置は撮影中の実験参加者や患者の身体の動きで画像にノイズが生じてしまうが，NIRS は装置が被検査者の動きに強く，比較的小型で，計測が簡便などの長所がある。ただし，空間分解能が低い，脳の深部の測定ができないなどの短所もある。使用される装置はその特徴と研究・検査の目的に応じて選択される。

2．感覚・知覚，運動・行為，睡眠・ホメオスタシス

この節では，心の働きのなかでも自動的で直接身体と関わる脳機能，つまり，身体からの情報の入力である感覚・知覚（第２章），身体への情報の出力である運動・行為，身体の休息や内部環境を一定に保つ役割をする睡眠・ホメオスタシスに関して解説する。

1）空間分解能が高いほど詳細な画像になる。解像度とほぼ同義。
2）時間分解能が高いほど動きを滑らかに表現することができる。

[1] 感覚・知覚（視覚）

両眼の網膜から視神経に入った外界からの光の情報（視覚情報）は，視交叉，視索を通り，外側膝状体で視床に入る。その後，視放線を通り，後頭葉の一次視覚野に受け入れられる。視覚野に入った視覚情報は，見えるという感覚体験を起こしながら，一次視覚野の周辺にある高次視覚野において見えているものの色や形，動きなどの処理がなされる。それらの情報はさらに，見えているものの色や形からそれが何であるかを知覚する腹側視覚経路（What 経路）と，運動や空間的な情報を処理する背側視覚経路（Where 経路）に伝達される。腹側視覚路は後頭葉から記憶との関連が深い側頭葉につながり，背側視覚路は後頭葉から視空間認知や運動・行為と関わる頭頂葉につながっている。

網膜から一次視覚野までの視覚路は左右対称に存在し，両眼の左右の視野の情報を別々に伝達している。そのため，視覚路の損傷個所に応じて両眼の左右どちらかの視野が欠ける同名性半盲など複雑な症状を呈することがある。また，視覚野の損傷では，視覚情報を認識できなくなる皮質盲だけでなく幻視や錯視が生じることもある。

腹側視覚路の損傷では，見えてはいるがそれが何であるのかわからないという，視覚性失認が生じる。視覚性失認には，物体失認だけでなく，相貌失認，色彩失認，既知の建物や風景を対象として生じる街並失認，文字を対象として生じる純粋失読がある。物体失認や色彩失認，純粋失読は左半球または両側，相貌失認や街並失認は右半球または両側の損傷と関係することが多い。

背側視覚路の損傷では，視覚による空間的な情報処理に問題が生じる視空間認知障害が生じる。視空間認知障害には，視空間知覚障害（傾き，大小，長短，遠近，立体，運動の知覚障害など），注視空間における障害（バリント症候群[3]（Bálint, 1909）など），道順障害がある。注視空間における障害には，見つめた対象に視線が固着してしまい，他の対象を注視しない（精神性注視麻痺），他の対象に気づかない（視覚性注意障害）といったことや，見つめているものをつかむことが困難になる（視覚性運動失調）などの障害がある。道順障害は，一度に見渡せないが熟知しているはずの空間の中で移動する際に，目的の方向

3）精神性注視麻痺，視覚性注意障害，視覚性運動失調の3徴候からなる症候群。

がわからなくなってしまうというものである。

また，頭頂葉（特に右）の損傷では，半側空間無視が生じる（Gowers, 1893）。半側空間無視は損傷半球の逆側の空間に対する注意が低下し，重度の場合には完全に注意しなくなる（無視する）というものである。前述の同名性半盲とは異なり，視覚的に見えていないわけではなく，空間的な注意力の障害であり，視覚だけではなく他の感覚にも生じる。

［2］感覚・知覚（聴覚，体性感覚）

1）聴覚　耳に到達した圧力変動（音）は，内耳蝸牛の基底膜上にある有毛細胞に受け入れられ，聴神経を通って脳幹（延髄），蝸牛神経核，上オリーブ核，中脳の下丘，視床の内側膝状体，聴放線を通って側頭葉の一次聴覚野へと入る。聴覚野に入った情報は，聞こえるという感覚を生じさせながら，一次聴覚野の周辺にある高次聴覚野で「何の音であるのか」という音源の知覚や音の高さの分析をされたり，「どこから聞こえるのか」という音源定位や音源の動きに対する認知をされている。前者は一次聴覚野から側頭葉前部を通過し前頭前野に向かう腹側聴覚路，後者は一次聴覚野から側頭葉後部，後部頭頂葉を通り前頭前野へ向かう背側聴覚路で処理されていると考えられる。

内側膝状体や聴放線，一次聴覚野の左右両方が損傷された場合，音を認識しにくくなったり，認識できなくなる皮質聾が生じる。また，一次聴覚野やその周辺皮質が損傷された場合，幻聴が生じることもある。

一次聴覚野やその周辺にある高次聴覚野が損傷された場合，聞こえてはいるがそれが何であるかはわからないという聴覚性失認が生じる。聴覚性失認には，純粋語聾（話し言葉のみの言語能力の理解が障害された状態），環境音失認（言語や音楽を除く，チャイム，雷などの有意味音の知覚が障害された病態）などがある。純粋語聾は両側または左半球，環境音失認は両側または右半球の損傷で生じることが多い。

2）体性感覚　体性感覚は皮膚感覚と自己受容感覚（深部感覚）の総称である。皮膚感覚には触覚，温覚，冷覚，痛覚がある。自己受容感覚とは筋・腱・関節部分の緊張の変化を感じ取るものである。これらの感覚は皮膚下や筋，

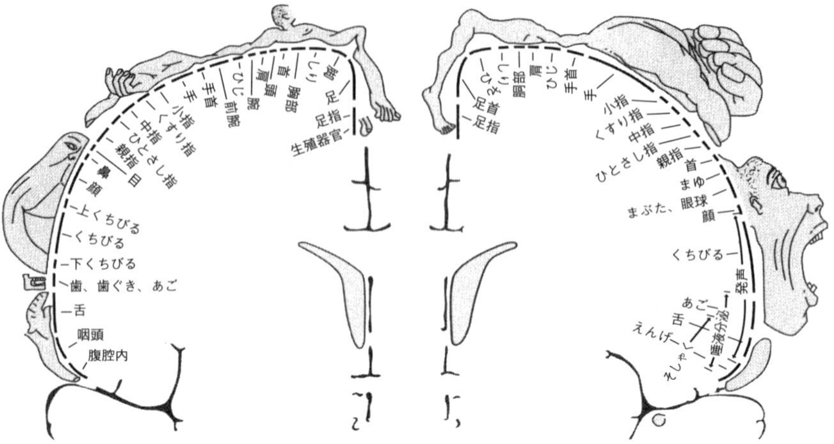

図 15-2　一次体性感覚野と一次運動野の身体部位局在

腱などにあるさまざまな感覚受容器に受け入れられるが，基本的に脊髄を通って同側の延髄，反対側の視床，反対側の頭頂葉の最前部にある一次体性感覚野へと伝達される。一次体性感覚野の各部位は図 15-2 にあるように体の各部分に対応しており，損傷部位に応じて皮膚感覚や自己受容感覚が障害される。さらに一次体性感覚野の下方にある高次体性感覚野では，遂行機能や注意（第 3 節参照）などのより高次の認知処理の影響を受ける。この部位を損傷すると物体の立体構造に対する触覚的な認識が障害される。

[3] 運動・行為

脳において随意的な運動の最終的な指示を出しているのが一次運動野である。一次運動野は内包，脳幹，脊髄を通して運動器に働きかける。一次運動野の各部位も一次体性感覚野と同様に体の各部分と対応しており，損傷した部分に応じてその体の部位の運動障害が起きる。一次運動野には高次運動野（運動前野・補足運動野）が隣接しており，前頭前野などで決定された運動の計画や準備に関与している。また，運動野は大脳基底核や小脳とつながっており，大脳基底核は行動の選択と運動の開始，小脳は目的とする運動を正確かつ滑らかに行うための運動指令に貢献していると考えられる。そのため，大脳基底核が損傷されると不随意運動（意図とは無関係に生じる運動）などが生じ，小脳が損傷されると運動失調（筋肉の協調がうまくいかず，円滑な運動ができなくなった状態）が生じることがある。

さらに，使い慣れた道具の使用には左半球の角回が主に関係する。角回には物品使用に関する運動形式があり，物品を使用する際にはこの情報が左角回から弓状束を通り運動前野に送られ，一次運動野へと伝わる。このため，左角回や弓状束の損傷により，やることは理解しているのに，使い慣れた道具をうまく使えない観念失行が生じる（例：歯を磨くのに歯ブラシで頭を撫でてしまう）。また，パントマイムやジェスチャーのように，人は道具などの外部環境に誘発されなくても行為を行うことができる。これは想像した状況に合わせた随意運動をイメージできるためである。これには縁上回を含む左下頭頂小葉が関与している。この部位を損傷した場合，今の状況とは関係ない言語による指示（「さよならと手を振ってください」など）に対して意図的に行うことができない観念運動失行が生じる。さらに，口や顔の意図的な運動に関しては，左頭頂葉や左中心前回弁蓋部などの損傷により，「舌打ちをしてください」などの動作の口頭指示に対して，意図的にはできなくなる口部顔面失行が生じる。

また，感覚・知覚や運動に関しては，左右の大脳半球をつなぐ脳梁の損傷により，どちらかの半球の入出力障害や同種感覚間の連合の障害，異種感覚間の連合の障害，拮抗失行，道具の強迫的使用などの離断症候群が生じることがある。詳しくはこの章の参考図書などを参照してほしい。

［4］睡眠・ホメオスタシス

睡眠には急速な眼球運動（rapid eye movement）を伴い身体を休めるレム睡眠と，それを伴わず脳を休めるノンレム睡眠がある。入眠直後，深いノンレム睡眠に入り，その後レム睡眠とノンレム睡眠が約 90 分周期で繰り返される。睡眠後半は全体的に浅い眠りが多くなり徐々に覚醒する。成人の脳波と睡眠覚醒の関係を分類すると，α 波は 8〜13 Hz（安静時・覚醒閉眼時に優位），β 波は 14 Hz 以上（精神活動時・開眼時に優位），θ 波は 4〜7 Hz（浅い睡眠時・レム睡眠時に優位），δ 波は 1〜3 Hz（深い睡眠時に優位）とされる。

第 5 章で取り上げたホメオスタシスは，体内環境を安定した平衡状態に保つ機能をいい，主に，自律神経系，内分泌（ホルモン）系などに支えられている。これらの調整を行っているのが，間脳の視床下部である。視床下部は扁桃体や海馬などの辺縁系とつながっており，外的環境（外部情報，気温，気圧，湿度，明暗など）に対する快−不快といった評価などの影響を受ける。これらの作用は，循環器系，泌尿器系，呼吸器系，消化器系にわたり，体温，体液の pH（水素イオン濃度），浸透圧，イオン濃度などの恒常性維持を司っている。

自律神経には交感神経と副交感神経があり，状況に応じて素早く拮抗的に亢進する。交感神経の亢進は個体が戦ったり逃げたりするための反応（血液を骨格筋へ配分し，必要な筋肉の活動を可能にし，闘争時の出血を少なくするなど）を引き起こし，副交感神経の亢進は緊張をとき，エネルギーを蓄えるための反応（心拍数・血圧の低下，皮膚・血管の拡張など）を起こす。これらの神経は，体の各器官における内分泌腺にも作用する。

内分泌系は比較的ゆっくりと作用する。まず，視床下部は，下垂体前葉には放出ホルモンを通して，下垂体後葉には神経系を通して作用する。下垂体の腺から出た刺激ホルモンは直接標的となる細胞に作用するが，その一部は甲状腺などの下位内分泌腺に作用し，そこから出たホルモンが標的となる細胞に作用する経路もある。

自律神経や内分泌にはさまざまな作用があり，成長促進，代謝促進，血圧の調整，血糖量など血液の成分の調整，呼吸の調整，利尿作用，二次性徴の発現など多岐にわたる。たとえば，体内の血糖値が低下してきた場合，視床下部は，交感神経を亢進させ，それが膵臓や副腎を刺激する。これにより，グルカゴンやアドレナリンというホルモンが分泌される。さらに，視床下部は脳下垂体前葉から，副腎皮質刺激ホルモンを分泌させ副腎からの糖質コルチコイドの分泌を促す。これらのホルモンは血糖値を上昇させる作用がある。これに対し，血糖値が上昇しすぎると副交感神経の作用によりインスリンが分泌され，血糖値が低下する。

3．注意，記憶，遂行機能，言語，社会的行動

この節では，意図性が強く身体との関わりが間接的で高次とされる，注意

（第3章第1節），記憶（第4章），遂行機能（第3章第3節の問題解決，推論），言語，社会的行動（第9章）による脳活動と障害を紹介する。

［1］注　意

第3章で説明した注意は，方向性（一側性）注意と全般性（汎性）注意の2つに分けられる。方向性注意とは，左右のどちらか片側への空間的な注意能力をいう。そのため，方向性注意が障害された場合，半側空間無視（第2節[1]参照）が生じる。全般性注意とは，意識水準を一定に保つものである（山鳥，1985）。全般性注意には，持続性，選択性，配分性，転換性などがある。

持続性注意とは，一度注意を向けた対象に注意を向け続ける機能である。選択性注意とは，適切な対象に注意を向ける機能である。転換性注意とは，必要に応じて注意の対象を切り替える機能である。配分性注意とは，一度に複数のものに対して注意を払う機能である。

持続性注意の場合，前頭葉や頭頂葉（特に右半球），脳幹（特に中脳）背側，小脳，被核，視床などによるネットワークが関わるとされる（Langner et al., 2013）。選択性・転換性注意に関しては前頭葉と頭頂葉のネットワークが関わるとされる。配分性に関しては，前頭葉，特に背側前頭眼野，眼窩野，前部内側前頭前野などが関わるとされる。このように，注意と関係する脳部位は非常に多く，脳損傷により注意障害を伴うケースは多い。

［2］記　憶

第4章で取り上げた二重貯蔵庫モデル（Atkinson & Shiffrin, 1968）による記憶の分類は，情報を意識できる形で数十秒程度保持する短期記憶が障害された患者と，短期記憶から転送された情報を半永久的に保持する長期記憶が障害された患者で損傷部位が異なることからも支持されてきた[4)]（トピック28）。

短期記憶は現在では保持だけでなく情報処理の機能を備えた作動記憶（working memory）として論じられることが多い。作動記憶全体の機能に関しては，前頭前野，特に背外側前頭前野が重要な役割を果たしているとされる。

4）病院臨床等では記憶を即時記憶（～数秒前），近時記憶（数十秒～数日前），遠隔記憶（数か月前～）と，単純な時間的分類をすることがある。言葉は似ているが，異なるものである。

トピック 28：神経心理学に大きな影響を与えた症例

臨床研究において，希少なケースを記述し，積み重ねることはその分野の発展に大きな貢献をする。神経心理学にも多大な影響をもたらした症例がある。

症例 H. M. は，27 歳のときに重度のてんかんを治療するため，海馬などを含む左右の内側側頭葉の一部を摘出する手術を受けた。この手術によりてんかん発作を抑えることには成功したが，2～3 年の逆向性健忘と強い前向性健忘，つまり重度のエピソード記憶障害が生じた（Corkin, 2013)。それに対し，左頭頂後頭部を損傷した症例 K. F. は，聴覚的な短期記憶が著しく低下しており，復唱できる数字や単語は 1 チャンクであったが，長期記憶にはまったく問題が見られなかった（Warrington & Shallice, 1969; 鹿取ら，2015)。H. M. や K. F. などの症例において，短期記憶とエピソード記憶の障害が別の部位の損傷から生じたことは，二重貯蔵モデルを支持するもので，記憶研究にも大きな影響を与えた。

また，失語症に関しては，脳外科医のブローカ（A. Broca）によって 1861 年に発表された患者であるタン氏（通称）が有名である。この患者がはっきり発話できるのは「Tan, Tan」という 2 音節だけであるが，人の話はほぼすべて理解しており話をするための知的能力は保たれていたというものである。同じ発話を繰り返すこの症状は重度の運動性失語で見られることがあるもので，再帰性発話と呼ばれるものである。

このように稀なケースの研究の積み重ねが後の臨床や研究の道しるべとなるのである。

長期記憶はさらに，時間や空間の情報を伴う出来事に関するエピソード記憶，一般的知識に関する意味記憶，技能などに関する手続き的記憶などに分類される。エピソード記憶に関しては，第 8 章で登場したパペッツ回路（海馬 → 脳弓 → 乳頭体 → 視床前核 → 帯状回 → 海馬傍回 → 海馬）(Papez, 1937) が重要な役割をするとされる。また，強い感情を伴う出来事の記憶には海馬と密接な結合をもつ扁桃体が強く関与する。損傷研究においては特にパペッツ回路に含まれる内側側頭葉や間脳に加え，前脳基底部などが損傷された場合，エピソード記憶の障害（健忘症）が起こることが知られている。健忘症には，発症後の新しいことが覚えられない前向性健忘と発症前の記憶が思い出せない逆向性健忘の 2 種類がある。健忘症による周辺症状として，現在の年，日，時間などがわからなくなる時の見当識障害や今いる場所がわからなくなる場所の見当識障害や，事実ではないことを嘘をついたり取り繕いをしているという意識なしに話す作話が見られることも少なくない。

意味記憶の関連部位は不明な部分もあるが，側頭葉前方（特に側頭極や底面）の損傷により障害されることが知られている。意味記憶が障害されると，言語的な意味が失われるだけでなく，非言語的な情報の意味も失われ，話の意味がわからないだけでなく，目の前にあるものが何であるかやその使い方などもわからなくなる。また，手続き的記憶に関しては，特に小脳と大脳基底核の関連が指摘されている（Pascual-Leone et al., 1993）。

[3] 遂行機能（実行機能）

遂行機能とは，入出力のモダリティ（視覚，聴覚，運動，言語などの性質）を越えて，目標に向けた行動の遂行のために必要な機能全般をいう。レザック（Lezak, 1995）によると遂行機能は，①目標の設定，②計画の立案，③目標に向けた計画の実行，④効果的な行動の実現という，４つの構成要素からなるとされる。具体的には，さまざまな考えを生み出す流暢性，状況に応じて別の考えを採用する柔軟性，さまざまな対象から共通性を見つけ抽象化してまとめる概念形成，自動的に生じてくる反応を制御する行為の抑制，目標に向けた行為のプランニング，行為の自発性，行為の実行状況や結果のモニタリング，情報・行動の組織化，行為の結果を次に生かすためのフィードバックの利用，意思決定など多様な機能を含む。

遂行機能障害は主に前頭前野が関わるが，なかでも背外側を損傷した場合ワーキングメモリの障害や，上記の機能を問う課題を用いる前頭葉機能検査（第４節）のような認知的な問題解決の失敗が見られる。それに対し，腹内側や眼窩部を損傷した場合，後述（第５項）の社会的行動の問題が見られるが，検査場面での障害の検出が困難なこともある。

[4] 言　語

脳における人の言語処理は主に左大脳半球において（第４節[2]参照），以下のように行われる。文字などの視覚的言語情報は視覚野でさまざまな処理をされた後，角回へと送られる。話し声などの聴覚的言語情報は聴覚野でさまざまな処理をされた後，これも角回へと送られる。これらの言語情報は角回で統合され，ウェルニッケ野へと送られる。ウェルニッケ野ではその言語情報が理解され，弓状束を通して，ブローカ野へ送られる。ブローカ野では，受け答えするための言葉を発する準備がなされ，その指示が各発声器官（声帯，喉など）へと伝達される。

失語症とは脳内の言語領域の病変により一度獲得された言語機能（「聞く」，「読む」，「書く」，「話す」など）が障害されるもので，音声器官などの障害によるものではない症候群である。失語症の病巣では左脳のブローカ野とウェルニッケ野が代表的であるが，その他に角回，縁上回，補足運動野，弓状束など広い領域が挙げられる。失語症は，運動性失語（言語理解は比較的保たれているが，発話や書字による表出が障害される。ブローカ失語と呼ばれることもある）と感覚性失語（流暢な発話は可能だが内容の適切さや正確さに欠け，言語的な理解が障害される。ウェルニッケ失語と呼ばれることもある）の 2 つに大別される。ただし，医療現場ではさらに詳細にタイプ分類することも多いため，専門家である言語聴覚士などと連携を取りながら慎重に評価を行う必要がある。

［5］社会的行動

第 9 章で紹介した社会的行動に関しては，フィニアス・ゲイジの症例などから前頭前野（なかでも前頭葉腹内側部や眼窩部）の関与が指摘されてきた（第 8 章参照）。これらの部位の損傷では，意欲・発動性の低下，情動制御の障害，対人関係の障害，退行（子どものころに戻ったような行動をとること）・依存，固執，反社会的行動などが見られることが多い。さらに，最近では脳機能イメージング技術の発展により，共感，倫理的判断，社会的報酬，社会的感情など複雑な社会的認知のテーマを取り扱うことができるようになった。詳しくは，富高（2018）や長谷川（2018）などを参考にしてほしい。

4．神経心理学の臨床場面への適用

高次脳機能障害や認知症の検査，リハビリテーションなど臨床場面での障害を診断，治療するために使われる神経心理学の知識は多岐にわたるが，ここではその一部（原因疾患，神経心理学的検査）を紹介する。

［1］障害の原因

高次脳機能障害の原因疾患には，外傷性脳損傷（頭部外傷），脳卒中（脳血管障害），脳腫瘍，低酸素脳症，脳炎などが含まれるが，その9割以上が外傷性脳損傷と脳血管障害である（中島，2006）。外傷性脳損傷とは，交通事故や転落，暴行などで外から頭部に強い衝撃が加わることにより生じるものである。脳卒中は，脳の血管の障害により血液の循環に障害が生じ，意識障害，運動障害，言語障害などを起こす疾患であり，脳梗塞，脳出血，くも膜下出血の3つに大きく分けることができる。

認知症患者の総数は2012年に462万人に達し，2040年には約800万人から950万人になると推定されている（内閣府，2017; 二宮，2017）。DSM-5による認知症の診断基準は，複雑な注意，遂行機能，学習および記憶，言語，知覚-運動，社会的認知のうち1つ以上に関して以前と比べて有意な低下が認められ，それが日常生活の自立を阻害し，せん妄[5)]のみによるものではなく，他の精神疾患で説明されない場合としている（American Psychiatric Association, 2013）。認知症の種類にはさまざまなものがあるが，アルツハイマー型，レビー小体型，前頭側頭型，脳血管性で全体の約9割を占めるとされる。認知症の内訳は，高齢者ではアルツハイマー型が最も多く，次いで脳血管性もしくはレビー小体型であることが多い。若年性（65歳未満）認知症の場合，脳血管性とアルツハイマー型が多いとされる（厚生労働省，2009）。

アルツハイマー型認知症は，まず頭頂葉と側頭葉（特に海馬）が障害されるため，初期にはエピソード記憶障害，見当識障害，視空間認知障害などが生じることが多い。レビー小体型認知症は，まず後頭葉が障害され，幻視，妄想に加え，パーキンソニズム[6)]などが生じる。前頭側頭型認知症では，まず前頭葉と側頭葉が障害されるため，脱抑制や感情鈍麻，自発性の低下などを伴う人格変化，自発語の減少，行動異常などが生じる。脳血管性認知症は，脳卒中により認知症の症状があらわれたものであり，症状も感覚障害や運動障害に加え，さまざまな高次脳機能障害が生じる可能性がある。認知症の一部は精神疾患やその他の疾患と類似する症状が見られることがある。また，記憶障害のような中

5）意識障害により，意識が混濁した状態。

6）不随意なふるえ，筋肉のこわばり，緩慢な動作，歩行困難などの一連の症候。

表 15-1　神経心理学的検査名とその特徴（山口（2018）から一部抜粋）

測定する能力	検査名	時間	特徴・測定対象
1．スクリーニング検査			
	MMSE（Mini Mental State Examination）	5 分	多領域の症状の検出が可能
	HDS-R：改訂長谷川式簡易認知評価スケール	10 分	想起を要する項目が多い・語の流暢性を含む
2．知的検査			
	WAIS-Ⅲ（Wechsler Adult Intelligence Scale-Third Edition）：ウェイス・サード成人知能検査	90 分	対象年齢 16～89 歳，下位項目の比較が可能
	WISC-Ⅳ（Wechsler Intelligence Scale for Children-Fourth Edition）：ウィスク・フォース知能検査	90 分	対象年齢 5～16 歳 11 カ月，下位項目間比較可能
	コース立方体：コース立方体組み合わせテスト	30 分	非言語性知能の検出・構成能力
	RCPM（Raven's Colored Progressive Matrices）：レーヴン色彩マトリックス検査	7 分	視知覚を中心とした推理能力・失語症者の認知機能
3．視知覚検査			
	VPTA（Visual Perception Test for Agnosia）：標準高次視知覚検査	90 分	相貌認知を含む 7 つの下位項目で構成，失認について評価
4．注意検査			
視覚	TMT（Trail Making Test）	10 分	視覚探索・注意の切り替え
聴覚	PASAT（Paced Auditory Serial Addition Test）：情報処理能力検査（CAT に含まれている）	10 分	聴覚的な同時処理・ワーキングメモリ
視覚・聴覚	CAT（Clinical Attention Assessment）：標準注意検査法	100 分	選択的注意・注意のスパン・ワーキングメモリ
半側無視	BIT（Behavioural Inattention Test）：行動性無視検査日本版	40 分	空間的注意障害，通常検査と行動検査からなる
5．記憶検査			
視覚	ROCEF（Rey-Osterriech Complex Figure Test）：レイの複雑図形検査	10 分	複雑な図形の記銘・複写の際の方略
聴覚	S-PA（Standard verbal paired-associate learning test）：標準言語性対連合学習検査	15 分	聴覚的な記銘力・記憶方略の活用
視覚・聴覚	WMS-R（Wechsler Memory Scale-Reviced）：ウェクスラー記憶検査	60 分	言語性記憶・視覚性記憶・一般性記憶・注意／集中・遅延再生
行動記憶	RBMT（Rivermead Behavioural Memory Test）：リバーミード行動記憶検査	30 分	日常生活上の支障を推定可能・展望記憶の評価
6．前頭葉機能検査			
遂行機能	KWCST（Keio Wisconsin Card Sorting Test）：慶應版ウィスコンシンカード分類検査	30 分	遂行機能・ワーキングメモリ・セットの維持・転換・保続
	BADS（Behavioural Assessment of the Dysexecutive Syndrome）：遂行機能障害症候群の行動評価	30 分	遂行機能・ワーキングメモリ・セットの維持・困難
流暢性	語の流暢性（word fluency）	10 分	喚語方略の活用・拡散的思考
抑制	Stroop Test（Modified Stroop Test）：ストループ検査	10 分	慣習的行為の抑制
複数機能	FAB（Frontal Assessment Battery）：前頭葉機能検査	15 分	概念化・系列運動・葛藤指示・反応抑制など 6 つの下位検査
7．言語機能の検査			
	SLTA（Standard Language Test of Aphasia）：標準失語症検査	90 分	「聴く」「話す」「読む」「書く」「計算」を 6 段階で評価
	WAB（Western Aphasia Battery）：失語症検査	60 分	失語指数が計算でき，回復あるいは増悪を評価可能

核症状だけでなく，大きな問題となるのが周辺症状であるBPSD（行動・心理症状: behavioral and psychological symptoms of dementia）である。BPSDには，不安・抑うつ，幻覚，妄想，徘徊，暴言・暴力，食行動異常などあり，このことは福祉的な視点からも重要視される。

［2］神経心理学的検査

高次脳機能障害を診断するために開発された神経心理学的検査では，検査前にカルテなどからの情報収集や問診などを行う。問診では，患者から病前の視覚や聴覚などの感覚に関する問題，既往症，先天的な障害，学歴（もともとの認知的な能力），利き手などさまざまな情報を集める。これらの質問は，障害が検査で対象としている疾患によるのか，以前からあるものによるのかを区別するために必要である。ただし，患者の回答が症状などにより，必ずしも質問に対して適切なものにならない可能性があることは留意すべきである。

また，失語症（第3節[4]）や失行（第2節[3]）のように片側の大脳半球に優位性が認められる機能があるが，左利き，もしくは両利きである場合逆もしくは両方の半球がその機能を担っている可能性も留意すべき点である。失語症は右利きでは97%が左半球の損傷により生じるが，非右利きではそれが68%であるとされる（Corballis, 1983）。また，稀に右利きであっても右半球に言語野があることがあり，この損傷による失語を交叉性失語という。

神経心理学的検査には，表15-1に記したものなどがある。損傷部位や疑われる障害，検査の特徴，患者の個人特性などに応じて検査を選択する。

参考図書

嶋田 総太郎（2017）．認知脳科学　コロナ社
武田 克彦・村井 俊哉（2016）．高次脳機能障害の考え方と画像診断　中外医学社
緑川 晶・山口 加代子・三村 將（2018）．公認心理師カリキュラム準拠　臨床神経心理学　神経・生理心理学　医歯薬出版

引用文献

第 1 章

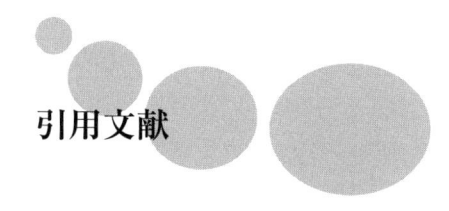

Eysenck, M. W. (2000). *Psychology: A student's handbook*. London: Psychology Press.（アイゼンク，M. W. 山内 光哉（監修） 白樫 三四郎・利島 保・鈴木 直人・山本 力・岡本 祐子・道又 爾（監訳）(2008). アイゼンク教授の心理学ハンドブック ナカニシヤ出版）

池上 知子・遠藤 由美（2009）．グラフィック社会心理学（第 2 版） サイエンス社

石王 敦子（1997）．知覚 北尾 倫彦・中島 実・井上 毅・石王 敦子（共著） グラフィック心理学（pp. 11-36） サイエンス社

一般財団法人日本心理研修センター 公認心理師とは 〈http://shinri-kenshu.jp/〉

Kagan, J., & Segal, J. (1988). *Psychology: An introduction* (6th ed.). Orlando, FL: Harcourt Brace Jovanovich.［石王 敦子（1997）．知覚 北尾 倫彦・中島 実・井上 毅・石王 敦子（共著） グラフィック心理学（pp. 11-36） サイエンス社 に引用］

金敷 大之（2016）．心理学の研究について 金敷 大之・森田 泰介（編） 図説教養心理学（増補第 2 版, pp. 211-225） ナカニシヤ出版

北村 英哉・大坪 庸介（2012）．進化と感情から解き明かす社会心理学 有斐閣

公益社団法人日本心理学会事務局 認定心理士の資格を取りたい方 〈https://psych.or.jp/qualification/〉

子安 増生・齋木 潤・友永 雅巳・大山 泰宏（2011）．心理学の方法 京都大学心理学連合（編） 心理学概論（pp. 10-21） ナカニシヤ出版

松田 幸弘（2011）．産業・組織心理学 河野 義明（編） 心理学Ⅱ・その応用（pp. 1-14） 川島書店

森 敏昭（2009）．心理学の理論と方法 無藤 隆・森 敏昭・池上 知子・福丸 由佳（編） よくわかる心理学（pp. 2-21） ミネルヴァ書房

岡市 廣成（2006）．心理学の研究方法 山内 弘嗣・橋本 宰（監修） 岡市 廣成（編） 青山 謙二郎（編集補佐） 心理学概論（pp. 8-18） ナカニシヤ出版

末永 俊郎（1996）．心理学の歴史 鹿取 廣人・杉本 敏夫（編） 心理学（pp. 253-267） 東京大学出版会

鈴木 直人（2006）．心理学とは 山内 弘嗣・橋本 宰（監修） 岡市 廣成（編） 青山 謙二郎（編集補佐） 心理学概論（pp. 1-3） ナカニシヤ出版

竹澤 正哲（2016）．進化的アプローチ 北村 英哉・内田 由紀子（編） 社会心理学概論（pp. 269-289） ナカニシヤ出版

柳澤 邦昭・阿部 修士（2016）．社会神経科学 北村 英哉・内田 由紀子（編） 社会心理学概論（pp. 365-385） ナカニシヤ出版

財団法人日本臨床心理士資格認定協会 臨床心理士になるには 〈http://fjcbcp.or.jp/〉

第 2 章

Palmer, S. E. (2004). Perceptual organization in vision. In H. Pashler, & S. Yantis (Ed.), *Stevens' handbook of experimental psychology*, Vol. 1 *Sensation and perception* (3rd ed., pp. 177-234). New York, NY: John Wiley & Sons.

Stevens, S. S. (1957). On the psychophysical law. *Psychological Review, 64*(3), 153-181.

第3章

Ackerman, J. M., Nocera, C. C., & Bargh, J. A. (2010). Incidental haptic sensations influence social judgments and decisions. *Science, 328*, 1712–1715.

Barsalou, L. W. (1999). Perceptions of perceptual symbols. *Behavioral and Brain Sciences, 22*, 637–660.

Casasanto, D. (2009). Embodiment of abstract concepts: Good and bad in right-and left-handers. *Journal of Experimental Psychology: General, 138*, 351–367.

Cherry, E. C. (1953). Some experiments on the recognition of speech, with one and with two ears. *The Journal of the Acoustical Society of America, 25*, 975–979.

Deutsch, J. A., & Deutsch, D. (1963). Attention: Some theoretical considerations. *Psychological Review, 70*, 80–90.

Duncker, K. (1945). On problem solving. *Psychological Monographs, 58*, No. 270.

Gibson, J. J. (1979). *The ecological approach to visual perception: Classic edition.* NewYork, NY: Psychology Press.

Griggs, R. A., & Cox, J. R. (1982). The elusive thematic-materials effect in Wason's selection task. *British Journal of Psychology, 73*, 407–420.

Hall, L., Johansson, P., Tärning, B., Sikström, S., & Deutgen, T. (2010). Magic at the marketplace: Choice blindness for the taste of jam and the smell of tea. *Cognition, 117*, 54–61.

IJzerman, H., & Semin, G. R. (2010). Temperature perceptions as a ground for social proximity. *Journal of Experimental Social Psychology, 46*, 867–873.

猪股 健太郎 (2014). 境界拡張におけるマルチソース・モデルに関する検討：虚偽記憶およびソースモニタリング・エラーの個人差との関連から　基礎心理学研究, *32*, 200–206.

Intraub, H. (2002). Anticipatory spatial representation of natural scenes: Momentum without movement? *Visual Cognition, 9*, 93–119.

Intraub, H., & Richardson, M. (1989). Wide-angle memories of close-up scenes. *Journal of Experimental Psychology: Learning, Memory, and Cognition, 15*, 179–187.

Johansson, P., Hall, L., Sikström, S., & Olsson, A. (2005). Failure to detect mismatches between intention and outcome in a simple decision task. *Science, 310*, 116–119.

Moray, N. (1959). Attention in dichotic listening: Affective cues and the influence of instructions. *Quarterly Journal of Experimental Psychology, 11*, 56–60.

森田 純哉・永井 由佳里・田浦 俊春・岡田 亮士 (2008). 概念合成によるコンセプトのデザインと連想：概念の連想数と動作概念の役割　認知科学, *15*, 599–614.

野村 幸正 (1989). 知の体得——認知科学への提言　福村出版

Rensink, R. A., O'Regan, J. K., & Clark, J. J. (1997). To see or not to see: The need for attention to perceive changes in scenes. *Psychological Science, 8*, 368–373.

Rensink, R. A. (2001). Change blindness: Implications for the nature of visual attention. In M. Jenkin & L. Harris (Eds.), *Vision and attention* (pp. 169–188). New York, NY: Springer.

Seamon, J. G., Schlegel, S. E., Hiester, P. M., Landau, S. M., & Blumenthal, B. F. (2002). Misremembering pictured objects: People of all ages demonstrate the boundary extension illusion. *The American Journal of Psychology, 115*, 151–167.

Treisman, A. (1988). Features and objects: The fourteenth Bartlett memorial lecture. *The Quarterly Journal of Experimental Psychology, 40*, 201–237.

Treisman, A. M., & Gelade, G. (1980). A feature-integration theory of attention. *Cognitive Psychology, 12*, 97–136.

Wilson, M. (2002). Six views of embodied cognition. *Psychonomic Bulletin & Review, 9*, 625–636.

Yamada, Y., & Nagai, M. (2015). Positive mood enhances divergent but not convergent thinking. *Japanese Psychological Research, 57*, 281–287.

横澤 一彦・熊田 孝恒 (1996). 視覚探索——現象とプロセス　認知科学, *3*, 119–138.

第4章

Atkinson, R. C., & Shiffrin, R. M. (1968). Human memory: A proposed system and its control process. In K. W. Spence & J. T. Spence (Eds.), *The psychology of learning and motivation: Advance in research and theory,* vol. 2. New York, NY: Academic Press.

Baddeley, A. D., & Hitch, G. J. (1974). Working memory. In G. A. Bower (Ed.), *The psychology of learning and motivation,* vol. 8. New York, NY: Academic Press.

Bandura, A., Ross, D., & Ross, S. A. (1963). Imitation of film-mediated aggressive models. *Journal of Abnormal and Social Psychology, 66,* 3-11.

Craik, F. I. M., & Lockhart, R. S. (1972). Levels of processing: A framework for memory research. *Journal of Verbal Learning and Verbal Behavior, 11,* 671-684.

Craik, F. I. M., & Tulving, E. (1975). Depth of processing and the retention of words in episodic memory. *Journal of Experimental Psychology: General, 104,* 268-294.

Daneman, M., & Carpenter, P. A. (1980). Individual differences in working memory and reading. *Journal of Verbal Learning and Verbal Behavior, 19,* 450-466.

Glanzer, M., & Cunitz, A. R. (1966). Two storage mechanisms in free recall. *Journal of Verbal Learning and Verbal Behavior, 5,* 351-360.

Godden, D., & Baddeley, A. D. (1975). Context dependent memory on two natural environments: In land and under water. *British Journal of Psychology, 66,* 325-331.

Herz, R. S. (2004). A naturalistic analysis of autobiographical memories triggered by olfactory visual and auditory stimuli. *Chemical Senses, 29,* 217-224.

Köhler, W. (1924). *Intelligenzprüfungen an Menschenaffen.* Berlin: Springer. (ケーラー, W.　宮 孝一 (訳) (1962). 類人猿の智慧試験　岩波書店)

Madigan, S. A. (1969). Intraserial repetition and coding processes in free recall. *Journal of Learning and Verbal Behavior, 8,* 828-835.

槙 洋一・仲 真紀子 (2006). 高齢者の自伝的記憶におけるバンプと記憶内容　心理学研究, *77,* 333-341.

Miller, G. A. (1956). The magical number seven, plus or minus two: Some limits on our capacity for processing information. *Psychological Review, 63,* 81-97.

Nairne, J. S., Thompson, S. R., & Pandeirada, J. N. S. (2007). Adaptive memory: Survival processing enhances retention. *Journal of Experimental Psychology: Learning, Memory, and Cognition, 33,* 263-273.

苧阪 満里子・苧阪 直行 (1994). 読みとワーキングメモリ容量——日本語版リーディングスパンテストによる測定　心理学研究, *65,* 339-345.

Peterson, J. (1917). Experiments in ball-tossing: The significance of learning curves. *Journal of Experimental Psychology, 2,* 178-224.

Roediger, H. L., & Karpicke, J. D. (2006). Test-enhanced learning: Taking memory tests improves long-term retention. *Psychological Science, 17,* 249-255.

Rogers, T. B., Kuiper, N. A., & Kirker, W. S. (1977). Self-references and the encoding of personal information. *Journal of Personality and Social Psychology, 35,* 677-688.

Rubin, D. C., & Schulkind, M. D. (1997). The distribution of autobiographical memories across the lifespan. *Memory and Cognition, 25,* 859-866.

Thorndike, E. L. (1898). Animal intelligence: An experimental study of the associative processes in animals. *Psychological Monographs: General and Applied, 2,* No. 8.

Trowbridge, M. H., & Cason, H. (1932). An experimental study of Thorndike's theory of learning. *Journal of General Psychology, 7,* 245-260.

Schab, F. R. (1990). Odors and the remembrance of things past. *Journal of Experimental Psychology: Learning, Memory, and Cognition, 16,* 648-655.

Wilson, A., & Ross, M. (2003). The identity function of autobiographical memory: Time is on our side. *Memory, 11,* 137-149.

山本 晃輔 (2013). アイデンティティ確立の個人差が意図的および無意図的に想起された自伝的記憶に及ぼ

す影響　発達心理学研究, *24*, 202-210.
山本 晃輔 (2015a). 重要な自伝的記憶の想起がアイデンティティの達成度に及ぼす影響　発達心理学研究, *26*, 70-77.
山本 晃輔 (2015b). 嗅覚と自伝的記憶に関する研究の展望——想起過程の再考を中心として——　心理学評論, *58*, 423-450.
山本 晃輔・杉山 東子 (2017). 匂い手がかりによって喚起される自伝的記憶特性質問紙 (OEAMQ) の開発　心理学研究, *88*, 478-487.

第5章

Asakawa, K. (2004). Flow experience and autotelic personality in Japanese college students: How do they experience challenges in daily life? *Journal of Happiness Studies, 5*, 123-154.
Atkinson, J. W. (Ed.). (1958). *Motives in fantasy, action, and society: A method of assessment and study*. Oxford, UK: Van Nostrand.
東 洋 (1994). 日本人のしつけと教育——発達の日米比較にもとづいて　東京大学出版会
Bandura, A. (1991). Social cognitive theory self-regulation. *Organizational Behavior & Human Performance, 50*, 248-287.
Csikszentmihalyi, M. (1999). If we are so rich, why aren't we happy? *American Psychologist, 54*, 821-827.
Csikszentmihalyi, I. M., & Csikszentmihalyi, I. S. (Eds.). (1988). *Optimal experience: Psychological studies of flow in consciousness*. New York, NY: Cambridge University Press.
de Charms, R. (1968). *Personal causation: The internal affective determinants of behavior*. New York, NY: Academic Press.
Deci, E. L. (1971). Effects of externally mediated rewards on intrinsic motivation. *Journal of Personality and Social Psychology, 18*(1), 105-115.
Dweck, C. S. (1986). Motivational processes affecting learning. *American Psychologist, 41*(10), 1040-1048.
Elliot, A. J., & McGregor, H. A. (2001). A 2×2 achievement goal framework. *Journal of Personality and Social Psychology, 80*(3), 501-519.
Harlow, H. F. (1950). Learning and satiation of response in intrinsically motivated complex puzzle performance by monkeys. *Journal of Comparative and Physiological Psychology, 43*(4), 289-294.
Higgins, E. T. (1997). Beyond pleasure and pain. *American Psychologist, 52*(12), 1280-1300.
Hull, C. L. (1943). *Principles of behavior: An introduction to behavior theory*. Oxford, UK: Appleton-Century.
石毛 みどり (2009). 期待と価値からとらえた動機づけ　無藤 隆・森 敏昭・池上 知子・福丸 由佳 (編) よくわかる心理学 (pp. 242-243)　ミネルヴァ書房
伊藤 忠弘 (2012). 努力は人のためならず　鹿毛 雅治 (編)　モティベーションをまなぶ12の理論——ゼロからわかる「やる気の心理学」入門—— (pp. 101-134)　金剛出版
Iyengar, S. S., & Lepper, M. R. (1999). Rethinking the value of choice: A cultural perspective on intrinsic motivation. *Journal of Personality and Social Psychology, 76*(3), 349-366.
鹿毛 雅治 (2004). 動機づけ研究へのいざない　上淵 寿 (編著)　動機づけ研究の最前線 (pp. 1-28)　北大路書房
鹿毛 雅治 (2012). やる気の心理学への招待　鹿毛 雅治 (編)　モティベーションをまなぶ12の理論——ゼロからわかる「やる気の心理学」入門—— (pp. 3-12)　金剛出版
牧 郁子・関口 由香・山田 幸恵・根津 金男 (2003). 主観的随伴経験が中学生の無気力感に及ぼす影響——尺度の標準化と随伴性認知のメカニズム　教育心理学研究, *51*, 298-307.
真島 真里 (1995). 学習と動機づけと自己概念　東 洋 (編)　現代のエスプリ333 (pp. 123-137) (意欲——やる気と生きがい)　至文堂
松田 幸弘 (2008). リーダーシップの帰属モデル　晃洋書房
村山 航 (2012). 生物の根源的な動機を考える　鹿毛 雅治 (編)　モティベーションをまなぶ12の理論——ゼロからわかる「やる気の心理学」入門—— (pp. 73-100)　金剛出版
中島 由佳 (2009). 生得的な欲求に基づく動機づけ　無藤 隆・森 敏昭・池上 知子・福丸 由佳 (編)　よく

わかる心理学（pp. 224-225） ミネルヴァ書房
中谷 素之（2012）．何を目指して学ぶか 鹿毛 雅治（編） モティベーションをまなぶ12の理論――ゼロからわかる「やる気の心理学」入門――（pp. 195-222） 金剛出版
尾崎 由佳（2016）．自己過程と自己制御 北村 英哉・内田 由紀子（編） 社会心理学概論（pp. 71-86） ナカニシヤ出版
Pinder, C. C. (1998). *Work motivation in organizational behavior.* Upper Saddle River, NJ: Prentice Hall.
Rotter, J. B. (1966). Generalized expectancies for internal versus external control of reinforcement. *Psychological Monographs: General and Applied, 80*(1), 1-28.
櫻井 茂男（2012）．夢や目標をもって生きよう！ 鹿毛 雅治（編） モティベーションをまなぶ12の理論――ゼロからわかる「やる気の心理学」入門――（pp. 45-72） 金剛出版
Seligman, M. E., & Maier, S. F. (1967). Failure to escape traumatic shock. *Journal of Experimental Psychology, 74*(1), 1-9.
田中 あゆみ（2006）．動機づけとは 山内 弘嗣・橋本 宰（監修） 岡市 廣成（編） 青山 謙二郎（編集補佐） 心理学概論（pp. 140-143） ナカニシヤ出版
上淵 寿（2012）．自分の学習に自分から積極的にかかわる 鹿毛 雅治（編） モティベーションをまなぶ12の理論――ゼロからわかる「やる気の心理学」入門――（pp. 281-302） 金剛出版
Weiner, B. (1972). *Theories of motivation.* Chicago, IL: Rand McNally.
White, R. W. (1959). Motivational reconsidered: The concept of competence. *Psychological Review, 66,* 297-333.

第6章

Ainsworth, M. D. S., Blehar, M. C., Waters, E., & Wall, S. (1978). *Patterns of attachment.* Hillsdale, NJ: Lawrence Erlbaum Associates.
Baron-Cohen, S., Leslie, A. M., & Frith, U. (1985). Does the autistic child have a 'theory of mind'? *Cognition, 21,* 37-46.
Bowlby, J. (1969). *Attachment and Loss, Vol. 1 Attachment.* London: Hogarth Press.（ボウルビィ, J. 黒田 実郎・大羽 蓁・岡田 洋子・黒田 聖一（訳）（1976）．母子関係の理論Ｉ 愛着行動 岩崎学術出版社）
Damon, W., & Hart, D. (1988). *Self-understanding in childhood and adolescence.* Cambridge, MA: Cambridge University Press.
Eisenberg, N. (1986). *Altruistic emotion, cognition, and behavior.* Hillsdale, NJ: Lawrence Erlbaum Associates.
Erikson, E. H. (1982). *The life cycle completed: A review.* New York, NY: W. W. Norton & Company.（エリクソン E.H. 村瀬 孝雄・近藤 邦夫（訳）（1989）．ライフサイクル，その完結 みすず書房）
Erikson, E. H. (1950). *Childhood and society.* New York, NY: Norton.（エリクソン, E.H. 仁科 弥生（訳）（1977, 1980）．幼児期と社会Ｉ・Ⅱ みすず書房）
Gesell, A., & Thompson, H. (1938). *The psychology of early growth including norms of infant behavior and a method of genetic analysis.* New York, NY: The Macmillan Company.
Gilligan, C. (1982). *In a different voice: Psychological theory and women's development.* Cambridge, MA: Harvard University Press.（久保 ゆかり（2012）．社会・情動的発達 高橋 惠子・湯川 良三・安藤 寿康・秋山 弘子（編） 発達科学入門［1］ 理論と方法（pp. 135-150） 東京大学出版会 に引用）
Harlow, H. F. (1958). The nature of love. *American Psychologist, 13,* 673-685.
波多野 完治（1966）．ピアジェの児童心理学 国土社
Jensen, A. R. (1968). Social class, race, and genetics: Implications for education. *American Educational Research Journal, 5*(1), 1-42.
Kohlberg, L. (1976). Moral stages and moralization: The cognitive-developmental approach. In T. Lickona (Ed.), *Moral development and behavior: Theory, research, and social issues.* New York, NY: Holt Reinhart & Winston.
久保 ゆかり（2012）．社会・情動的発達 高橋 惠子・湯川 良三・安藤 寿康・秋山 弘子（編） 発達科学入

門［1］ 理論と方法　東京大学出版会
子安 増生（2016）．いまなぜ「心の理論」を学ぶのか　子安 増生（編）「心の理論」から学ぶ発達の基礎――教育・保育・自閉症理解への道（pp. 3-16）ミネルヴァ書房
隈元 泰弘（1993）．認知発達理論の基礎構造　佐野 安仁・吉田 謙二（編）コールバーグ理論の基底（pp. 87-112）世界思想社
Lewis, M. (2007)．子どもと家族――ソーシャル・ネットワーク・モデル　（ルイス，M.・高橋 惠子（編）高橋 惠子（監訳）愛着からソーシャル・ネットワークへ――発達心理学の新展開（pp. 7-38）新曜社
Main, M., & Solomon, J. (1986). Discovery of an insecure disoriented attachment pattern: Procedures, findings and implications for the classification of behavior. In T. B. Brazelton, & M. W. Yogman (Eds.), *Affective development in infancy* (pp. 95-124). Norwood, NJ: Ablex.
Marcia, J. E. (1966). Development and validation of ego-identity status. *Journal of Personality & Social Psychology, 3*, 551-558.（鑪 幹八郎（編）(1998)．「アイデンティティ・ステイタス」の開発と確定　アイデンティティ研究の展望 5-1　ナカニシヤ出版　に引用）
岡本 祐子（2002）．アイデンティティ生涯発達論の射程　ミネルヴァ書房
Perner, J., & Wimmer, H. (1985). 'John thinks that Mary thinks that...': Attribution of second-order beliefs by 5- to 10-year old children. *Journal of Experimental Child Psychology, 39*, 437-471.
Piaget, J. (1923). *Le langage et la pensée chez l'enfant*. Neuchâtel, Suisse: Delachaux et Niestlé.（ピアジェ，J. 大伴 茂（訳）(1970)．児童の自己中心性　同文書院）
Piaget, J. (1948). *La naissance de l'intelligence chez l'enfant* (2ème éd.). Paris: Delachaux et Niestlé.（ピアジェ，J.　谷村 覚・浜田 寿美男（訳）(1978)．知能の誕生　ミネルヴァ書房）
Piaget, J., & Inhelder, B. (1966). *La psychologie de l'enfant*. Paris: Presses Universitaires de France.（ピアジェ，J.　波多野 完治・須賀 哲夫・周郷 博（訳）(1969)．新しい児童心理学　白水社）
Portmann, A. (1951). *Biologische Fragmente zu einer Lehre vom Menschen*. Basel, Switzerland: Benno Schwabe.（ポルトマン，A.　高木 正孝（訳）(1961)．人間はどこまで動物か――新しい人間像のために――　岩波書店）
Premack, D., & Woodruff, G. (1978). Does the chimpanzee have a theory of mind? *Behavioral and Brain Sciences, 1*, 515-526.
Stern, W. (1924). *Psychology of early childhood: Up to the sixth year of age*. New York, NY: Holt.
高橋 惠子（2007）．人間関係の生涯発達理論――愛情の関係モデル　ルイス，M.・高橋 惠子（編）高橋 惠子（監訳）愛着からソーシャル・ネットワークへ――発達心理学の新展開（pp. 73-104）新曜社
高橋 道子（1994）．自発的微笑から外発的・社会的微笑への発達――微笑の内的制御から外的制御への転換をめぐって　東京学芸大学紀要　第1部門　教育科学, *45*, 213-237.
Vygotsky, L. S. (1934). *Thought and language*. (Translated by A. Kozulin (1989)). Cambridge, MA: MIT Press.（ヴィゴツキー，L. S.　柴田 義松（訳）(1976)．思考と言語　明治図書出版）
Watson, J. B. (1930). *Behaviorism*. New York, NY: Norton & Company.（ワトソン，J. B.　安田 一郎（訳）(2017)．行動主義の心理学　ちとせプレス）
Wimmer, H., & Perner, J. (1983). Beliefs about beliefs: Representation and constraining function of wrong beliefs in young children's understanding of deception. *Cognition, 13*, 103-128.

第7章

Allport, G. W. (1937). *Personality: A psychological interpretations*. New York, NY: Henry Holt & Company.（オルポート，G. W.　詫摩 武俊（訳）(1982)．パーソナリティ：心理学的解釈　新曜社）
Allport, G. W., & Odbert, H. S. (1936). Trait-names: A psycho-lexical study. *Psychological Monographs, 47* (1. Whole No. 211).
安藤 寿康（2000）．心はどのように遺伝するか　講談社
Benjamin, J., Li, L., Patterson, C., Greenberg, B. D., Murphy, D. L., & Hamer, D. H. (1996). Population and familial association between the D4 dopamine receptor gene and measures of novelty seeking. *Nature Genetics, 12*, 81-84.

Cattell, R. B. (1943). The description of personality. *Journal of Abnormal and Social Psychology, 23*, 308–329.
Cattell, R. B. (1946). *Description and measurement of personality.* Oxford, UK: World Book Company.
Cattell, R. B. (1965). *The scientific analysis of personality.* Baltimore, MD: Penguin Books.（キャッテル，R. B. 斎藤 耕二・安塚 俊行・米田 弘枝（訳）(1975)．パーソナリティの心理学：パーソナリティの理論と科学的研究　金子書房）
Clark, L. A., & Watson, D. (1999). Temperament: A new paradigm for trait psychology. In L. A. Pervin & O. P. John (Eds.), *Handbook of personality: Theory and research* (pp. 399–423). New York, NY: Guilford Press.
Cloninger, C. R. (1987). A systematic method for clinical description and classification of personality variants. A proposal. *Archives of General Psychiatry, 44*(6), 573–588.
Cloninger, C. R., Svrakic, D. M., & Przybeck, T. R. (1993). A psychobiological model of temperament and character. *Archives of General Psychiatry, 50*(12), 975–990.
Costa, P. T., & McCrae, R. R. (1992). *Revised NEO personality inventory and NEO Five-Factor inventory: Professional manual.* Odessa, FL: Psychological Assessment Resources.
Cronbach, L. J. (1951). Coefficient alpha and the internal structure of tests. *Psychometrika, 16*, 297–334.
Ebstein, R. P., Novick, O., Umansky, R., Priel, B., Osher, Y., Blaine, D., Bennett, E. R., Nemanov, L., Katz, M., & Belmaker, R. H. (1996). Dopamine D4 receptor (DRD4) exon polymorphism associated with the human personality trait of novelty seeking. *Nature Genetics, 12*, 78–80.
Exner Jr., J. E. (2003). *The Rorschach: A comprehensive system volume 1. Basic foundations and principles of interpretation* (4th ed.). New York, NY: John Wiley & Sons.（エクスナー Jr., J. E.　中村 紀子・野田 昌道（訳）(2009)．ロールシャッハ・テスト：包括システムの基礎と解釈の原理　金剛出版）
Eysenck, H. J. (1947). *Dimensions of personality.* London: Routledge & Kegan Paul.
Eysenck, H. J. (1967). *The biological basis of personality.* Springfield, IL: C. C. Thomas.（アイゼンク，H. J. 梅津 耕作・祐宗 省三（監訳）(1973)．人格の構造：その生物学的基礎　岩崎学術出版社）
Eysenck, H. J. (1970). *The structure of human personality.* New York, NY: Methuen.
Eysenck, H. J. (1990). Biological dimensions of personality. In L. A. Pervin (Ed.), *Handbook of personality: Theory and research* (pp. 244–276). New York, NY: Guilford Press.
Goldberg, L. R. (1981). Language and individual differences: The search for universals in personality lexicons. In L. Wheeler (Ed.), *Review of Personality and Social Psychology, 2*, 141–165. New York, NY: Sage.
Goldberg, L. R. (1993). The structure of phenotypic personality traits. *American Psychologist, 46*, 26–34.
Jung, C. G. (1921). *Psychologische Typen.* Zürich: Rascher-Verlag.（ユング，C. G.　佐藤 正樹（訳）(1986)．心理学的類型　人文書院／林 道義（訳）(1987)．タイプ論　みすず書房）
片口 安史 (1987)．改訂 新・心理診断法　金子書房
Kretschmer, E. (1955). *Körperbau und Charakter.* Berlin: Springer-Verlag.（クレッチマー，E.　相場 均（訳）(1960)．体格と性格　文光堂）
木島 伸彦 (2000)．パーソナリティと神経伝達物質に関する研究：Cloninger の理論における最近の研究傾向　慶應義塾大学日吉紀要　自然科学, *28*, 1–10.
国里 愛彦・山口 陽弘・鈴木 伸一 (2008)．Cloninger の気質・性格モデルと BigFive モデルとの関連性　パーソナリティ研究, *16*(3), 324–334.
Lewin, K. (1935). *A dynamic theory of personality.* New York, NY: McGraw-Hill.（レヴィン，K.　相良 守次・小川 隆（訳）(1957)．パーソナリティの力学説　岩波書店）
Loehlin, J. C. (1992). *Genes and environment in personality development.* Newbury Park, CA: Sage.
Mischel, W. (1968). *Personality and assessment.* New York, NY: Wiley.（ミッシェル，W.　詫摩 武俊（監訳）(1992)．パーソナリティの理論：状況主義的アプローチ　誠信書房）
MMPI 新日本研究会（編）(1993)．新日本版 MMPI マニュアル　三京房
Pavlov, I. P. (1927). *Conditioned reflexes: An investigation of the physiological activity of the cerebral cortex* (Translated by G. V. Anrep). London: Oxford University Press.（パヴロフ，I. P.　林 髞（訳）(1937)．條件反射學：大腦兩半球の働きに就ての講義　三省堂）

Pavlov, I. P. (1941). *Lectures on conditioned reflexes: Conditioned reflexes and psychiatry* (Translated by W. H. Gantt). New York, NY: International Publishers. (パヴロフ, I. P. 岡田 靖雄・横山 恒子 (訳) (1979). 高次神経活動の客観的研究 岩崎学術出版社)

Rosenzweig, S. (1978). *Aggressive behavior and the Rosenzweig picture-frustration (P-F) study*. New York, NY: Praeger. (ローゼンツァイク, S. 秦 一士 (訳) (2006). 攻撃行動と P-F スタディ 北大路書房)

Shikishima, C., Ando, J., Ono, Y., Toda, T., & Yoshimura, K. (2006). Registry of adolescent and young adult twins in the Tokyo area. *Twin Research and Human Genetics, 9*, 811-816.

Tellegen, A., Lykken, D. T., Bouchard, T. J., Wilcox, K. J., Segal, N. L., & Rich, S. (1988). Personality similarity in twins reared apart and together. *Journal of Personality and Social Psychology, 54*(6), 1031-1039.

Thomas, A., Chess, S., Birch, H. G., Hertzig, M. E., & Korn, S. (1963). *Behavioral individuality in early childhood*. New York, NY: New York University Press.

外岡 豊彦 (監修) (1973). 内田クレペリン精神作業検査・基礎テキスト 日本・精神技術研究所

辻 平治郎 (編) (1998). 5因子性格検査の理論と実際：こころをはかる5つのものさし 北大路書房

辻岡 美延 (2000). 新性格検査法：YG 性格検査実施・応用・研究手引 日本・心理テスト研究所

Wundt, W. (1903). *Grundzüge der physiologischen Psychologie* (5th ed.). Leipzig: W. Engelmann.

第8章

Adolphs, R., Tranel, D., Damasio, H., & Damasio, A. R. (1994). Impaired recognition of emotion in facial expressions following bilateral damage to the human amygdala. *Nature, 372*, 669-672.

Arnold, M. B. (1960). *Emotion and personality*. Vol. 1. *Psychological aspects*. New York, NY: Columbia University Press.

Bard, P. (1929). The central representation of the sympathetic system: As indicated by certain physiological observations. *Progress in Brain Research, 87*, 269-305.

Bower, G. H. (1981). Mood and memory. *American Psychologist, 36*, 129-148.

Bower, G. H., Gilligan, S. G., & Monteiro, K. P. (1981). Selectivity of learning caused by affective states. *Journal of Experimental Psychology: General, 110*(4), 451-473.

Buck, R. (1983). Emotional deveropment and emotional education. In R. Plutchik, & H. Kellerman (Eds.), *Emotions in early development* (pp. 259-292). New York, NY: Academic Press.

Cannon, W. B. (1927). The James-Lange theory of emotions: A critical examination and an alternative theory. *American Journal of Psychology, 39*, 106-124.

Cannon, W. B. (1931). Again the James-Lange and the thalamic theories of emotions. *Psychological Review, 38*, 281-295.

Dutton, D. G., & Aron, A. P. (1974). "Some evidence for heightened sexual attraction under conditions of high anxiety". *Journal of Personality and Social Psychology, 30*(4), 510-517.

Darwin, C. (1872/1965). *The expression of the emotions in the man and animals*. Chicago, IL: University of Chicago Press.

Ehrlichman, H., & Halpern, J. N. (1988). Affect and memory: Effects of pleasant and unpleasant odors on retrieval of happy and unhappy memories. *Journal of Personality and Social Psychology, 55*, 769-779.

Eich, E., Macaulay, D., & Ryan, L. (1994). Mood dependent memory for events of the personal past. *Journal of Experimental Psychology, General, 123*, 201-215.

Ekman, P. (1972). Universal and cultural differences in facial expressions of emotion. In J. K. Cole (Ed.), *Nebraska symposium on motivation* (Vol. 19, pp. 207-283). Lincoln, NE: University of Nebraska Press.

Ekman, P. (1984). Expression and the nature of emotion. In P. Ekman & K. Scherer (Eds.), *Approaches to emotion* (pp. 319-343). Hillsdale, NJ: Lawrence Erlbaum Association.

Ekman, P., & Friesen, W. V. (1971). Constants across cultures in the face and emotion. *Journal of Personality and Social Psychology, 11*, 124-129.

Ekman, P., Levenson, R. W., & Friesen, W. V. (1983). Autonomic nervous system activity distinguishes among emotions. *Science, 221*, 1208-1210.

濱 治世・鈴木 直人・濱 保久（2001）．感情心理学への招待——感情・情緒へのアプローチ—— サイエンス社
James, W. (1884). What is an emotion? *Mind, 19*, 188-205.
Klüver, H., & Bucy, P. C. (1937). "Psychic blindness" and other symptoms following bilateral temporal lobectomy in rhesus monkeys. *American Journal of Physiology, 119*, 352-353.
Kunst-Wilson, W. R., & Zajonc, R. B. (1980). Affective discrimination of stimuli that cannot be recognized. *Science, 207*, 557-558.
Lange, C. G. (1885). The emotions: A psychophysiological study. In C. G. Lange & W. James (Eds.), *The emotions*. (pp. 33-90). Baltimore, MD: William & Wilkins (1922).
Lazarus, R. S. (1964). A laboratory approach to the dynamics of psychological stress. *American Psychologist, 19*, 400-411.
Lazarus, R. S., & Alfert, E. (1964). Short-circuiting of threat by experimentally altering cognitive appraisal. *Journal of Abnormal and Social Psychology, 69*, 195-205.
LeDoux, J. E. (1987). Emotion. In F. Plum (Ed.), *Handbook of physiology: Nervous system V* (pp. 419-459). Washington, DC: American Physiological Society.
LeDoux, J. E. (1996). *The emotional brain: The mysterious underpinnings of emotional life*. New York, NY: Simon and Schuster.
LeDoux, J. E., Iwata, J., Cicchetti, P. & Reis, D. J. (1988). Different projections of the central amygdaloid nucleus mediate autonomic and behavioral correlates of conditioned fear. *The Journal of Neuroscience, 8*, 2517-2529.
LeDoux, J. E., Sakaguchi, A., & Reis, D. J. (1984). Subcortical efferent projections of the medial geniculate nucleus mediate emotional responses conditioned to acoustic stimuli. *The Journal of Neuroscience, 4*, 683-698.
LeDoux, J. E., Sakaguchi, A., Iwata, J., & Reis, D. J. (1986). Interruption of projections from the medial geniculate body to an archineostriatal field disrupts the classical conditioning of emotional responses to acoustic stimuli. *Neuroscience, 17*, 615-627.
Levenson, R. W., Ekman, P., & Friesen, W. V. (1990). Voluntary facial action generates emotion-specific autonomic nervous system activity. *Psychophysiology, 27*, 363-384.
MacLean, P. D. (1949). Psychosomatic disease and the "visceral brain". *Psychosomatic Medicine, 11*, 338-353.
MacLean, P. D. (1952). Some psychiatric implications of physiological studies on frontotemporal portion of limbic system (visceral brain). *Electroencephalography and Clinical Neurophysiology, 4*, 407-418.
森岡 陽介・福永 雅喜・田中 忠蔵・梅田 雅宏・中越 明日香・成瀬 昭二・鈴木 直人（2010）．表情動画を用いた扁桃体賦括の検討——事象関連的 fMRI 研究—— 生理心理学と精神生理学, *28*, 17-27.
O'Driscoll, K., & Leach, J. P. (1998). "No longer Gage": An iron bar through the head. *British Medical Journal, 317*, 1673-1674.
Papez, J. W. (1937). A proposed mechanism of emotion. *Archives of Neurology and Psychiatry, 38*, 725-743.
Plutchik, R. (1962). *The emotions: Facts, theories and a new model*. New York, NY: Random House.
Russell, J. A. (1980). A circumplex model of affect. *Journal of Personality and Social Psychology, 39*, 1161-1178.
Russell, J. A., & Lanius, U. F. (1984). Adaptation level and the affective appraisal of environments. *Journal of Environmental Psychology, 4*(2), 119-135.
Schachter, S., & Singer, J. (1962). Cognitive, social, and physiological determinants of emotional state. *Psychological Review, 69*, 379-399.
Strack, F., Martin, L. L., & Stepper, S. (1988). Inhibiting and facilitating conditions of the human smile: A nonobtrusive test of the facial feedback hypothesis. *Journal of Personality and Social Psychology, 54*, 768-777.
Tomkins, S. S. (1962). *Affect imagery consciousness*. Vol. 1. *The positive affect*. New York, NY: Springer.
White, G., Fishbein, S., & Rutsein, J. (1981). Passionate love and the misattribution of arousal. *Journal of*

Personality and Social Psychology, 41, 56–62.
Wundt, W. (1897). *Outlines of psychology*. Translated by C. H. Judd. (Reprinted Bristol: Thoemmes, 1998); First published in German as Wundt, W. (1897). *Grundriss der Psychologie*. Leipzig, Deutschland: Wilhelm Engelmann.
Zajonc, R. B. (1980). Feeling and thinking: Preferences need no inferences. *American Psychologist, 35*, 151–175.
Zajonc, R. B. (1984). On the primacy of affect. *American Psychologist, 39*, 117–123.

第 9 章

Ackerman, J. M., Nocera, C., & Bargh, J. A. (2010). Incidental haptic sensations influence social judgments and decisions. *Science, 328*(5986), 1712–1715.
安藤 清志（1995）．社会的認知　安藤 清志・池田 謙一・大坊 郁夫　現代心理学入門〈4〉社会心理学　岩波書店
Bem, D. J. (1972). Self-perception theory. *Advances in Experimental Social Psychology, 6*, 1–62.
Berg, J. H., & Clark, M. S. (1986). Differences in social exchange between intimate and other relationships: Gradually evolving or quickly apparent? In V. J. Derlega, & B. A. Winstead (Eds.), *Friendship and social interaction* (pp. 101–128). New York, NY: Springer.
Brehm, J. W. (1966). *A theory of psychological reactance*. New York, NY: Academic Press.
Carney, D. R., Cuddy, A. J., & Yap A. J. (2010). Power posing: Brief nonverbal displays affect neuroendocrine levels and risk tolerance. *Psychological Science, 21*, 1363–1368.
大坊 郁夫（1995）．集団と個人　安藤 清志・池田 謙一・大坊 郁夫　現代心理学入門〈4〉社会心理学　岩波書店
Deutsch, M., & Gerard, H. B. (1955). A study of normative and informational social influences upon individual judgment. *Journal of Abnormal and Social Psychology, 51*(3), 629–636.
Dion, K. K. (1972). Physical attractiveness and evaluation of children's transgressions. *Journal of Personality and Social Psychology, 24*(2), 207–213.
遠藤 由実（2018）．人間と社会　無藤 隆・森 敏昭・遠藤 由実・玉瀬 耕治　心理学（新版）　有斐閣
亀田 達也・村田 光二（2010）．複雑さに挑む社会心理学（改訂版）　有斐閣
Katz, D. (1960). The functional approach to the study of attitudes. *Public Opinion Quarterly, 24*(2), 163–204.
北村 英哉・大坪 庸介（2012）．進化と感情から解き明かす社会心理学　有斐閣
北村 英哉（2016）．社会的認知　北村 英哉・内田 由紀子（編）　社会心理学概論（pp. 17–31）　ナカニシヤ出版
Kusano (2016). https://note.mu/kodaikusano/n/n73a39a92abfb
Latané, B., & Darly, J. M. (1968). Group inhibition of bystander intervention in emergencies. *Journal of Personality and Social Psychology, 10*, 215–221.
Levinger, G., & Snoek, D. J. (1972). Attraction in relationships: *A new look at interpersonal attraction*. Morristown, NJ: General Learning Press.
三隅 二不二（1984）．リーダーシップ行動の科学　有斐閣
大渕 憲一（1993）．人を傷つける心　セレクション社会心理学 9　サイエンス社
大江 朋子（2015）．社会的認知　外山みどり（編）　社会心理学――過去から未来へ　北大路書房
Taylor, D., & Altman, I. (1987). Communication in interpersonal relationships: Social penetration theory. In M. E. Roloff & G. R. Miller (Eds.), *Interpersonal processes: New directions in communication research* (pp. 257–277). Beverly Hills, CA: Sage.
Wells, G. L., & Petty, R. E. (1980). The effects of overt head movements on persuasion: Compatibility and incompatibility of responses. *Basic and Applied Social Psychology, 1*(3), 219–230.
横田 普大（2007）．内集団びいきと集団葛藤　山田 一成・北村 英哉・結城 雅樹　よくわかる社会心理学　ミネルヴァ書房
Zajonc, R. B. (1965). Social facilitation. *Science, 149*, 269–274.

第 10 章

浅井 暢子・唐沢 穣（2013）．物語の構築しやすさが刑事事件に関する判断与える影響 社会心理学研究, *28*(3), 137-146.

Brandon, L. G. (2011). *Convicting the innocent: Where criminal prosecutions go wrong.* Cambridge, MA: Harvard University Press.（ブランドン，L. G. 笹倉 香奈・豊崎 七絵・本庄 武・徳永 光（訳）（2014）．えん罪を生む構造 日本評論社）

Buckley, J. P. (2015). The Reid technique of interviewing and interrogation. In T. Williamson (Ed.), *Investigative interviewing.* Devon, UK: Willan.

Bull, R. (2009). Offender profiling and linking crime. In R. Bull, C. Bilby, C. Cooke & T. Grant (Eds.), *Criminal psychology: A beginner's guide* (Chapter 2, pp 18-38). Oxford, UK: Oneworld.（ブル，R. 山崎 優子（訳）犯罪者プロファイリングとケース・リンケージ 仲 真紀子（監訳）（2011）．犯罪心理学（第 2 章, pp. 19-42） 有斐閣）

Cattell, J. M. (1895). Measurements of the accuracy of recollection. *Science, New Series, 2*(49), 761-766.

Englich, B., Mussweiler, T., & Strack, F. (2006). Playing dice with criminal sentences: The influence of irrelevant anchors on expert's judicial decision making. *Personality and Social Psychology Bulletin, 32,* 188-200.

Giedd, J. N. (2015). The amazing teen brain. *Scientific American, 312*(6), 32-37.（ギード，J. N. 古川 奈々子（訳）（2016）．10 代の脳の謎 日経サイエンス，3 月号, 37-42.）

浜田 寿美男（2006）．自白が無実を証明する 北大路書房

平岡 正博（2014）．法律家のための科学捜査ガイド——その現状と限界—— 法律文化社

本庄 武（2017）．脳科学・神経科学と少年の刑事責任 犯罪社会学研究, *42,* 33-49.

加門 博子（2009）．ウソ発見の心理（第 3 章） 渡辺 昭一（編） 捜査心理学（pp. 30-40） 北大路書房

唐沢 穣（2014）．社会的認知過程と量刑判断 法と心理, *14,* 50-55.

Kargon, R (1986). Expert testimony in historical perspective. *Law and Human Behavior, 10,* 15-27.

Kassin, S. M., & Fong, C. T. (1999). "I'm innocent!": Effects of training on judgements of truth and deception in the interrogation room. *Law and Human Behavior, 23,* 499-516.

Kassin, S. M., Tubb, V. A., Hosch, H. M., & Memon, A. (2001). On the "General acceptance" of eyewitness testimony research: A new survey of the experts. *American Psychologist, 56,* 405-416.

Kassin, S. M., Meissner, C. A., & Norwick, R. J. (2005). "I'd know a false confession if I saw one": A comparative study of college students and police investigators. *Law and Human Behavior, 29,* 211-227.

木谷 明（2013）．刑事裁判のいのち 法律文化社

小石川 宣照（2000）．法としての社会規範 北樹出版

小林 登志子（2005）．シュメル——人類最古の文明 中央公論社

Lassiter, G. D., & Audrey, A. I. (1986). Videotaped confessions: The impact of camera point of view on judgments of coercion. *Journal of Applied Social Psychology, 16,* 268-276.

Lassiter, G. D., Beers, M. J., Geers, A. L., Handley, I. M., Munball, P. J., & Weiland, P. E. (2002). Further evidence of a robust point-of-view bias in videotaped confessions. *Current Psychology, 21,* 265-288.

Loftus, E. F., & Palmer, J. C. (1974). Reconstruction of automobile destruction: An example of the interaction between language and memory. *Journal of verbal learning and verbal behavior, 13*(5), 585-589.

増本 康平・上野 大介（2009）．認知加齢と情動 心理学評論, *52*(3), 326-339.

村山 満明・大倉 得史（2015）．尼崎事件 支配・服従の心理分析 現代人文社

内閣府（2017）．平成 29 年板高齢社会白書（全体版）

仲 真紀子（2009）．裁判員の法的知識と心理学的知識——裁判員制度への動機付けと知識の問題—— 岡田 悦典・藤田 雅博・仲 真紀子（編） 裁判員制度と法心理学（pp. 120-130） ぎょうせい

仲 真紀子（2012a）．科学的証拠にもとづく取調べの高度化：司法面接の展開と PEACE モデル 法と心理, *12,* 27-32.

仲 真紀子（2012b）．被疑者取り調べ技術の科学化—— PEACE モデルに見る情報収集アプローチ 科学技術振興機構（2012 年 2 月 22 日）（2018 年 7 月 1 日取得 http://scienceportal.jst.go.jp/columns/opinion/

20120222_01.html〉
仲 真紀子（2017）．子どもへの司法面接——考え方・進め方とトレーニング　有斐閣
大橋 靖史・森 直久・高木 光太郎・松島 恵介（2004）．心理学者，裁判と出会う——供述心理学のフィールド　北大路書房
Pennington, N., & Hastie, R. (1986). Evidence evaluation in complex decision making. *Journal of Personality and Social Psychology, 51*, 242-258.
Pennington, N., & Hastie, R. (1992). Explaining the evidence: Tests of the story model for juror decision making. *Journal of Personality and Social Psychology, 62*, 189-206.
佐藤 広英・矢島 玲（2017）．大学生の SNS における対人ストレス経験——社会的ネットワークとの関連——　信州大学人文科学論集, *4*, 53-63.
サトウ タツヤ・高砂 美樹（2003）．心理学と社会——心理学領域の拡大（第 3 章）　流れを読む心理学史——世界と日本の心理学　有斐閣
総務省（2015）．平成 27 年版 情報通信白書　特集テーマ「ICT の過去・現在・未来」
Sternberg, K. J., Lamb, M. E., Hershkowitz, I., Yudilevitch, L., Orback, Y., Esplin, P. W., & Hovav, M. (1997). Effects of introductory style on children' abilities to describe experiences of sexual abuse. *Child Abuse & Neglect, 21*(11), 1133-1146.
平 伸二・古満 伊里（2006）．P300 による虚偽検出は長期間経過後でも可能か？　東亜大学総合人間・文化学部　総合人間科学, *6*, 71-78.
寺田 精一（1914）．刑法の補助科学の教育　法学志林, *16*(9), 84-94.
寺田 精一（1915）．供述の価値　法学志林, *17*(4), 59-76.
Tversky, A., & Kahneman, D. (1974). Judgment under uncertainty: Heuristics and biases. *Science, 185*, 1124-1130.
若林 宏輔・佐藤 達哉（2012）．寺田精一の実験研究から見る大正期日本の記憶研究と供述心理学の接点　心理学研究, *83*(3), 174-181.
綿村 英一郎・分部 利紘・佐伯 昌彦（2014）．量刑分布グラフによるアンカリング効果についての実証的検証　社会心理学研究, *30*(1), 11-20.
Wells, G. L., Steblay, N. K., & Eysart, J. E. (2014). Double-blind photo lineups using actual eyewitnesses: An experimental test of a sequential versus simultaneous lineup procedure. *Law and Human Behavior, 16*, 1-14.
山口 直也（2017）．脳科学・神経科学の進歩と米国少年司法の変容，そしてわが国への影響　犯罪社会学研究, *42*, 4-10.
山本 登志哉・脇中 洋・齊藤 憲一郎・高岡 昌子・高木 光太郎（2003）．生み出された物語——目撃証言・記憶の変容・えん罪に心理学はどこまで責められるか　北大路書房
Yamasaki, Y. (2010). Towards a healthier judicial system: The effectiveness of legal and psychological instruction for lay judges. In W. L. Lai, Y. Sakurai & H. Wada (Eds.), A study of healthy being: From interdisciplinary perspectives (pp. 133-152). Azusa Syuppan
山崎 優子・仲 真紀子・石崎 千景・サトウ タツヤ（2014）．高齢者の自己や他者に対する信頼感が事件被害のリスク認知に及ぼす影響, *29*, 3-17.
山崎 優子・山田 直子・指宿 信（2017）．取調べ手法とカメラアングルの組み合わせが事実認定に与える影響についての予備的実験　立命館人間科学研究, *35*, 67-79.

第 11 章

American Psychiatric Association (2013). *Diagnostic and statistical manual of mental disorders fifth edition: DSM-5.*（アメリカ精神医学会　日本精神医学会（日本語版用語監修）　高橋 三郎・大野 裕（監訳）（2014）．DSM-5 精神疾患の分類と診断の手引き　医学書院
American Psychological Association, Division 12, About Clinical Psychology. 〈http://www.apa.org/〉（2018 年 6 月 10 日アクセス）
Freud, S. (1900). *Die Traumdeutung: Über den Traum*. Gesammelte Werke in Einzelbänden, Band II/III.

Berlin: S. Fischer.（フロイト，S.　新宮 一成（訳）（2007, 2011）．夢解釈　フロイト全集4，5　岩波書店）
Freud, S. (1923). *Das Ich und das Es.* Gesammelte Werke Band XIII (pp. 1-19). Berlin: S. Fischer.（フロイト，S.　道籏 泰三（訳）（2007）．自我とエス――みずからを語る　フロイト全集18（pp. 1-62）岩波書店）
Freud, S. (1933). *Neue Folge der Vorlesungen zur Einführung in die Psychoanalyse: Die endliche und die unendliche Analyse.* Gesammelte Werke Band XV.（フロイト，S.　道籏 泰三（訳）（2011）．続・精神分析入門講義――終わりのある分析とない分析　フロイト全集21（pp. 1-240）岩波書店）
藤田 博康（2009）．虐待を受けた子どもたち　無藤 隆・森 敏昭・池上 知子・福丸 由佳（編）よくわかる心理学（pp. 314-315）ミネルヴァ書房
福丸 由佳（2009）．心理アセスメント――定義や診断との違い，その種類　無藤 隆・森 敏昭・池上 知子・福丸 由佳（編）よくわかる心理学（pp. 270-271）ミネルヴァ書房
笠井 達夫・桐生 正幸・水田 恵三（編）（2012）．犯罪に挑む心理学 Ver. 2　現場が語る最前線　北大路書房
河合 隼雄（1967）．ユング心理学入門　培風館
小堀 彩子（2009）．生物-心理-社会モデル　下山 晴彦（編）よくわかる臨床心理学（pp. 36-37）ミネルヴァ書房
松原 達哉（編）（2013）．臨床心理アセスメント　丸善出版
森 則夫・杉山 登志郎・岩田 泰秀（2014a）．臨床家のためのDSM-5虎の巻　日本評論社
森 則夫・杉山 登志郎・中村 和彦（2014b）．こころの科学　DSM-5対応神経発達障害のすべて　日本評論社
中西 信男・葛西 真紀子・松山 公一（1997）．精神分析的カウンセリング――精神分析とカウンセリングの基礎　ナカニシヤ出版
中田 行重（2018）．ヒューマニスティック・アプローチ　野島 一彦・岡村 達也（編）公認心理師の基礎と実践3　臨床心理学概論（pp. 88-98）遠見書房
新田 泰生（2002）．産業領域における活動モデル　下山 晴彦・丹野 義彦（編）講座臨床心理学6　社会臨床心理学　東京大学出版会
野末 武義（2009）．臨床心理の専門性　無藤 隆・森 敏昭・池上 知子・福丸 由佳（編）よくわかる心理学（pp. 266-267）ミネルヴァ書房
沼 初枝（2014）．心理のための精神医学概論　ナカニシヤ出版
岡村 達也（2018）．臨床心理学の定義・理念・体系　野島 一彦・岡村 達也（編）公認心理師の基礎と実践3　臨床心理学概論（pp. 33-44）遠見書房
Rogers, C. R. (1957). The necessary and sufficient conditions of therapeutic personality change. *Journal of Consulting Psychology, 21,* 95-103.（ロジャーズ，C. R.　伊東 博・村山 正治（監訳）（2001）．セラピーによるパーソナリティ変化の必要にして十分な条件　ロジャーズ選集（上）誠信書房）
下山 晴彦（編）（2009）．よくわかる臨床心理学　ミネルヴァ書房
下山 晴彦（編）（2011）．認知行動療法を学ぶ　金剛出版
下山 晴彦・中嶋 義文（編）（2016）．公認心理師必携精神医療・臨床心理の知識と技法　医学書院
下山 晴彦・丹野 義彦（編）（2001）．講座臨床心理学1　臨床心理学とは何か　東京大学出版会
下山 晴彦・丹野 義彦（編）（2002）．講座臨床心理学6　社会臨床心理学　東京大学出版会
田中 志帆（2009）．虐待　下山 晴彦（編）よくわかる臨床心理学（pp. 128-129）ミネルヴァ書房
丹野 義彦・石垣 琢磨・毛利 伊吹・佐々木 淳・杉山 明子（2015）．臨床心理学　有斐閣
立木 康介（2006）．面白いほどよくわかるフロイトの精神分析　日本文芸社
鶴 光代・津川 律子（編）（2018）．心理専門職の連携・協働（p. 4）誠信書房

第12章

東 斉彰（2011）．認知療法の実際（p. 4）岩崎学術出版社
Berger, D. M. (1987). *Clinical empathy.* Lanham, MD: Jason Aronson.（バーガー，D. M.　角田 豊・竹内 健児・安村 直己・西井 克泰・藤田 雅子（訳）（1999）．臨床的共感の実際（p. 13）人文書院）
Cooper, M. (2008). *Essential research findings in counselling and psychotherapy: The facts are friendly.*

London: Sage.（クーパー，M.　清水 幹夫・末武 康弘（監訳）田代 千夏・村里 忠之・高野 嘉之・福田 玖美（訳）(2012)．カウンセリング効果の研究（p. 207） 岩崎学術出版社）
Freud, S. (1900). *Die Traumdeutung*. Gesammelte Werke, Band II/III. Berlin: S. Fischer.（フロイト，S.　新宮 一成（訳）(2007, 2011)．夢解釈：1900 年（フロイト全集 4，5） 岩波書店
Greenson, R. R. (1967). *The technique and practice of psychoanalysis* (Vol. I, pp. 190–216). New York, NY: International Universities Press.
東 豊 (2013)．リフレーミングの秘訣（p. 95） 日本評論社
平木 典子 (1997)．カウンセリングとは何か（p. 150） 朝日新聞社
岩壁 茂 (2007)．カウンセリング・心理療法の過程　金沢 吉展（編） カウンセリング・心理療法の基礎（第 6 章，pp. 134–135） 有斐閣
角田 豊 (2014)．学校教育と自己心理学　京都教育大学紀要, No. 125, 18.
Kohut, H. (1959). Introspection, empathy, and psychoanalysis: An examination of the relationship between mode of observation and theory. *Journal of the American Psychoanalytic Association, 7*, 459–483. Cited in Ornstein, P. H. (Ed.). (1978). *The search for the self: Selected writings of Heinz Kohut 1950–1978* (vol. 1, 1st ed.). New York, NY: International Universities Press.（オーンスタイン，P. H.（編） 伊藤 洸（監訳）(1987)．内省・共感・精神分析――観察様式と理論の相互関係の検討――　コフート入門――自己の探求（第 2 章） 岩崎学術出版社）
Meier, A., & Boivin, M. (1998b). The seven phase model of the change process: Theoretical foundation, definitions, coding guidelines, training procedures, and research data (5th ed.). Unpublished manuscript. Ontario: St. Paul University at Ottawa.
三田村 仰 (2008)．行動療法におけるアサーション・トレーニング研究の歴史と課題　人文研究, *58*(3), 103.
小此木 啓吾・岩崎 徹也・橋本 雅雄・皆川 邦直 (1981)．精神分析セミナー 1　精神療法の基礎（pp. 8–40） 岩崎学術出版社
Peterson, J. V., & Nisenholz, B. (1995). Orientation to counseling (3rd ed.). Boston, MA: Allyn & Bacon.
坂野 雄二 (1999)．認知行動療法　中島 義明・安藤 清志・子安 増生・坂野 雄二・繁桝 算男・立花 政夫・箱田 裕司（編） 心理学辞典（p. 663） 有斐閣
下山 晴彦 (2010)．臨床心理学を学ぶ 1　これからの臨床心理学　東京大学出版会
園田 順一・武井 美智子・高山 巌・平山 忠敏・前田 直樹・畑田 聡一郎・黒浜 翔太・野添 新一 (2017)．ACT と森田療法の比較研究　心身医学, *57*(4), 329.　一般社団法人心身医学会
杉溪 一言・中澤 次郎・松原 達哉・楡木 満生 (1995)．産業カウンセリング入門（p. 4） 日本文化科学社
Sullivan, H. S. (1953). *The interpersonal theory of psychiatry*. New York, NY: W. W. Norton.（サリヴァン，H. S.　中井 久夫・宮崎 隆吉・高木 敬三・鑪 幹八郎（訳）(1990)．精神医学は対人関係論である（p. 17） みすず書房）
玉瀬 耕治 (2018)．カウンセリング　武藤 隆・森 敏昭・遠藤 由美・玉瀬 耕治　新版心理学　有斐閣
高田 みぎわ (2006)．心理療法　山内 弘継・橋本 宰（監修） 心理学概論　ナカニシヤ出版
東京大学医学部心療内科 TEG 研究会（編）(2002)．新版 TEG 解説とエゴグラム・パターン　金子書房
東京大学医学部心療内科 TEG 研究会（編）(2009)．新版 TEG Ⅱ活用事例集　金子書房
Vasco, A. B., & Conceição, N. (2003). A hardly recognized similarity in psychotherapy: Temporal sequence of strategic objectives. Paper presented at the annual conference of Society for the Exploration of Psychotherapy Integration, New York.
渡辺 三枝子 (2002)．新版カウンセリング心理学（p. 39） ナカニシヤ出版

第 13 章

Adler, P. S. (1975). The transitional experience: An alternative view of culture shock. *Journal of Humanistic Psychology, 15*, 10–14.
Bennett, J. M. (1977). Transition shock: Putting culture shock in perspective. *International and Intercultural Communication Annual, 4*, 45–52.
Cole, M. (1996). *Cultural psychology: A once and future discipline*. Cambridge, MA: Harvard University Press.

（コール，M. 天野 清（訳）(2002)．文化心理学――発達・認知・活動への文化-歴史的アプローチ　新曜社）
Engeström, Y. (1993). Developmental studies of work as a testbench of activity theory: The case of primary care medical practice. In S. Chaiklin & J. Lave (Eds.), *Understanding practice: Perspectives on activity and context* (pp. 64–103). New York, NY: Cambridge University Press.
Engeström, Y. (1996). Interobjectivity, ideality, and dialectics. *Mind, Culture and Activity, 3*, 259–265.
Guthrie, G. (1975). A behavioral analysis of culture learning. In R. Brislin, S. Bochner & W. Lonner (Eds.), *Cross-cultural perspectives on learning*. New York, NY: Wiley.
星野 命（2010）．星野命著作集Ⅱ　異文化間教育・異文化間心理学　北樹出版
上村 佳世子（2000）．子どもの認識形成への社会文化的アプローチ　心理学評論, *43*, 27–39.
木戸 彩恵（2012）．文化心理学――文化の違いと異文化変容――　社会と向き合う心理学（pp. 33–45）新曜社
北山 忍（1997）．文化心理学とは何か　柏木 惠子・北山 忍・東 洋（編）文化心理学――理論と実証（pp. 17–43）東京大学出版会
Köhler, W. (1917). *Intelligenzprüfungen an Anthropoiden*. Berlin: Springer.
Köhler, W. (1921). *Intelligenzprüfungen an Menschenaffen*. Berlin: Springer.
松見 淳子（2017）．文化とメンタルヘルスおよび文化に適合した支援への方向付け　心理学ワールド, *76*, 13–16.
箕浦 康子（1997）．文化心理学における〈意味〉　柏木 惠子・北山 忍・東 洋（編）文化心理学――理論と実証（pp. 44–63）東京大学出版会
呉 宣児・竹尾 和子・片 成男・高橋 登・山本 登志哉・サトウ タツヤ（2012）．日韓中越における子ども達のお金・お小遣い・金銭感覚豊かさと人間関係の構造　発達心理学研究, *23*, 415–427.
Rogoff, B. (1998). Cognition as a collaborative process. In D. Kuhn & R. S. Siegler (Eds.), *Handbook of child psychology* (5th ed., Vol. 2). *Cognition, perception, and language*. New York, NY: Wiley.
Taft, R. (1977). Coping with unfamiliar cultures. In N. Warren (Ed.), *Studies in cross-cultural psychology* (Vol. 1, pp. 121–153). London: Academic Press.
高取 憲一郎（2000）．文化と進化の心理学　三学出版
竹尾 和子・呉 宣児・崔 順子・片 成男・山本 登志哉・高橋 登・サトウ タツヤ・金 順子（2005）お金のやりとりから見た子どもの親子関係と友だち関係――ソウル調査から――　発達研究, *19*, 13–28.
Valsiner, J. (1997). *Culture and the development of children's action: A theory of human development*. Hoboken, NJ: John Wiley & Sons.
Valsiner, J. (2007). *Culture in minds and societies: Foundations of cultural psychology*. New Delphi, India: Sage.
Valsiner, J. (2014). *An invitation to cultural psychology*. Thousand Oaks, CA: Sage.
Vygotsky, L. S. (1978). *Mind in society: The development of higher psychological processes*. Cambridge, MA: Harvard University Press.
Wertsch, J. V. (1991). *Voices of the mind: A sociocultural approach to mediated action*. Cambridge, MA: Harvard University Press.
Yuki, M., Maddux, W. W., & Masuda, T. (2007). Are the windows to the soul the same in the East and West? Cultural differences in using the eyes and the mouth as cues to recognize emotions in Japan and the United States. *Journal of Experimental Social Psychology, 43*, 303–311.

第14章

Bjorklund, D. F., & Pellegrini, A. D. (2002). *The origins of human nature: Evolutionary developmental psychology*. Washington, DC: American Psychological Association.（ビョークランド，D. F.・ペレグリーニ，A. D. 無藤 隆（監訳）松井 愛奈・松井 由佳（訳）(2008)．進化発達心理学――ヒトの本性の起源　新曜社）
Byrne, R. W., & Whiten, A. (Eds.). (1988). *Machiavellian intelligence: Social expertise and the evolution of*

intellect in monkeys, apes, and humans. Oxford, UK: Oxford University Press.（バーン，R. W.・ホワイトゥン，A.（編） 藤田 和生・山下 博志・朝長 雅己（監訳）（2004）．マキャベリ的知性と心の理論の進化論――ヒトはなぜ賢くなったか ナカニシヤ出版）
Buss, D. M. (1989). Sex differences in human mate preferences: Evolutionary hypotheses tested in 37 cultures. *Behavioral and Brain Sciences, 12,* 1-49.
Buss, D. M., Larsen, R. J., Westen, D., & Semmerlroth, J. (1992). Sex differences in jealousy: Evolution, physiology, and psychology. *Psychological Science, 3,* 251-255.
Cosmides, L. (1989). The logic of social exchange: Has natural selection shaped how humans reason? Studies with Wason selection task. *Cognition, 31,* 187-276.
Cosmides, L., & Tooby, J. (1992). Cognitive adaptations for social exchange. In J. Barkow, L. Cosmides & J. Tooby (Eds.), *The adapted mind* (pp. 163-228). New York, NY: Oxford University Press.
Cartwright, J. H. (2001). *Evolutionary explanations of human behaviour.* Hove, UK: Routledge.（カートライト，J. H. 鈴木 光太郎・河野 和明（訳）（2005）．進化心理学入門 新曜社）
Darwin, C. (1859). *On the origins of spicies: By means of natural selection.* London: John Murray.（ダーウィン，C. 八杉 龍一（訳）（1990）．岩波書店）
Darwin, C. (1871). *The descent of man, and selection in relation to sex.* London: John Murray; New York: D. Appleton.（ダーウィン，C. 長谷川 眞理子（訳）（2016）．人間の由来上・下 講談社）
Dawkins, R. (1976). *The selfish gene.* New York, NY: Oxford University Press.（ドーキンス，R. 日高 敏隆・岸 由二・羽田 節子・垂水 雄二（訳）（2006）．利己的な遺伝子 紀伊國屋書店）
Dunber, R. I. M. (1992). Neocortex size as a constraint on group size in primates. *Journal of Human Evolution, 20,* 469-493.
Dunber, R. I. M. (1998). The social brain hypothesis. *Evolutionary Anthropology, 6,* 178-190.
Dunber, R. (2014). *Human evolution.* London: Penguin Books.（ダンバー，R. 鍛原 多惠子（訳）（2016）．人類進化の謎を解き明かす 合同出版）
Hamilton, W. D. (1964). The genetical evolution of social behavior. I. II. *Journal of Theoretical Biology, 7,* 1-52.
Nowak, M. A., & Sigmund, K. (1998). The dynamics of indirect reciprocity. *Journal of Theoretical Biology, 194,* 561-574.
Portmann, A. (1951). *Biologische Fragmente zu einer Lehre vom Menschen.* Basel, Schweiz: Schwabe.（ポルトマン，A. 高木 正孝（訳）（1961）．人間はどこまで動物か――新しい人間像のために―― 岩波書店）
Premack, D., & Woodruff, G. (1978). Does the chimpanzee have a theory of mind? *Behavioral and Brain Science, 4,* 515-526.
Tinbergen, N. (1963). On aims and methods of ethology. *Zeitschrift für Tierpsychologie, 20,* 410-433.
Tomasello, M. (1999). *The cultural origins of human cognition.* Cambridge, MA: Harvard University Press.（トマセロ，M. 大堀 壽夫・中澤 恒子・西村 義樹・本多 啓（訳）（2006）．心とことばの起源を探る――文化と認知―― 勁草書房）
Trivers, R. (1971). The evolution of reciprocal altruism. *The Quarterly Review of Biology, 46,* 35-57.
Wilkinson, G. S. (1984). Reciprocal food sharing in the vampire bat. *Nature, 308,* 181-184.

第 15 章

American Psychiatric Association (2013). *Diagnostic and statistical manual of mental disorders fifth edition: DSM-5.* Washington, DC: American Psychiatric Association.（アメリカ精神医学会 日本精神医学会（日本語版用語監修） 高橋 三郎・大野 裕（監訳）（2014）．DSM-5 精神疾患の分類手診断の手引き 医学書院）
Atkinson, R. C., & Shiffrin, R. M. (1968). Human memory: A proposed system and its control processes. In *Psychology of learning and motivation* (Vol. 2, pp. 89-195). New York, NY: Academic Press.
Bálint, R. (1909). Seelenlähmung des „Schauens“ optische Ataxie, räumliche Störung der Aufmerksamkeit. *Monatsschrift für Psychiatrie und Neurologie, 25,* 51-81.

Broca, P. (1861). Remarques sur le siège de la faculté du langage articulé, suivies d'une observation d'aphémie (perte de la parole). *Bulletin et Memoires de la Société Anatomique de Paris, 6*, 330-357.

Corballis, M. (1983). *Human laterality*. New York, NY: Academic Press.

Corkin, S. (2013). *Permanent present tense: The unforgettable life of the amnesic patient, HM*. New York, NY: Basic Books.（コーキン，S. 鍛原 多惠子（訳）(2014). ぼくは物覚えが悪い 健忘症患者 H・M の生涯 早川書房）

古川 聡 (1998). 人間らしさを形作る脳 古川 聡・川崎 勝義・福田 幸男（編） 脳とこころの不思議な関係 生理心理学入門 (pp. 7-36) 川島書店

古川 聡 (2012). 脳を観る・脳を調べる 安部 博史・野中 博意・古川 聡（編） 脳から始めるこころの理解――その時，脳では何が起きているのか (pp. 7-12) 福村出版

Gowers, S. W. R. (1893). *A manual of diseases of the nervous system: Diseases of the brain and cranial nerves, general and functional diseases of the nervous system*. London: J. & A. Churchill.

長谷川 千洋 (2018). 組織神経科学 松田 幸弘（編） 経営・ビジネス心理学 (pp. 209-223) ナカニシヤ出版

鹿取 廣人・杉本 敏夫・鳥居 修晃（編）(2015). 心理学（第 5 版） 東京大学出版会

近藤 靖子 (2014). 脳神経の解剖と生理 近藤 靖子（編著） カラービジュアルで見てわかる！ 初めての脳神経外科看護 (pp. 7-16) メディカ出版

厚生労働省 (2009). 若年性認知症の実態等に関する調査結果の概要及び厚生労働省の若年性認知症対策について 厚生労働省 〈http://www.mhlw.go.jp/houdou/2009/03/h0319-2.html〉(2018 年 7 月 20 日アクセス）

Langner, R., & Eickhoff, S. B. (2013). Sustaining attention to simple tasks: A meta-analytic review of the neural mechanisms of vigilant attention. *Psychological Bulletin, 139*(4), 870-900.

Lezak, M. D. (1995). *Neuropsychological assessment* (3rd ed.). New York, NY: Oxford University Press.（レザック，M. D. 鹿島 晴雄（総監修） 三村 將・村松 太郎（監訳）(2005). 遂行機能と運動行為――レザック神経心理学的検査集成 (pp. 375-394) 創造出版

内閣府 (2017). 高齢者の健康・福祉 平成 29 年版高齢社会白書（概要版） 内閣府 〈http://www8.cao.go.jp/kourei/whitepaper/w-2017/html/gaiyou/s1_2_3.html〉(2018 年 7 月 20 日アクセス）

中島 八十一 (2006). 高次脳機能障害の現状と診断基準 中島 八十一・寺島 彰（編） 高次脳機能障害ハンドブック――診断・評価から自立支援まで (pp. 1-20) 医学書院

二宮 利治（研究代表者）(2017). 日本における認知症の高齢者人口の将来推計に関する研究 〈https://mhlw-grants.niph.go.jp/niph/search/NIDD00.do?resrchNum=201405037A〉(2018 年 7 月 20 日アクセス）

Papez, J. W. (1937). A proposed mechanism of emotion. *Archives of Neurology & Psychiatry, 38*(4), 725-743.

Pascual-Leone, A., Grafman, J., Clark, K., Stewart, M., Massaquoi, S., Lou, J. S., & Hallett, M. (1993). Procedural learning in Parkinson's disease and cerebellar degeneration. *Annals of Neurology, 34*(4), 594-602.

嶋田 総太郎 (2017). 認知脳科学 コロナ社

富髙 智成 (2018). 社会神経科学 松田 幸弘（編） 人間関係の社会心理学 (pp. 188-204) 晃洋書房

Warrington, E. K., & Shallice, T. (1969). The selective impairment of auditory verbal short-term memory. *Brain, 92*(4), 885-896.

山鳥 重 (1985). 神経心理学入門 医学書院

山口 加代子 (2018). アセスメントの基本 緑川 晶・山口 加代子・三村 將（編） 公認心理師カリキュラム準拠 臨床神経心理学［神経・生理心理学］(pp. 53-68) 医歯薬出版

索　引

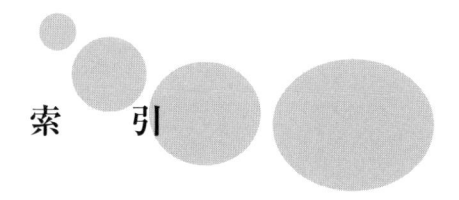

事項索引

か行

さ行

た行

ま行

や・ら・わ行

人名（団体名）索引

あ行

か行

執筆者紹介（＊は編著者）

松田幸弘＊（まつだ ゆきひろ）	大阪経済大学人間科学部教授	第1，5，9章
松下戦具（まつした そよぐ）	大阪樟蔭女子大学学芸学部准教授	第2章
猪股健太郎（いのまた けんたろう）	熊本学園大学商学部准教授	第3章
山本晃輔（やまもと こうすけ）	大阪産業大学国際学部准教授	第4章
礪波朋子（となみ ともこ）	京都光華女子大学健康科学部准教授	第6章
中前純治（なかまえ すみはる）	大阪大学医学部附属病院臨床心理士	第7章
森岡陽介（もりおか ようすけ）	大阪経済大学人間科学部准教授	第8章
山崎優子（やまさき ゆうこ）	駿河台大学心理学部准教授	第10章
谷口千枝（たにぐち ちえ）	大阪メンタルサポートオフィス	第11章
中谷桂子（なかたに けいこ）	大阪経済大学非常勤講師	第12章
木戸彩恵（きど あやえ）	関西大学文学部准教授	第13章
熊木悠人（くまき ゆうと）	福岡教育大学教育学部講師	第14章
富髙智成（とみたか ともなり）	京都医療科学大学医療科学部講師	第15章

心理学概論
ヒューマン・サイエンスへの招待

2018年11月30日　初版第1刷発行
2025年 3 月30日　初版第7刷発行

（定価はカヴァーに表示してあります）

編著者　松田幸弘
発行者　中西　良
発行所　株式会社ナカニシヤ出版
〒606-8161　京都市左京区一乗寺木ノ本町15番地
Telephone　075-723-0111
Facsimile　075-723-0095
Website　http://www.nakanishiya.co.jp/
Email　iihon-ippai@nakanishiya.co.jp
郵便振替　01030-0-13128

装幀＝白沢　正／印刷・製本＝創栄図書印刷株式会社
Introduction to Psychology　ISBN978-4-7795-1336-7 C3011